餐桌上聊教养

两位妈妈对欧亚14国的教养探索

宋明琪 蔡怡欣 著

北京时代华文书局

目录 Contents

自序1　嘿！成绩不会跟着你一辈子，但自信会　　004
自序2　送给妈妈的自以为是　　006

东 EAST

01　找到自己的路，乐在其中！　　005
02　懂得生活　　015
03　长大不要抢银行！　　025

沿途景点→　青山联合农夫市集　　032

04　健康第一的章鱼烧　　037
05　以笑颜面对未来的每一天　　045
06　圆圆的东京寿司　　055

沿途景点→　东京轮胎公园　　062

07　有爱的汉堡肉排　　065
08　一期一会的时光棒冰　　073
09　一家三口，永远在一起　　083

专访→　别把孩子的一生"赌"在学业上　　094

邮件访谈→　以色列来的信件　　102

西 WEST

10	凝聚情感的牧羊人派菜肴	113
11	日常的家庭时光	123
12	在幻象的世界里保持一颗清明开放的心	133
13	你做得到!	143

沿途景点→ 巴黎亲子漫游　　150

14	寻找生命中珍贵的友谊	157
15	陪伴孩子，诚实对话	167
16	探索世界，永远保持好奇心	177

沿途景点→ 瑞士琉森湖　　186

17	活出你的梦想!	191
18	阳光洒进向阳处的家	199
19	灌溉孩子，让他们长成自己的样子	209

沿途景点→ 哥本哈根瓦埃勒市集　　218

20	做自己的主人	223
21	给孩子强壮的根和翅膀	231
22	分享爱与勇气的五人行	243
23	一切都是最好的安排	253

沿途景点→ 奥地利哈尔施塔特湖滨公园　　262

邮件访谈→ 瑞典来的信件　　266

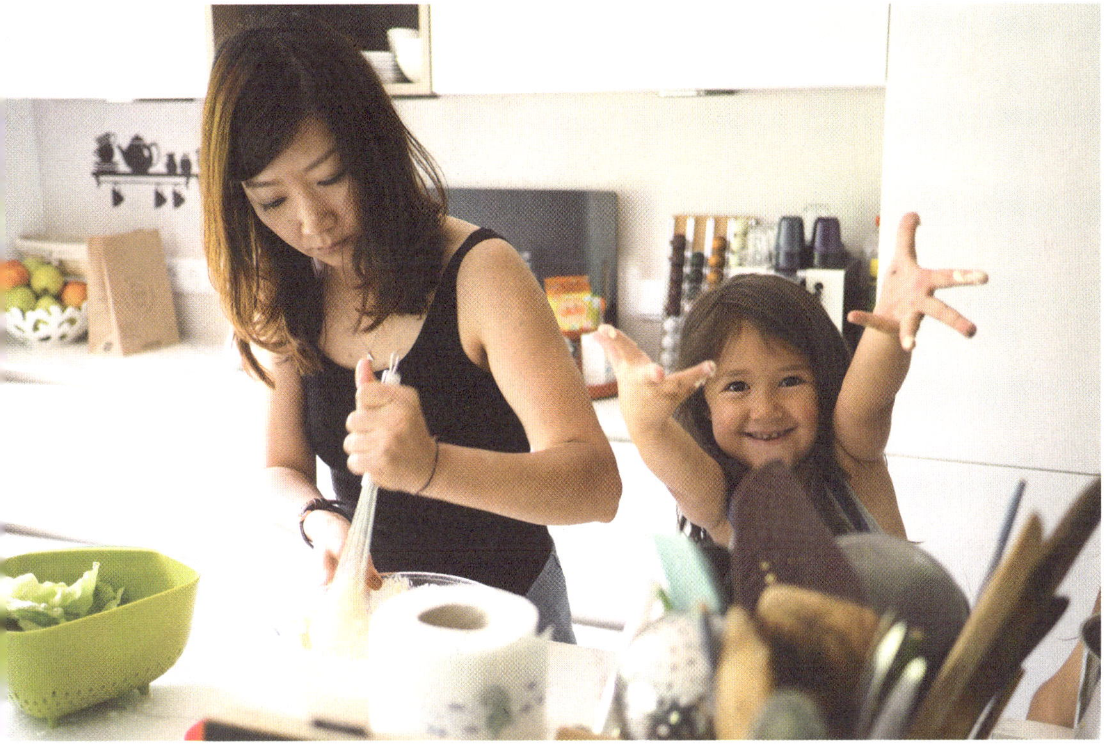

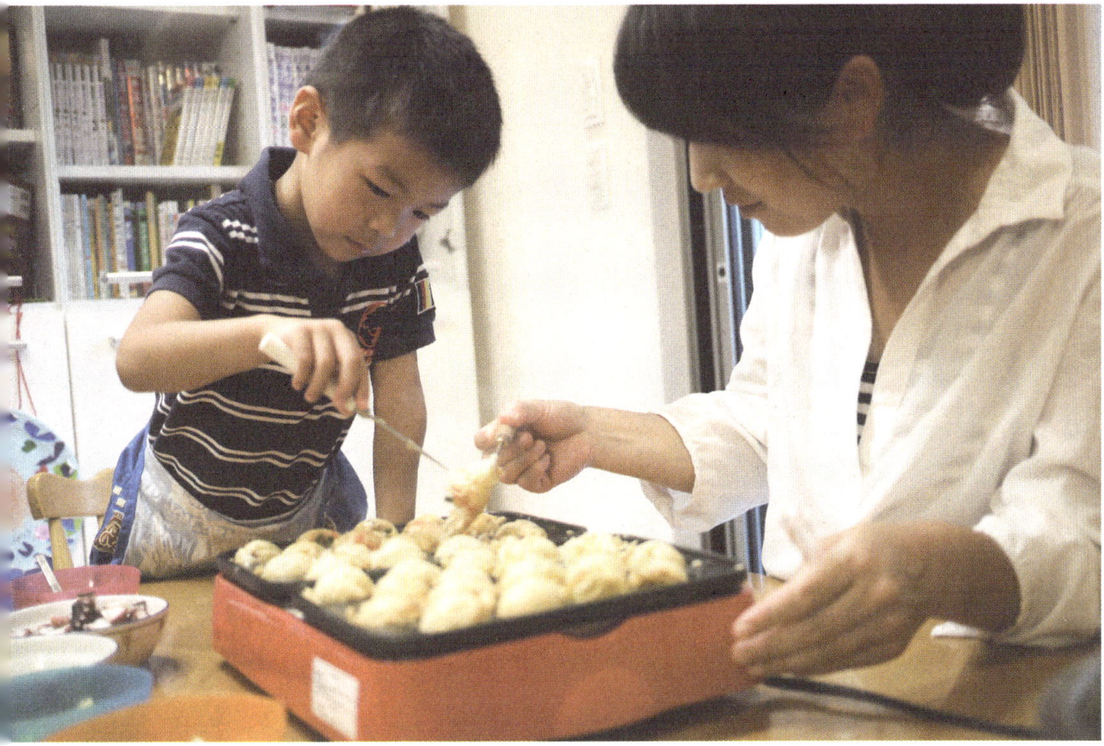

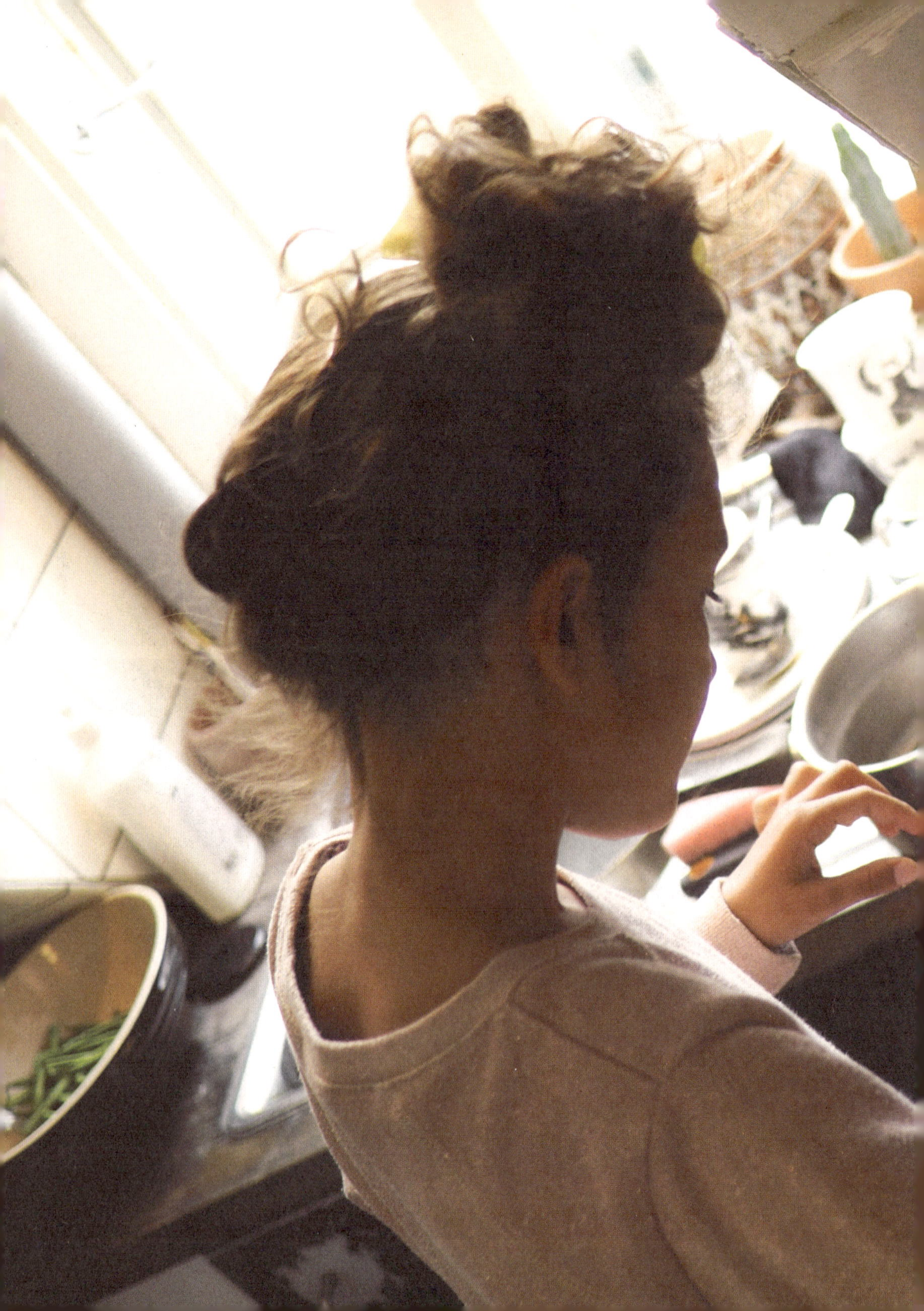

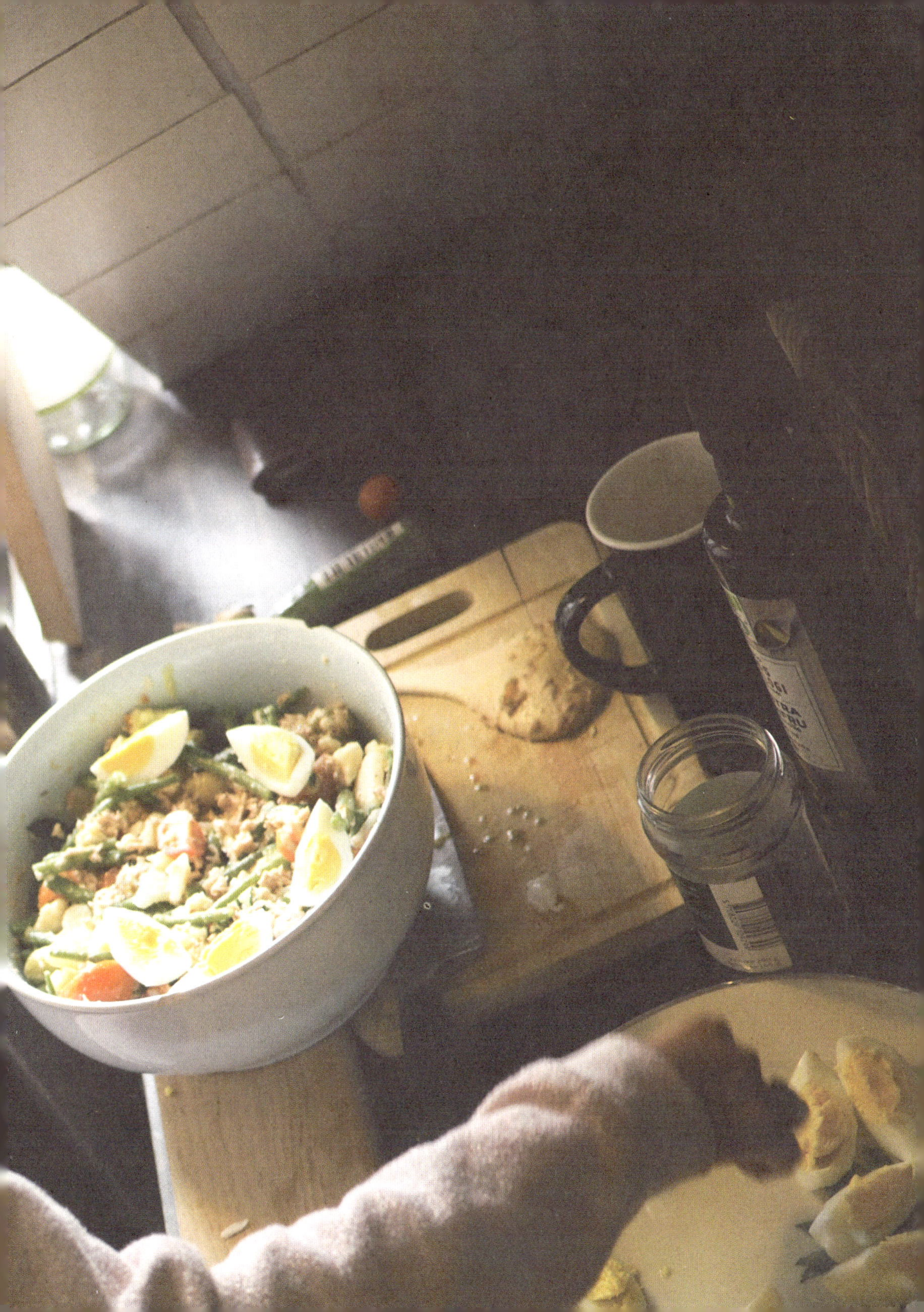

自序1

嘿！成绩不会跟着你一辈子，但自信会

宋明琪（Mickey Sung）

本以为这是一趟追寻答案的旅程，不只是为了自己，也是为身边所有在母亲角色里挣扎的女性们。为什么只有"女性"？刚好我们是两个充满疑问的妈妈，刚好能聊孩子的对象都是妈妈，刚好有寻找答案的冲动，然后刚好我们是走得开的妈妈，所以我们就大胆走出去，去看看世界各地的父母与孩子的相处情况，幻想能为朋友带回令人满意的答案。当旅途越接近尾声，我们发现，找到的不是答案，而是在过程里尝尽父母为了孩子竭尽所能付出的酸甜苦辣。

也许有人会问，你们是不是在教养孩子上碰到难度很高的问题？不然怎么会突发奇想跑遍大半个地球找答案呢？刚开始策划这本书时，我的女儿才4岁，正是上幼儿园吃点心、唱唱跳跳的快乐年纪，而我自己从小学业表现并不优异，对于女儿未来学业表现没有太过执着的想法。但身边有朋友的孩子上小学后，因为成绩导致亲子关系紧绷，友人也常会在群组诉苦，但我始终无法进入状态，态度总是"没关系，分数如何不重要，重要的是孩子有没有理解，每个孩子学习进度不同，慢慢来"。身陷其中的友人说："Mickey，等你女儿上小学后再来和我说。"

宛如被这句话激励似的，我开始思考教养与教育的关系，然后一发不可收拾地就和Bianco一头栽进这本书的策划里。我当然知道好成绩在台湾多么重要，毕竟我也是过来人，但为什么我现在会认为成绩没那么重要呢？刹那之间，我就想到父亲。父亲小时候因为家里贫穷无法供他念书，所以小学一毕业父亲就必须工作，喜爱读书的他无法升学一直是毕生缺憾，所以他特别喜欢会读书的孩子，也像他们那代的父母一样，尽一切所能让我们有好的读书环境。我们家四个孩子，从小就是大妹和小妹成绩最优秀，身为大姐的我成绩平平，却爱运动、爱打球，但爸爸不曾因为成绩责备过我，反而还陪我打球。

  深知自己没有两个妹妹聪明，却从没怀疑过自己的能力。这是父亲给我的自信，虽然我知道他喜欢会读书、成绩好的孩子，但他更在意我们为人处世的态度，记忆里被爸爸处罚，都是因为和兄妹吵架、说谎等，从来没有一次是因为成绩。记忆更深刻的是，从小到大的毕业典礼，我从不曾上台领奖，而双亲手捧着花束的笑脸却从不曾缺席过。所以在这本书里，我们探讨的不仅仅是父母对孩子的教养态度，还有上一代，也就是他们的父母对他们的教养态度，而我们在里面发现了一个有趣的现象——父母怎么教养孩子，孩子就会长成他们教养的样子。这影响是一代代传下去的，但也有可能会有所转变，那就是等孩子长大后进行反思，但这需要拥有无比的勇气，因为他们面对的是不可预知的未来。

自序 2

送给妈妈的自以为是

蔡怡欣（Bianco Tsai）

说真的，不知道这 12 年来是怎么当妈的，孩子学龄前并没特别在意教养的问题，健康快乐、自由发展就好了，但是，一路就像自助旅行，途中会遇到压根也想不到的问题，或许突然落下几个大石挡在彼此中间。自己和孩子的互动，也好像不全都是快乐，倒像是快超过负荷的心率一样，时上时下、阴晴不定。

都说妈妈的精神状态会影响孩子，甚至关系到家庭的氛围，但总有克制不住怒气的时候。我知道要让小孩快乐，但等到升学面对压力，大概就拐了个发卡弯了！

但真的应该是这样吗？这本书的源头，就是从不断冒出的冲突和疑问开始的。经过无厘头时期的幼儿园、点头如捣蒜的低年级，一直到思考萌芽的中年级，终于迎来和女儿的大冲突。在课业上原本认为随便就好的我开始拿起放大镜，凸显了女儿所有的不顺眼，逼着女儿下课后要写评量，要复习，每每闭嘴前都是互相砸在脸上就爆破的情绪气球。

不喜欢这样的自己。于是带着疑问，开始去请教身边的长辈和朋友，包括一同策划这本书的盟友明琪。有一天在网络上看到网名为"奥地利小妇人"的文章，发现她女儿下课后放下书包就出门滑雪，在山与雪的包围下成长，这样充满差异的生活，点燃了我们想要看看各国爸妈与孩子都在做什么事的决心：大家都是怎么教养小孩的呢？自己想要改变的念头也开始萌芽。

就这样利用断断续续的闲暇时间进行探访，敲开了 14 个国家 24 个家庭的大门。我们聆听这些父母是如何从孩子成长为独立自主的大人，又是如何对待、陪伴自己的孩子的；更幸运的是，和他们一同坐在餐桌旁，享用亲子共同做的私房菜。

每个家庭对小孩都有抓狂或是疑问的时候，不是每分每秒都是完美笑脸。但背后守护着家庭的强大力量，像自信与乐观，则来自包围住他们的陪伴、倾听分享、日常聊天。我们发现快乐知足的背后，没有什么秘诀。家里有张餐桌，就常常一起吃饭说话吧！

访问耗时三年，自己也慢慢变化。原本被遮蔽的视线，现在稍微清楚。与其说教养是种拿捏，倒不如说是感同身受。成为父母，和孩子从婴儿长成幼儿、少儿一样，是一种过程，不会一步到位。不是一开始就完美，也没有一路错到底的。允许自己是不完美的父母，和孩子长大一样，必须摸索、练习与跌撞。

如同游泳，沉浸在里面，感受到了水流才知道怎么游。书里每个家庭都有自己的悠游自在。这里没有对错，希望你也可以找到自己的感同身受。这本书就像一个朋友，有点温暖，是一种手心放在肩膀的力量。

最后，很喜欢《少女心事解码：青春期不再难搞》里的比喻，父母要当孩子游泳池里那道坚固的墙。让孩子踢自己一脚后，利用反作用力往前推进，在水里探索玩耍，甚至游到更远的地方，但在累的时候，他可以游回来抓着墙的边缘喘一口气。他需要你成为那道坚固的墙，陪着他，承受他的来来去去。

送给爸妈。

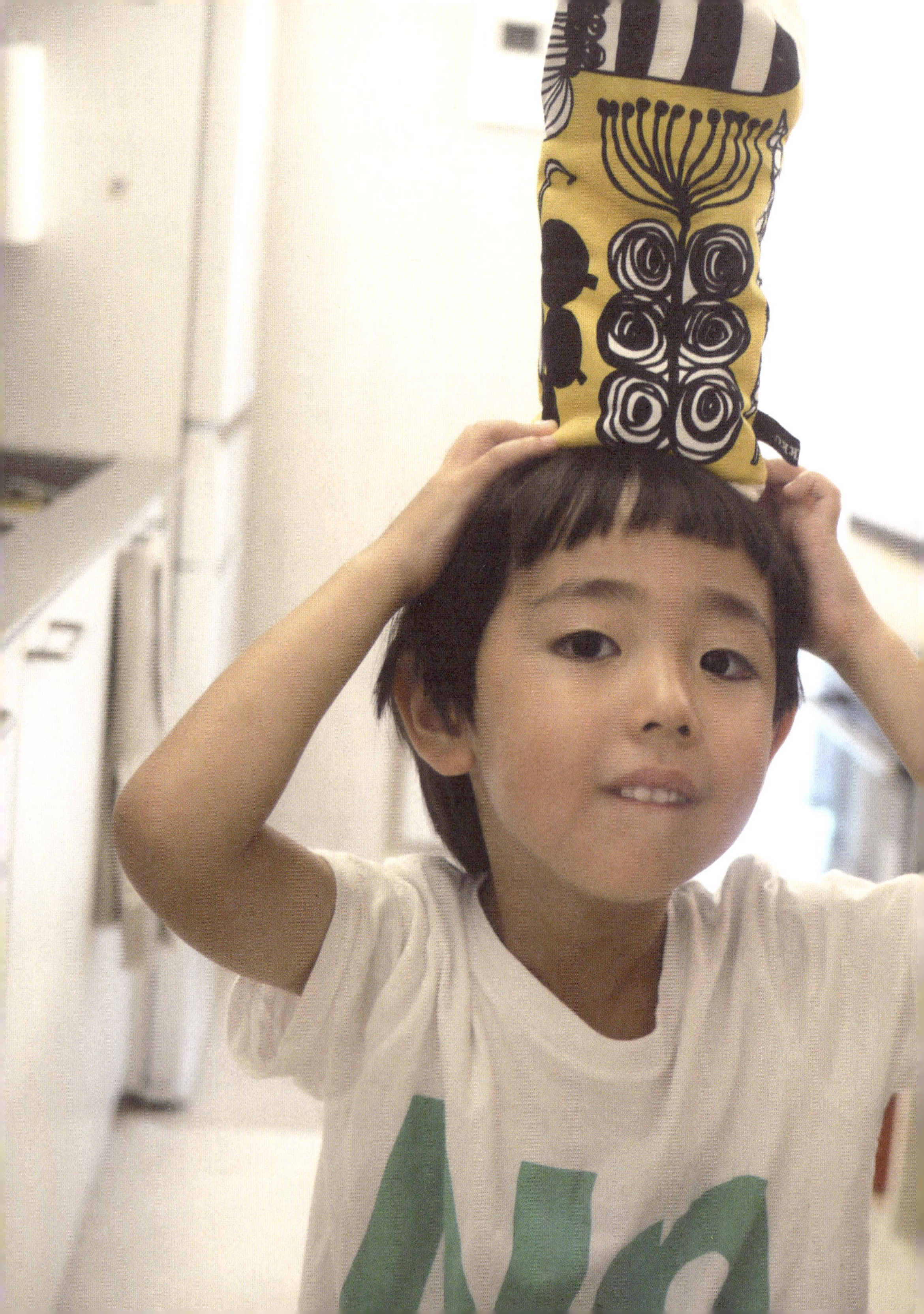

東

E A S T

　　　一直以为妈妈是绕着小孩转，后来发现其实该守护的是整个家庭，而不只是孩子。该守护的，应该还包括了自己才对。

北海道 伊達市
畑からのお届け

Farmer's Market

二樓南書房

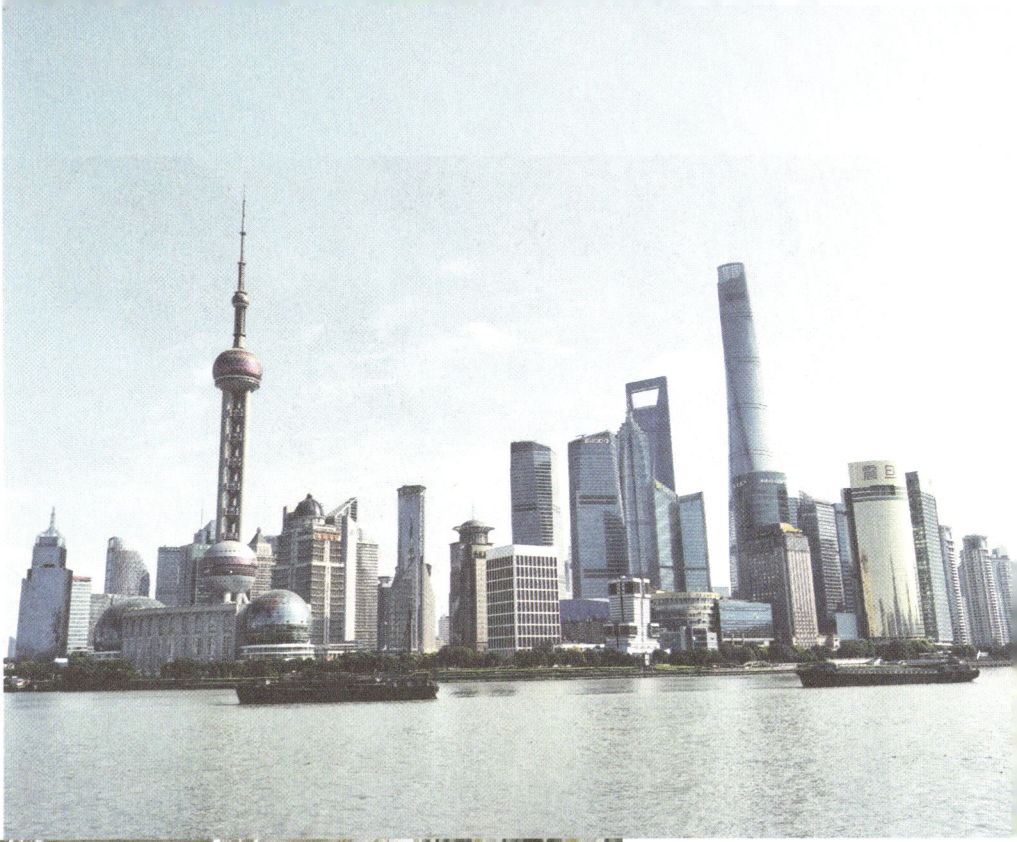

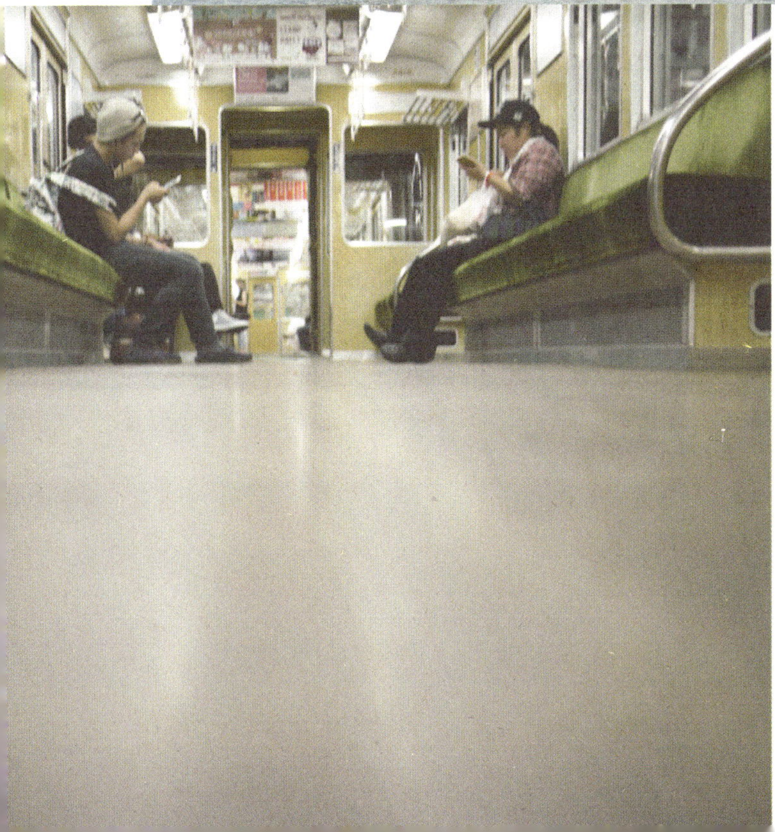

樂在其中

王春子

01

找到自己的路，乐在其中！

王春子　　　　中国　台北
Country　　City

涉足领域广泛，做过唱片封面设计、平面设计，现职为自由插画家，有了儿子之后也开始创作儿童绘本。2016年出版《云豹的屋顶》，以细腻的观察、童趣的内容，带领小朋友一起观看不一样的台湾风景。著有《妈妈在哪里？》《云豹的屋顶》《讨厌的台风》。

> 小学一年级的时候，妈妈第一次让我参加课业补习班，在那里，我交了一位好朋友。有一天晚上八九点，那位好朋友找我一起和一大群男生翘家（指离家出走）。所有人都在家门口等我，可是那天我和爸妈从溪边露营回来，觉得好累，超想睡觉，所以我就拒绝她了。拒绝她并不是因为我很累、超想睡，而是我完全找不到翘家的原因，况且家里的床睡起来很舒服呀！
>
> ——王春子

孩子翘家，绝对是每一对父母在教养小孩的过程里最可怕的梦魇之一，但从王春子口里说出来却变成带点好笑的回忆。她还笑着说："后来那位好朋友就不太理我了，应该是觉得我太没义气吧！"我们继续追问，是不是因为家庭温暖，让她不想翘家，她却说："应该说就是不想让父母伤心！我发现，你不用怕宠坏小孩，你只要一直很爱他，有一天如果他要做让你有点难过的事，他会感到内疚，他就不会做那件事。"也许大家会和我们一样好奇，是怎样的教养方式，让王春子从小就感受到关爱。

没有严厉的管教

在初一升初二时学校能力分班,成绩一直中等的王春子被分进所谓的第二名班级,全班的同学都感觉自己被放弃、被贴标签,同时又觉得很愤怒——学校公然带头违规,因为那时台北市教育主管部门禁止初中进行能力分班。所以,全班就想尽各种鬼点子对抗学校,譬如整洁、秩序比赛,都故意一定要当最后一名。

"其实要当最后一名也是蛮难的!"

"是不是不要打扫就好?"

"不打扫你怎么知道你是最后一名呢?整洁比赛要在学校会检查的地方,比如玻璃窗框,故意把脏东西涂在那里;秩序比赛要在他们会登记的时段,比如午休时,去吵闹,不能睡。"

"你们训练了很好的策划能力噢!"

"对对!策划力。但对学校来说,就是一群很麻烦的学生,但其实我们就是气学校。"

那时,做了那么多对抗学校、让老师伤脑筋的事,其实就是在挑战并质疑权威。她在学校被记大过时,爸妈被请去学校,事后也没有责备她。母亲只说:"长大后你一定会后悔做过这些事!"

假日必定带小孩出游

从小在万华小区长大的她,幼儿园时爸妈因为工作比较忙,也不太管她。小学的时候,父母坚持每个周末都要带孩子出去玩,常去乌来溪边露营。

王春子回忆说:"我爸很喜欢去新店的空军公墓那边逛,记得有一次要阶段考了,我爸妈还要我把课本带到车上,然后我妈念书给我听,他们就是硬要叫我出去。"她开玩笑说,成绩一直不好就是父母害的。

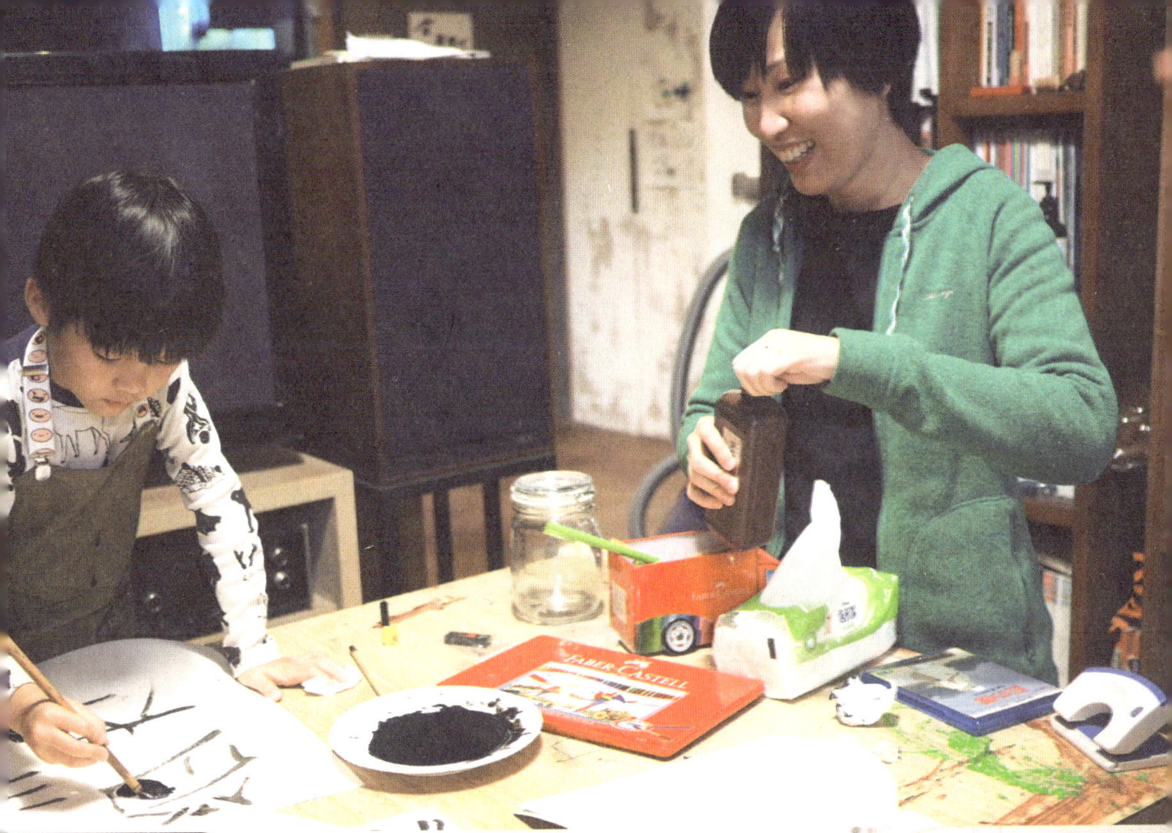
FABER-CASTELL

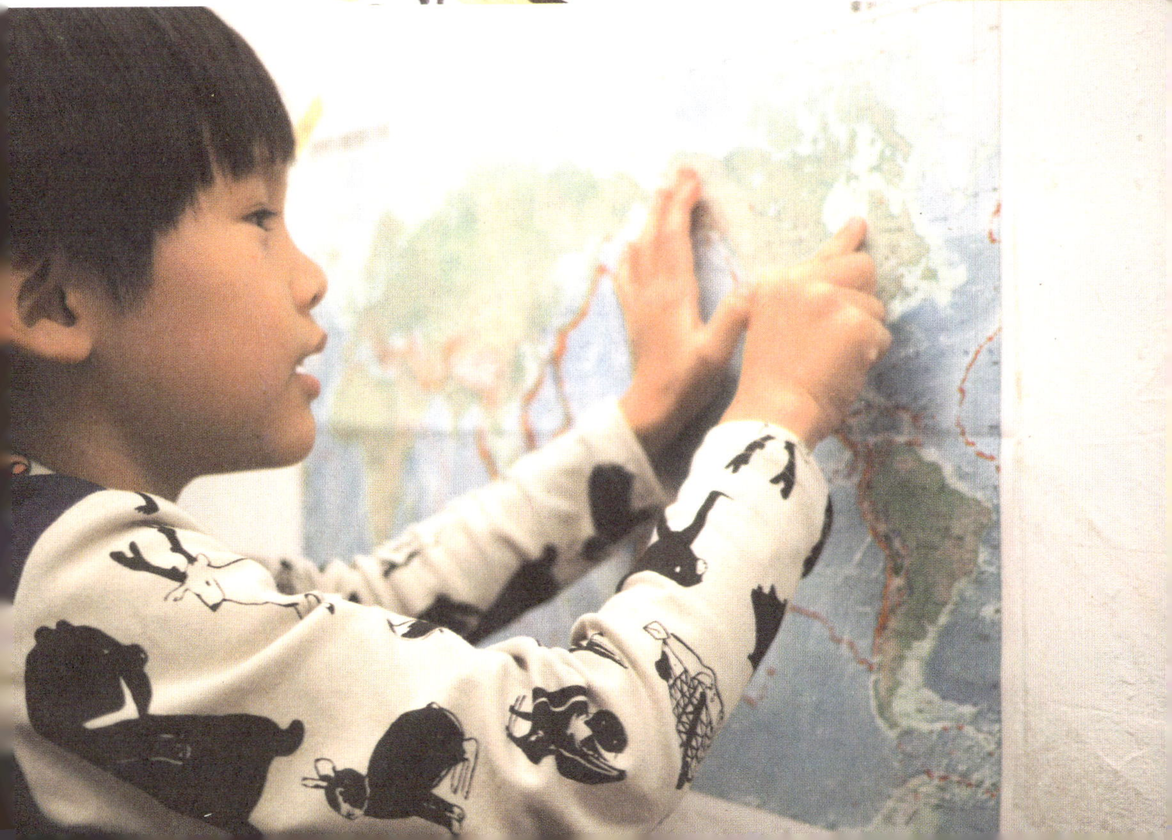

课业成绩不优先

一般爸妈都会替小孩报课业补习班，但她的父母坚持不让她补习。她曾问母亲，为什么不跟别人一样去补习呢？"这个年纪不要补那些！"但母亲会让她去学游泳、音乐……父母一直没有把课业成绩摆在前面，反而是把才艺摆在优先位置。而且母亲假日也会带她去植物园的科学博物馆看京剧表演、去美术馆看展览等。王春子笑笑说："我妈真的很不一样，但她带我去的，都是免费的那种啦！"

有这样支持自己、让自己适性发展的父母，王春子从小学到高中都能够感受到父母完整、不保留的爱，并且成为现在独立、成熟的大人。那么王春子成为母亲之后，她对待小孩的教养方式，又是如何的呢？

> 所有东西都可以在书本里查得到，书里的世界很大，只要你发现读书有乐趣，或是对里面的事物有欲望，即使你不是大家所谓在学习成绩上表现很好的小孩也没关系。
>
> ——王春子

王春子的儿子研人就像一头活力十足的小云豹，一会儿洗玉米笋、切青葱，一会儿扮演餐厅老板，要我们点菜，非常活泼主动。看着从三岁多就偶尔在厨房帮忙的研人很熟稔地搬出小凳子，打开水龙头，兴奋地说出想要做什么，而王春子也很自在地交代事情给他，有时提醒他，有时询问他的意见，在哗啦啦的水流声、母子俩窸窸窣窣的交谈声中，我们隐约看出她想跟我们说的教养态度。

不用权威让孩子服从

儿子还没出生前，王春子就和先生讨论如何教养小孩，她主张对小孩不采用打骂教育。"你打他当然很快就可以解决问题，可是那他以后对待事物的态度都会是这样，那你如何说服小孩去质疑权威呢？"

她认为，今天小孩做错事，你可以用打的方式阻止或反对他，那他就学会用打来解决事情，当别人有错时他也如此对待他们。更重要的是，一旦你打小孩，也就是让他失去解释为何做错事的机会，这也许是他反对这件事的本身。于是，他不再和你讨论，不会思考问题何在，因为他怕你。

找到兴趣，乐在其中

找到自己的兴趣非常重要。因为做任何事，只有拥有热情才能持久，如果不是你感兴趣的事物，你就不会有热情，就无法坚持下去。她觉得阅读也是找到兴趣的方法之一，当你想了解或探索事物时，通过阅读书里的世界，不只能找到答案，也能开阔视野。

喜爱阅读

虽然因初中能力分班让她放弃学校学业，她却非常喜欢阅读课外读物，觉得阅读是一件开心的事。虽然小时候住在很小的小区，但书本带她游历不同的世界。她最希望儿子能喜爱阅读，所以在他很小的时候，她就会陪他看书。现在儿子也很喜欢看书，觉得看书是有趣的事。她觉得喜欢阅读很重要的另一个原因，是期许未来孩子遇到问题，即使她不在了，他也能因为喜欢阅读，从中找到解决的方法。

具备同理心

有同理心，就是可以站在别人的角度去想事情，这有点像善良，但这种善良是通过思考与理解后的行为，如果小孩具备这一点，你就不用担心宠坏他。所谓的宠坏就是当父母年纪很大时，小孩无法同理父母的处境，但当他有同理心时，我们就不用担心。就像王春子小时候，只要想到父母的感受，就没办法使坏。

家庭食谱

研人盐之花
玉米须

这道菜肴开始于儿子研人的好奇心！最后由妈妈王春子撒上盐之花，意想不到的食材，妈妈的调味，这是一道成为美好回忆的菜肴，而且非常爽口美味！

材料

玉米笋玉米须 6支
盐之花 少许
初榨橄榄油 少许

做法

1. 从新鲜玉米笋上拔下玉米须，泡水清洗。
2. 烧一锅热水，水滚后丢入清洗好的玉米须，烫2~3分钟。
3. 烫好的玉米须，撒上盐之花、初榨橄榄油，拌一拌即可上桌。

家庭食谱

马铃薯泥

材料

马铃薯 3 个
橄榄油 适量
海盐 少许

做法

1. 马铃薯削皮,大略切片,这样蒸比较容易熟透。
2. 用米杯装一杯水,倒入电饭锅,放入切片的马铃薯,蒸一段时间。
3. 蒸好的马铃薯加入橄榄油和海盐,然后把马铃薯捣成泥,就可以上桌了。

家庭食谱

猪肉卷

材料（3人份）

猪肉火锅肉片 1盒
（约300克）
青葱 1把
玉米笋 1盒
蜂蜜 适量
酱油 适量
盐 少许
芝麻 少许
黑胡椒 少许

做法

1. 猪肉片放入蜂蜜、酱油、盐，腌约10分钟。
2. 青葱切段与猪肉片同宽，清洗好的玉米笋对半剖，备用。
3. 切好的青葱4～5根，用腌好的猪肉片卷起。
4. 卷好的猪肉卷和剖半的玉米笋放到烤盘上烤，约烤5分钟。
5. 起锅时，撒上芝麻和黑胡椒，就完成了。

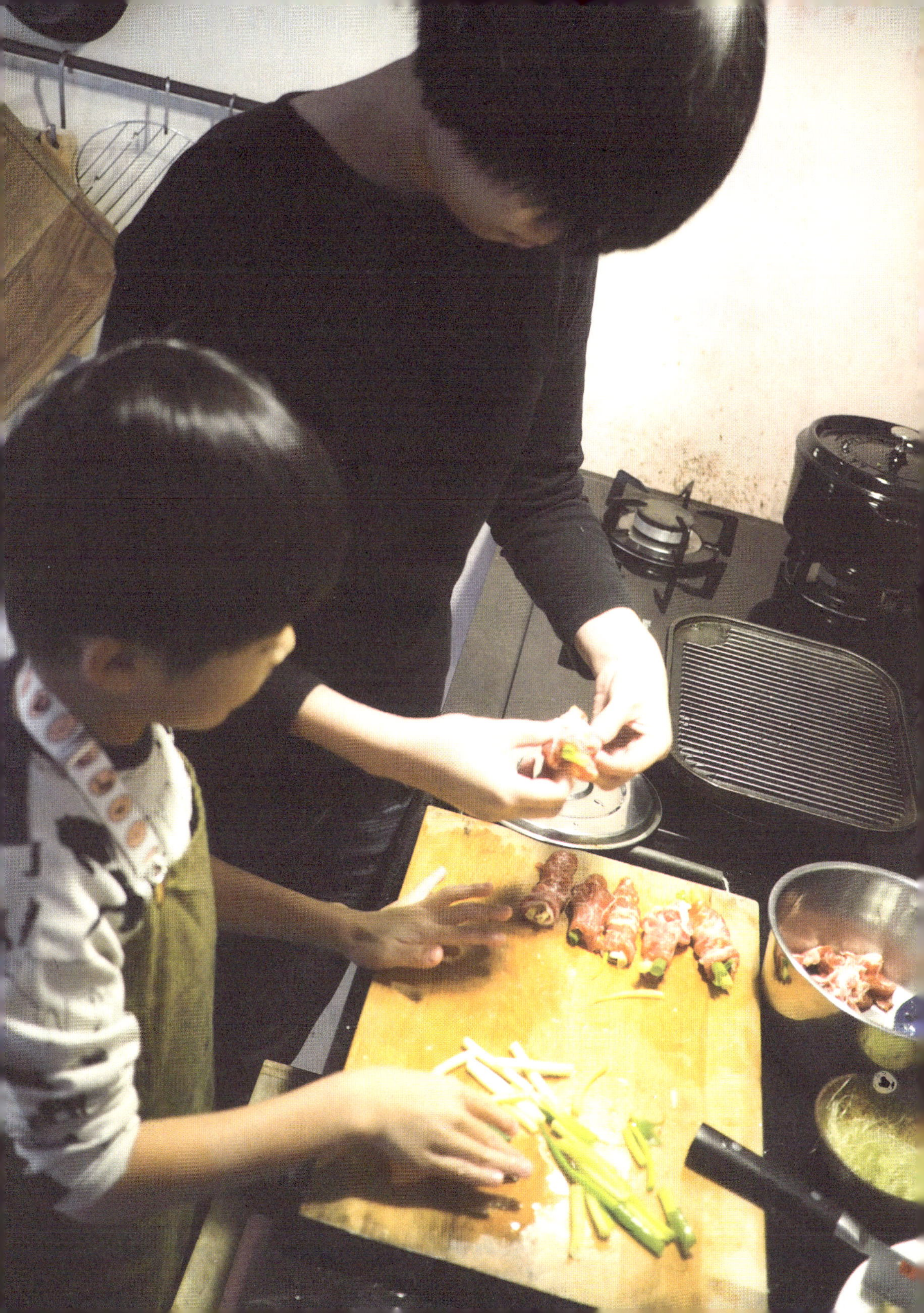

Just PLAY

02 懂得生活

赖梵耘　　　中国⟵→印度、不丹

女演员，父亲为著名导演赖声川，母亲是丁乃竺。年少时，曾在《牯岭街少年杀人事件》中出演小四的幺妹，也曾在父亲的著名舞台剧《暗恋桃花源》中扮演小护士，虽戏份不多，却是带给人最多笑声的角色。2009 年与不丹驻科威特大使的独生子 Pawo 结婚，现在定居中国台湾台北，育有一对儿女（长女 Oddi、儿子 Tata）。主要作品：《在那遥远的星球，一粒沙》《乱民全讲》《红色的天空》《出气筒》《那一夜，在旅途中说相声》《如梦之梦》等。

> 我是不会读书的小孩！我觉得可能不是我不会读书，因为我小时候就会问："学这些要做什么？"我相信，每个小孩都不一样，一个班级里不是每个孩子都适应老师讲课的方式！我就是不适合那样的方式，就是要用不同的方式。
>
> ——赖梵耘

暂别银幕、长期定居印度的赖梵耘，在女儿已届学龄时，决定搬回中国台湾定居。面对曾经熟悉的台湾教育环境与体制，她如何找到适合女儿 Oddi 的学习方式呢？她又是以怎样的态度教养一双儿女的呢？

每个人都有自己的步调和开花的时间

青春期的叛逆有长有短，但赖梵耘的叛逆期却比别人来得长。从十三岁至二十岁，长达七八年的时间，不论在中国台湾或是在英国求学，她常常逃学。不想上课的她，那时候也没有想要什么，也不知道自己要什么，只知道自己不想上课。在英国念书时，有一次她逃学跑到学校餐厅和人玩扑克牌，老师到餐厅抓人，她对老师说："我就是不想上课！你能拿我怎么样！"

"在英国时，为了不想念书，做了很多跟念书无关的事。下课去餐厅打工，从傍晚六点到深夜十二点，就是想找到自己其他的可能性；逃学去看戏，因为有学生票，看了大量电影、舞台剧，甚至音乐剧。"但是，这段时光，因为逃学看戏，她发现自己最爱的还是演戏，大学主修表演（Music & Drama），下课在餐厅打工。她在十七八岁时，就和友人在伦敦策划华人的大型派对，这反而成为她很重要的经历，她也希望女儿Oddi能早点出去体验生活。她认为自己很多东西并不是在课堂上学到的，也认为自己感兴趣的事物，自己自然而然会找方法学好它，以便让自己拥有它。这就是"动力"，但当孩子被要求无差别地坐在教室里，以同样进度学习同一件事时，这"动力"便被扼杀了。就像父亲赖声川曾告诉她的："每个人都有自己的步调和开花的时间。"身为母亲的她，希望能陪伴女儿找到自己的兴趣与方向。

我们相信你

在求学的过程中，即使自己处于叛逆期，但双亲总是对她说："不管怎样，我们相信你会好。"不过双亲口中的"好"，不是什么成绩好、名门学校、有成就，他们的"好"就是相信她不会走偏、不会变坏，能成为一个好人。在那段时期，赖梵耘最常听双亲说的一句话就是"我们相信你"。

二十岁之前，影响赖梵耘最深的是双亲，拥有他们的信任，让她不曾怀疑过自己，而且不管如何，父母都不曾对她说过重话。在教养儿女上，她认为"互信"很重要。当你真的相信孩子时，他们能够感觉得到，很自然地很多东西（话题、情绪、情感……）就会出来。儿

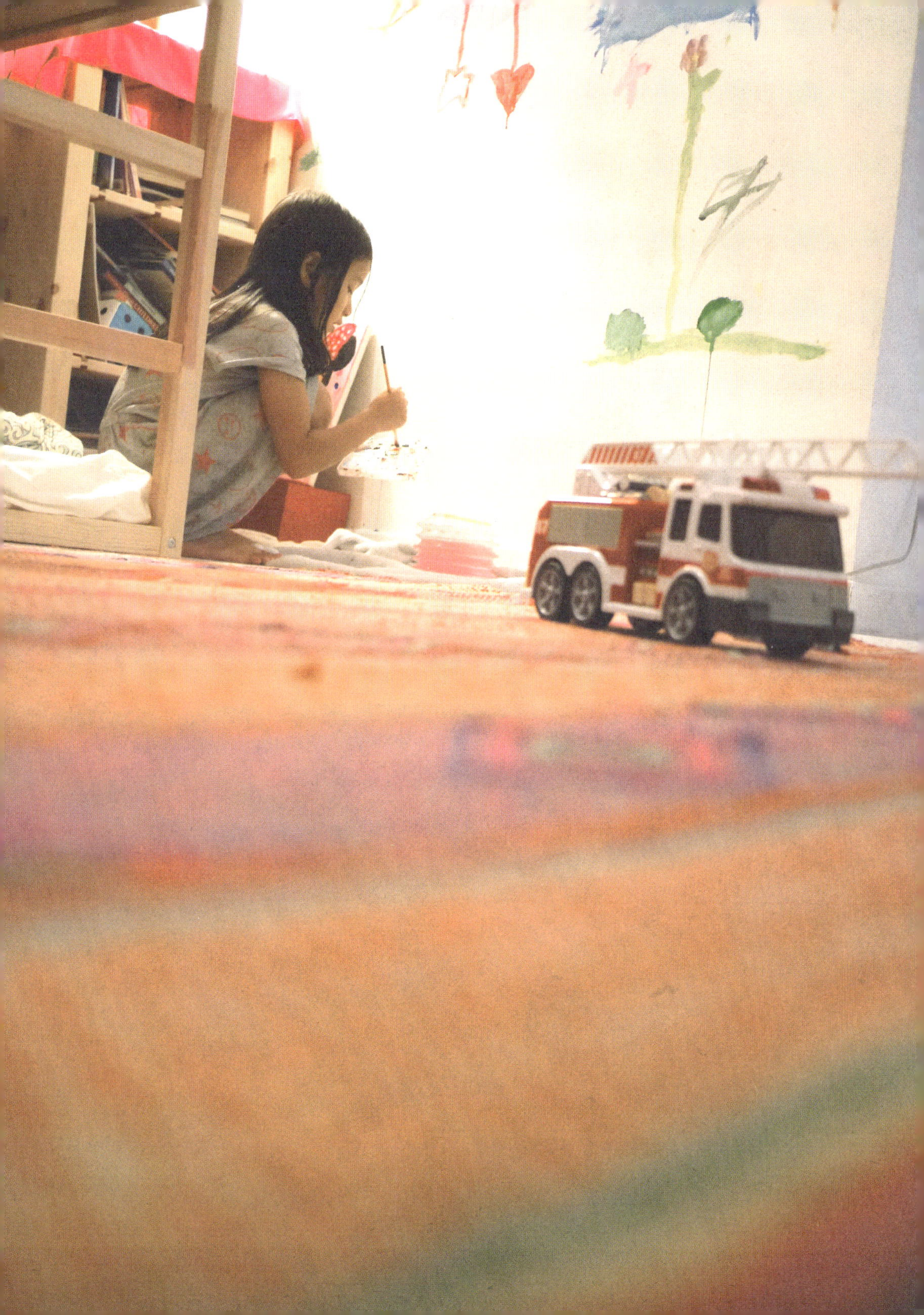

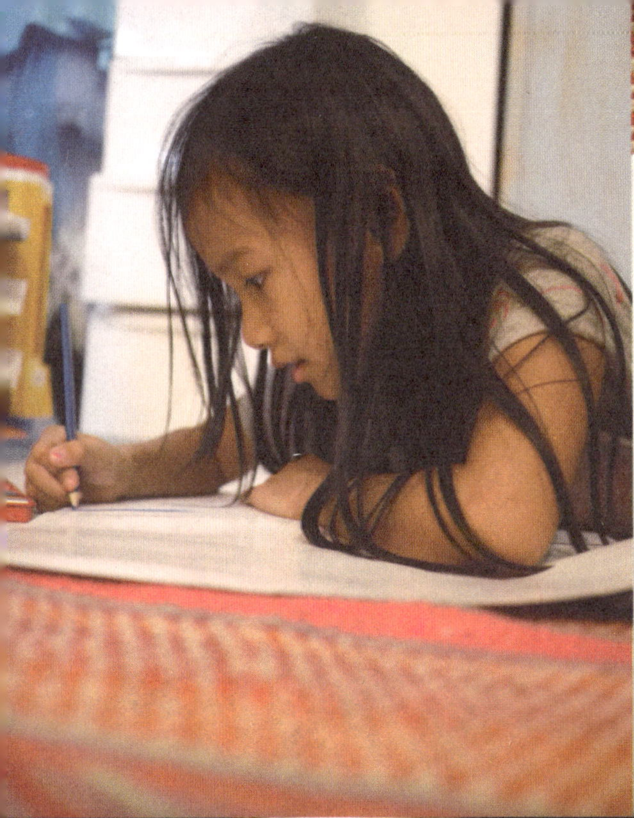
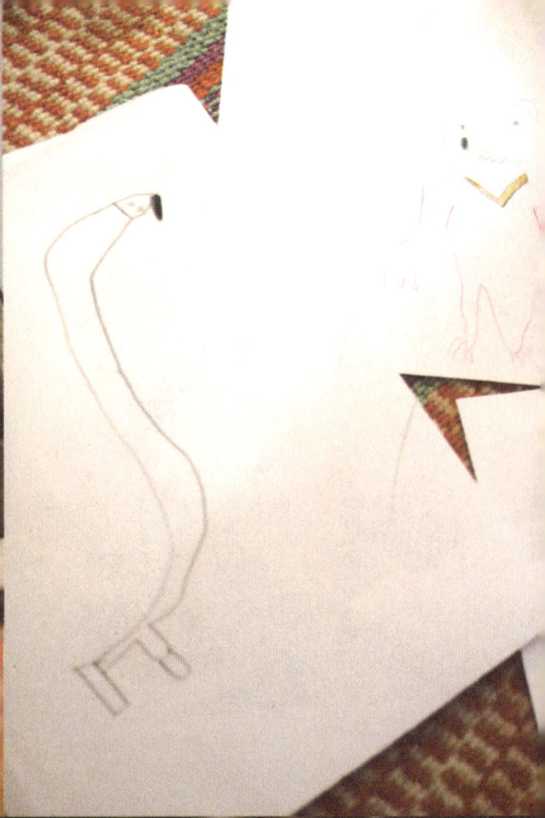
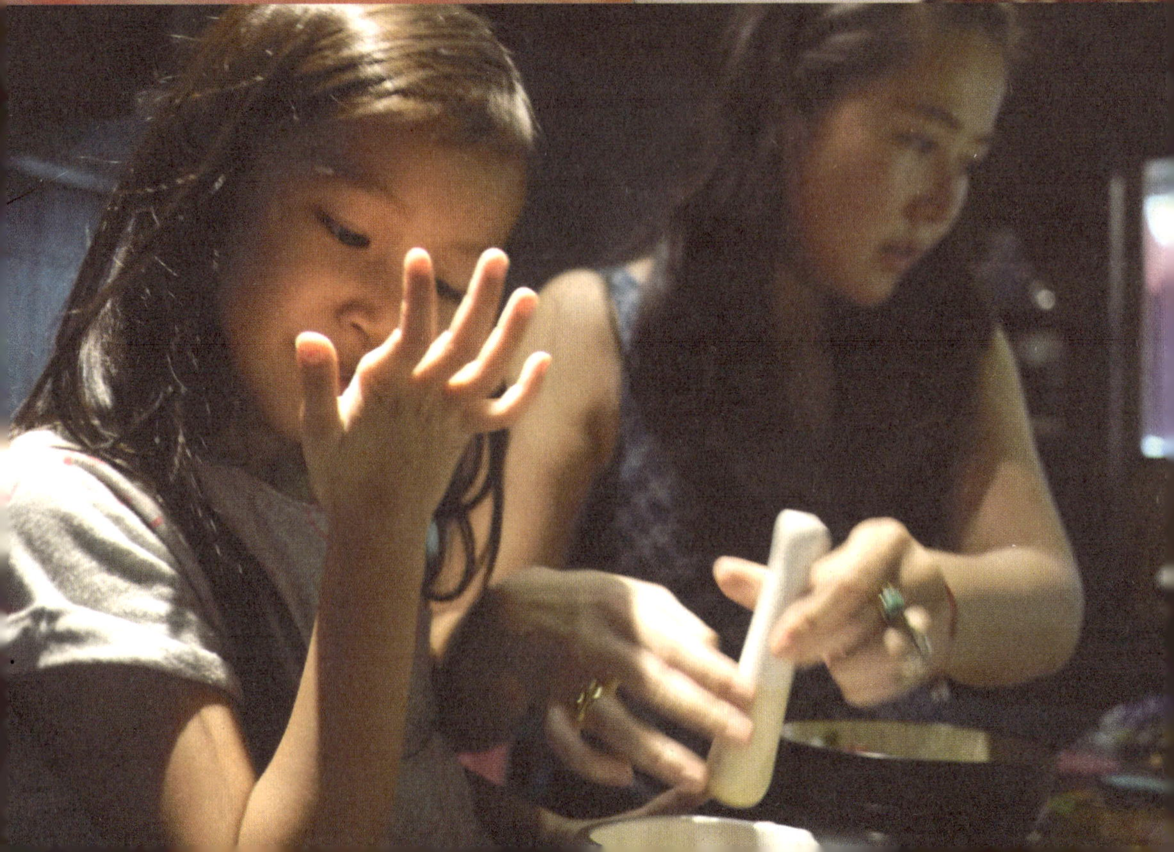

子 Tata 还小,无法好好沟通,但 Oddi 已经上小学二年级。她让女儿了解,只要诚实,不管做了什么事,都不会有事,即使是做了错事。

我们在教导孩子时,很多时候到最后都变成一种情绪,已经跟原来那件事无关。当教导变成情绪,孩子必定会怕你,因为大人肢体比孩子大,孩子没有选择。大人情绪化的态度其实对孩子也是一种霸凌,只因我们比孩子强大,孩子就要听我们的。赖梵耘说:"我不喜欢这样,只是我比较巨大,你就要受我控制。但这样能够控制多久,孩子会长大呀!"

健康平安,懂得生活

婚后就和丈夫 Pawo 住在距德里车程 12 小时的印度山区,赖梵耘非常喜欢山区原始自然的简单生活。虽然物资缺乏,但是孩子可以在大自然里自在奔跑、捡花、喂牛⋯⋯对他们而言那是天堂。他们真的很想继续留在印度,但当 Oddi 需要上学时,山区求学不易,他们也曾尝试自学,请外籍老师到家教学,但因老师回国生产,而不得不放弃。

从小在印度长大的 Oddi 习惯亲近自然环境。"刚回台湾,Oddi 想找一棵能爬的树都找不到!真的好惨!"赖梵耘只希望儿女健康平安,懂得生活。台湾齐头、填鸭式的教育方式,还在学中文的 Oddi 必定难以适应,赖梵耘也不喜欢这样的方式。很幸运地在朋友介绍下,她帮 Oddi 报名位于民生小区内,以蒙特梭利教学为号召的实验教育。这个没有教室和校园,以小区为家的自学团体,充分利用各种资源:小区资源延伸为教学空间,公园取代操场,小区图书馆也成了学生的自学资源。

这个自学团体,没有所谓的功课,每天上学就是"工作",每个小朋友可以选择不同的工作,每个学期要针对自己选择的科目,譬如木工、雕刻、烹饪等，完成一个作品。Oddi 放学后没有写不完的作业烦恼，下课后的时光完全属于自己，可以和爸妈一起下厨、吃晚餐、聊天、玩耍等，创造并体验各种生活乐趣。看着 8 岁的 Oddi 熟练地切着胡萝卜、西红柿，请求妈妈协助她，提醒大人食材的好坏，利落地将食材放入锅内，用手抓盐调味，完全不需要依赖量杯或量匙，甚至还可以双手颠锅。赖梵耘笑着说："她都一个人做了，这好像不是亲子菜肴，是儿童菜肴吧！"

无惧面对世界，Just Play

Oddi 3 岁多就开始打蛋，在厨房里帮点小忙。赖梵耘也会带她认识花草、蔬菜，她觉得这是生活中很重要的部分。面对厨房的炉火，Oddi 并不会畏惧，反而知道如何避开、控制它。赖梵耘不担心女儿受伤，反而担心她因为受伤产生惧怕心理，而不愿再尝试。面对这个不断变化的世界，她希望儿女能够以无惧的态度看待这个多变的世界，不要害怕尝试改变，Just Play。

Just Play 有两个意思：第一，用这样的态度面对所有事情，你就不会恐惧，也就无惧；第二，赖梵耘是演员，"play"有戏剧的意思，人生如戏，对小孩而言，就是玩。有些人可能会觉得这样的态度不够认真，但如果因为太过紧张或在意，反而会压力过大，用这样的态度，不仅是玩玩而已，而是把每件事都当作是有趣的，好好地"玩"成它，就能淡化那太过紧张的心情。

除了希望儿女能无惧地面对世界，她还希望他们能友善，对人有所理解，以平等的态度待人处事，拥有给予的能力。看着坐在一旁陪着我们聊天的 Oddi，她说："这世界唯一不变的就是世界一直在改变，很有趣！对吧？"所以，Just Play。

家庭食谱

不丹辣干酪色拉

材料

莫扎瑞拉干酪 1份
香菜 适量
西红柿 2个
小黄瓜 2根
花椒 少许
辣椒 少许

做法

1. 小黄瓜削皮，切成小块；西红柿去蒂，切成小块；香菜洗干净，切碎；辣椒切碎。备用。
2. 花椒放入石臼磨碎，以释放出香气。
3. 步骤1和2的所有食材，放入大碗内用手拌匀。不能拌太久，小黄瓜、西红柿出水太多，会不好吃。
4. 最后将莫扎瑞拉干酪剥成小块，放入大碗内一起拌匀即可。干酪就是调味料，所以不用再添加其他调味料。

家庭食谱

西式西红柿蛋炒饭

材料

紫米饭 3 碗
西红柿 少许
胡萝卜 少许
青江菜 半把
蛋 1~2 个
奶油 10 克
黑胡椒 适量
盐 适量

做法

1. 紫米饭蒸好，盛3碗放凉备用。
2. 胡萝卜、西红柿切大丁，青江菜大略切碎，备用。
3. 热锅，加少许植物油，先炒蛋，炒至微焦黄起锅。
4. 不用洗锅，加入奶油，炒胡萝卜、西红柿，西红柿稍软就可放紫米饭，一起炒。
5. 加入炒蛋、青江菜，一起炒。
6. 最后加盐、黑胡椒调味，均匀拌炒即可起锅。

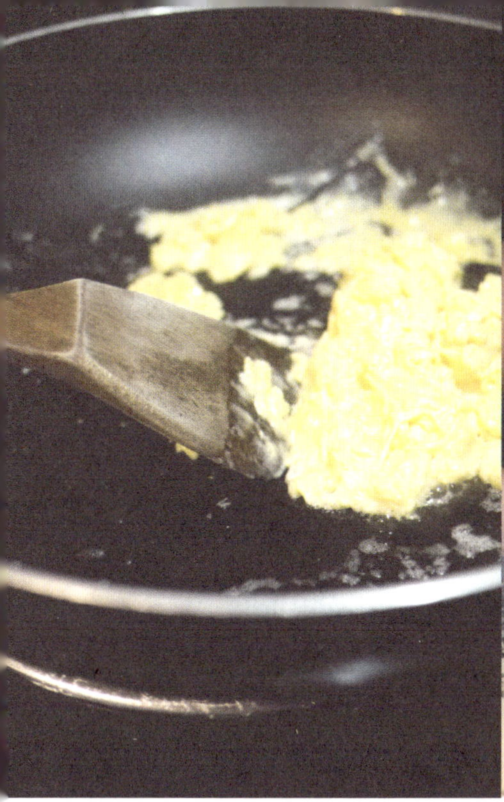
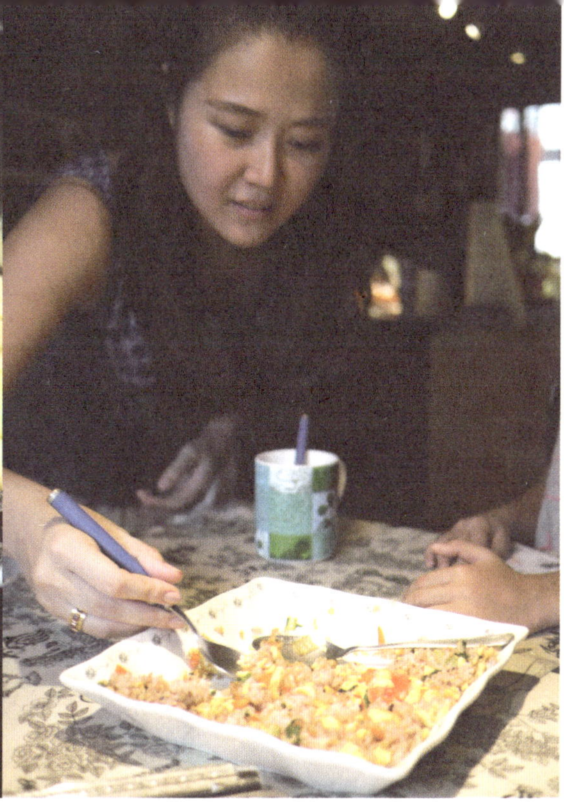
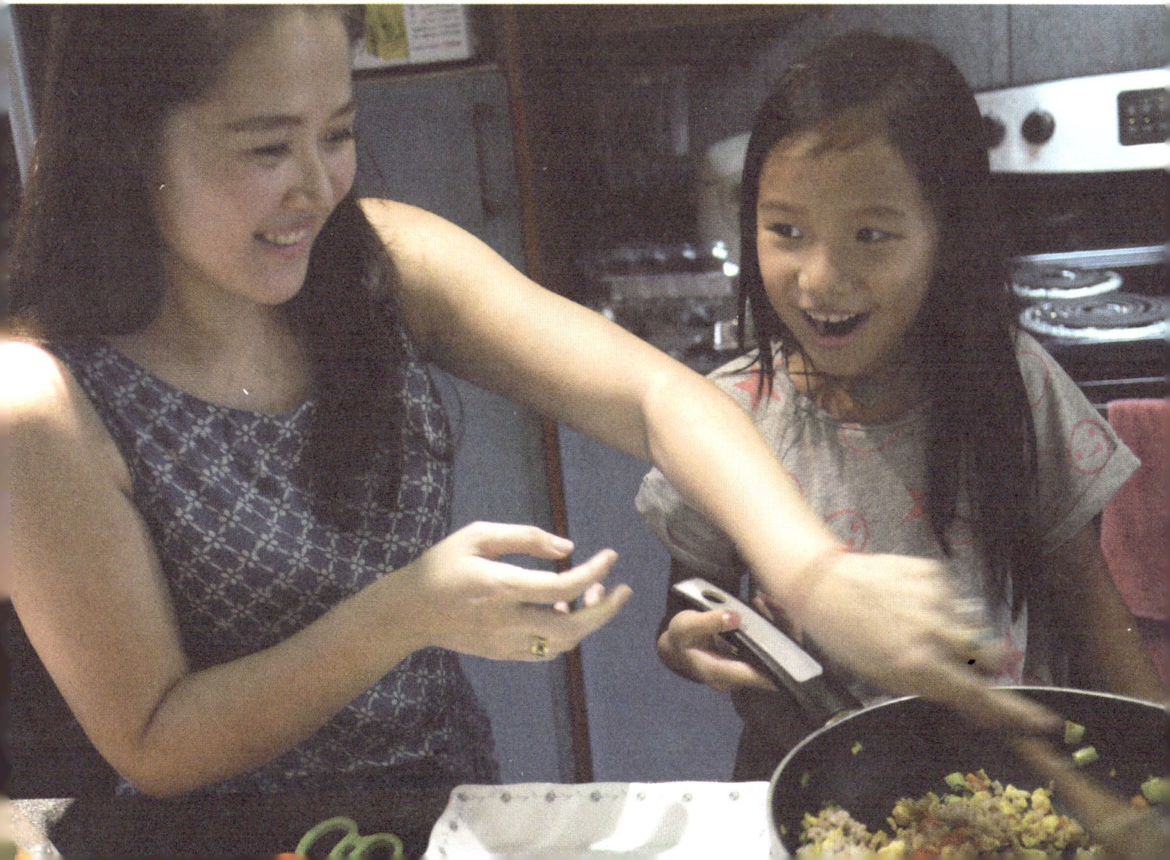

強盗は
ダメよ！

不要搶銀行

03

长大不要抢银行！

青木由香　中国台北 ⟵⟶ 日本神奈川县

日本神奈川县人，是画家，也是作家。因为喜欢旅行，在大学时努力打工，尽情旅游40多个国家和地区，在体验过中国台湾的脚底按摩后，从此就爱上美丽的宝岛，现在与先生定居台湾，育有一子。著有《台湾你好本子》等旅游相关书籍。创办"你好我好"人生选物店。

> 小孩不想念书，我都理解，因为我也不想念。但不想念书，也要给他一种过生活的技术和观念。
>
> ——青木由香

"不要抢银行！"一般父母应该不会对小孩的未来有这样的期许吧！但居住在中国台湾的日本作家青木由香，对儿子的期许就是"长大不要抢银行！"为什么青木会有如此令人意外的想法呢？

一切开始于某天和母亲通话时，母亲提及家乡神奈川县发生抢劫案。听到这个消息，青木不像一般人开始责备抢匪，或抱怨治安变坏，而是觉得抢匪"很难过"、很可怜！这时，你一定很错愕，抢匪"很难过"是什么意思？抢匪怎么会很可怜呢？

原来，她说的"很难过"是指"生活很难过"，向亲朋好友借钱都借不到，工作也找不到，为了生存才会选择抢银行。以母亲的角色去想象犯下抢劫案的男子动机为何，这也令她开始思考如何教育儿子，应该让他具备怎样的能力，才不会在未来因生活无助而犯下大错。

由于儿子是独生子，没有手足互助，所以她希望为他建立良好的亲友、社会关系，教导他独立生活的态度与技能。在未来，即使家人不在，儿子也能好好生活下去，而不是做出伤害他人、抢银行这种令家人伤心的行为。

神奈川县地理环境佳，包山纳海，生长在这里的人们个性都很开朗，加上生活条件好，交通便利，许多人都选择待在家乡成家立业，但青木却去了40多个国家和地区，最后因为爱上中国台湾的脚底按摩，定居在中国台湾。是什么样的成长环境，造就现在如此特别、独立、自由、具备同理心的青木由香呢？

不插手的帮忙

在小学五年级时，看到杂志上有小女生烤蛋糕的食谱，青木便想尝试做做看。某天在家，她想烤出切面层次分明的蛋糕，但直到夜幕低垂也未成功。随着时间越来越晚，母亲说："超市快打烊了，我去帮你再多买些材料。"回来后，就独留青木一个人在厨房烤蛋糕。

我妈妈真的不会帮忙！一点都不会！
——青木由香

她还记得，那次她一直烤蛋糕烤到早上，还是不成功，那天早上准备出门上学的姐姐还嘲笑她那没烤好的蛋糕。虽然青木一直说妈妈不会帮忙，但妈妈却为她准备好足够的材料，然后放手让她去做。想想，现在许多家长担心小孩在校成绩不好、事情做不好，常出现代替行为，帮孩子做手工、写书法、画画等，有的甚至让孩子先去睡觉。孩子成为旁观者，事不关己，不知完成事情是需要付出努力的，不知如何培养自我要求的精神。青木的母亲做到了大部分家长很难做到的

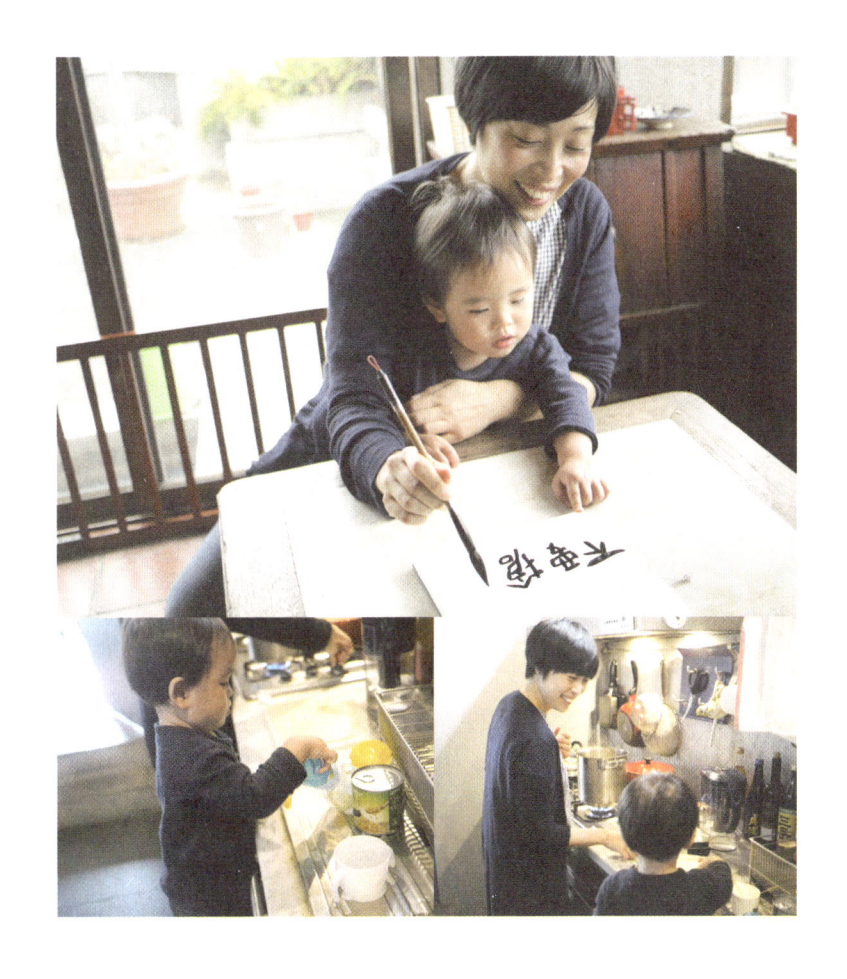

事，那就是"不插手"的帮忙。青木的母亲帮她了解，烤蛋糕这件事是她自己的事，应放手让她做，不给她任何压力，蛋糕烤得好或不好都在于她自己，这是一种对自己负责、自我要求的学习。

顺势引导，不强迫

日本非常重视升学，所以孩子从学龄开始就得为成绩操心。青木从小就喜爱画画，学习成绩一直维持一般，她却在初中的时候，告诉爸妈她不想念书，不想考大学，要做自己喜欢的工作——画画。我想只要家中有初中生的父母听到这样的话，镇定一点的，心里应该不停上演小剧场；惊慌失措的，家里八成已经上演八点档剧情了！而青木的母亲就属于镇定的家长，她用很平常的口吻说："那至少要把初中念好！"

青木一听母亲这么说，心想只要把成绩冲高，她毕业后就可以做自己最喜欢的事。于是她原本维持一般的成绩，毕业时则冲到全班前10名。初中毕业后，她告诉妈妈说她不要穿高中制服，于是母亲说："那姐姐的学校不错呀！虽然有制服，但鞋子、包包、外套都可以自己选。"日本高中很多学校的制服从头到脚都规定要穿一样的，既然这样，青木她愿意试试看。但她原本就不要念高中，所以她告诉母亲："只考这一所学校就好。"母亲也很干脆地答应。

当她交志愿表时，班主任却很紧张地约谈母亲和她。为什么呢？因为日本的高中，只要没有考上，就没有学校可读。而且青木只填了姐姐读的高中，那所高中是全县排名第二的名校，以青木目前的成绩很难考上。老师责备她和母亲，认为母亲怎么可以这么不认真，应该要替小孩考虑未来。班主任事先在青木的志愿表填上第二志愿，青木发现此事，就当着老师和妈妈的面，拉着老师手上握着的红笔把第二志愿划掉！老师虽然被青木的举动吓了一跳，但接着就笑了起来，似乎是明白了青木的决心，于是，青木的志愿表，依然只有姐姐那所高中，而她也成为姐姐的高中学妹。

喜欢，就能一直坚持

虽然上了高中，但一心只想画画的青木，真的不知道为什么要念高中，于是青木将自己的想法告诉导师，导师建议她去考艺术大学试试看，甚至连家附近的画画老师也这么说，于是她把这个决定告诉母亲。"东京离我们家很远，没有高中生会去那儿！你要不要先找找家附近的补习班？"可是家附近真的没有考艺术大学的补习班。"那要不要去东京试试看？"就这样，青木开始了补习班的学习，每天放学搭 2.5 小时的电车，半夜一两点才回到家，回家后还要写学校和补习班的作业，一天只睡三到四小时，但青木觉得"因为很喜欢，每天这样都没关系"。虽然青木在学校没有志同道合的同学而感到寂寞，但在补习班她找到归属，大家对未来有一样的期望，有聊不完的话题，尽管每天都很辛苦，却也甘之如饴。

适时支持，更懂珍惜

　　她小时候父亲工作很忙，父亲虽然个性严肃，但很体贴小孩，也会支持小孩做喜欢的事。其实青木考艺术大学的过程不像之前考高中那样顺利，考了三次才考上。在第二次没考上时，母亲生气地说："明年考试不要去补习班，考艺术大学的补习费很贵，电车费也很贵，你已经没机会了，就待在家里练习吧！"此时，平常不太说话的父亲跳出来说："这样太可怜了。我给她钱，让她去吧！"只是简单的一句话，但父亲可是要付出很大的代价的。在日本社会，绝大多数的先生都把薪水交给太太管，家里支出都是太太在掌控，先生只向妻子拿很少的零用钱，青木的父亲也是如此。父亲的零用钱几乎都快没了，她觉得父亲很可怜，所以她下定决心去考补习班奖学金，这样补习费可以便宜一半以上，爸爸也就不会没有零用钱可用。

　　问到影响她最大的人是谁，青木回答："应该是我自己吧！"很特别的回答，却反映出家庭环境为她建立了非常完整的自我认同体系，让她坚强自信。所以，不要给小孩答案吧！让他们自我开发，自我成长，因为没有人能改变他们。能改变他们的，唯有他们自己！

家庭食谱

玉米菠菜意大利面

材料

意大利面 100 克
吻仔鱼 30 克
蘑菇 3～5 个
菠菜 150 克
玉米粒 50 克
花生油 1 大匙
菊酱酱油 1～2 小匙
盐 1 小匙

做法

1. 清洗菠菜、蘑菇、吻仔鱼。清洗干净后，菠菜要去蒂头，蘑菇切片，吻仔鱼沥干，备用。
2. 烧两锅热水，用来边煮意大利面、边烫菠菜。
3. 水滚后，煮面的锅内加 1 小匙盐，再放入意大利面，煮 20 分钟起锅，备用。
4. 另一锅，将洗净去蒂头的菠菜，整株放进热水锅内，烫 1～2 分钟后，起锅放凉，再切成小段。
5. 中小火起油锅，加入切片蘑菇拌炒至半熟，再依序加入吻仔鱼、意大利面、玉米粒、菠菜，拌炒均匀后，再加入菊酱，翻炒约 1 分钟，看到意大利面上色后，就可起锅了。

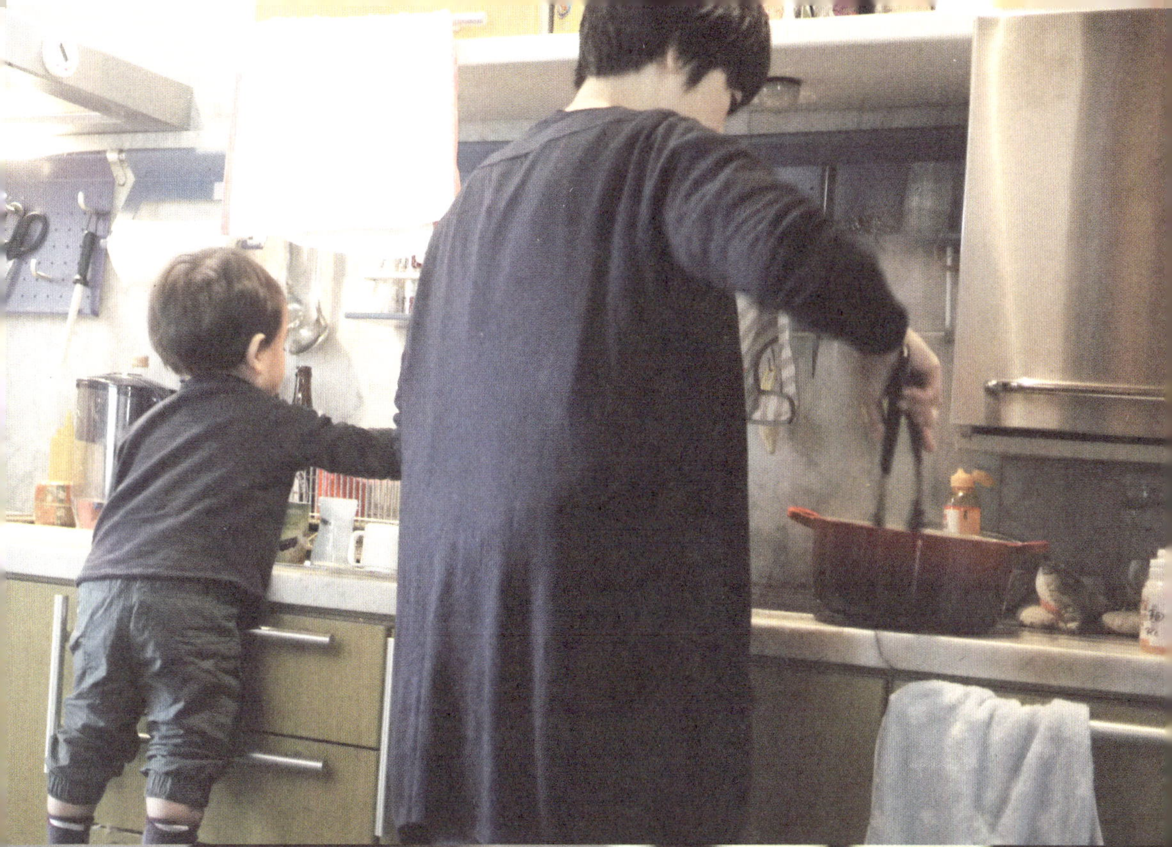
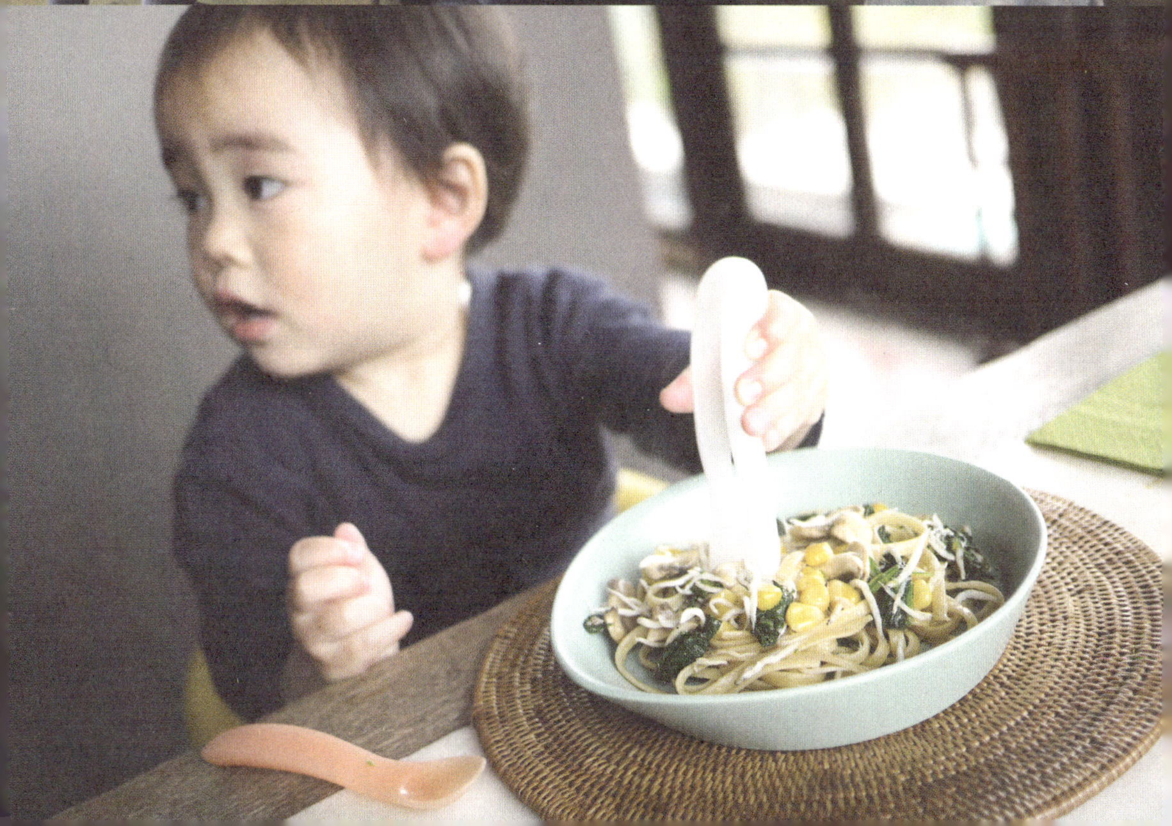

沿途景点

青山联合农夫市集

Tokyo, Japan

我们抵达位于东京涩谷区的青山联合农夫市集（Farmer's Market @ UNU）时，已经是下午四点半，许多熟食、啤酒摊位的美食皆已贩卖一空，挂上"Closed"（关闭）的牌子。

蔬果鲜食区则种类繁多，有远自北海道来的小农，除了许多当地人会来采买食材，也有不少欧美人士携家带口，来此采购新鲜有机食材，享受美食与啤酒。值得一提的是，现场摊贩几乎人人都能用英语和外国人沟通。入境随俗，我们点了三种不同口味的啤酒和烤猪肉，坐在联合国大学的中庭，跟着大家一起大口喝着啤酒，吃着烤猪肉，随着现场热情的牙买加音乐，摇摆身体。

这个市集每周会设定不同的主题，邀请农夫自行参与展售，网站及社交平台粉丝专页都会公布当周的主题与参展农夫。我们去的那周主题是"啤酒与咖喱香料"，现场有许多日本自酿的特殊口味啤酒，当然也有国外知名啤酒商摆摊贩售或试饮，但咖喱香料就只有一两摊，这样的对比，凸显出在日本，人人都爱喝啤酒，夏季喝啤酒俨然成为日本全民运动。

菜コメシル†

受取口
Pickup

Farmer's Market @ UNU

📍 东京涩谷区神宫前 5-53-70
(青山联合国大学前广场)
🕙 周六、周日 10:00—16:00

  市集想要传达的是一般流通市场无法传递的，关于风土、农法、作物的大小事情。目前来摆摊的店家来自日本各地，包括一年种植两百种以上蔬菜的农园主，也有自家采种、生产意大利蔬菜的农家。另外，提供熟食的摊位，除了多采用有机食材，有的甚至是外国人在摆摊，譬如：牙买加料理，就是牙买加人制作贩卖；印度咖喱、香料的摊位，就是印度人在介绍。

  离开市集时，我们也忍不住带走了一大串粒粒巨大的巨峰葡萄，回到饭店享用。

035

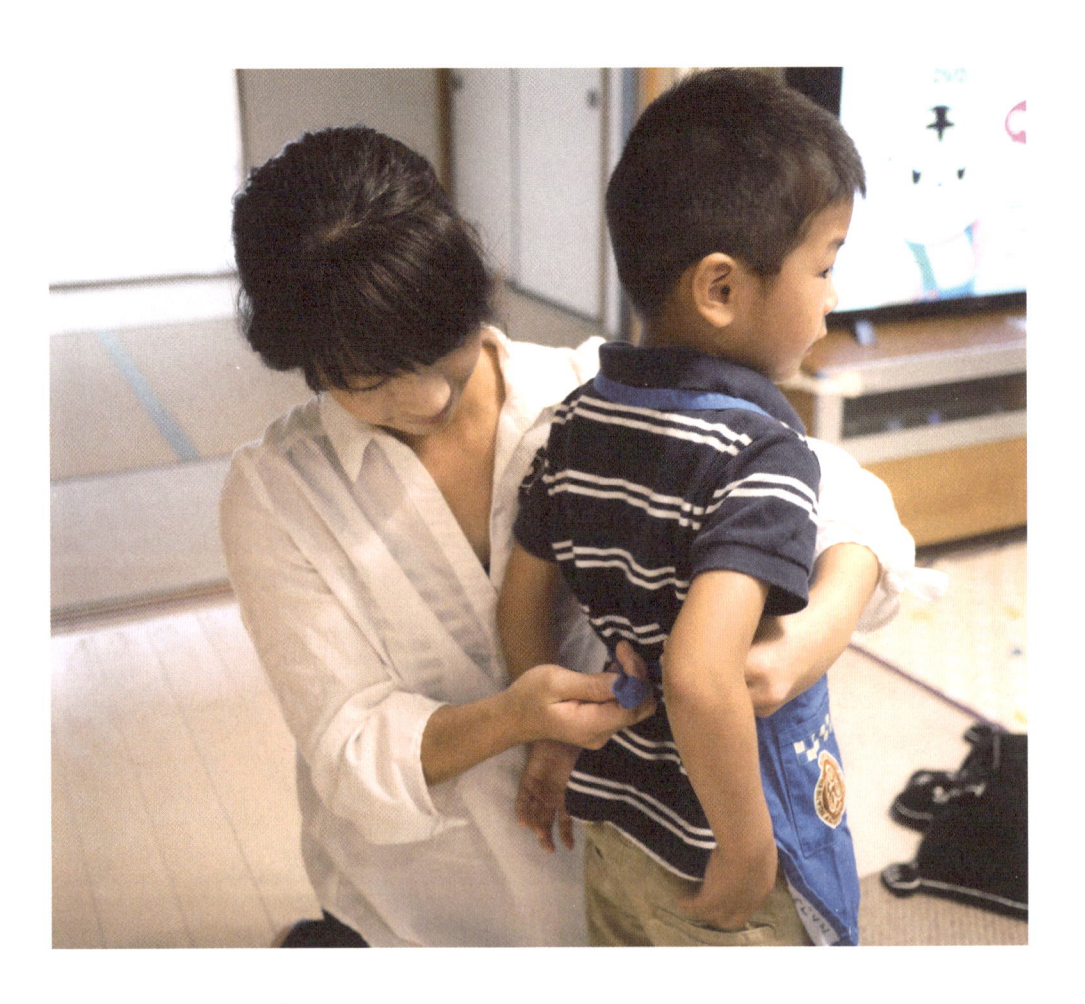

健康が
一番

04

健康第一的章鱼烧

Country —— City
日本　　　大阪

美木昌弘　公务员　38岁
美木步　家庭管家　35岁
10岁　4岁　1岁

> 姐姐在 2010 年去世，这是我人生最大的挫折！姐姐的孩子都还很小，她却无法再陪伴他们成长。这让我体会到每天都要好好过，大家不是每天都能一样地生活。
>
> —— 美木太太

离开日本的前两天，我们来到大阪的美木家访问。坐着友人 Akiho 开的车，视野随着蜿蜒舒适的公路前进，两旁树木挺拔茂盛，公寓若隐若现，这真是让人心情开朗的环境。当车子抵达目的地时，放眼望去都是两层楼的独栋房子，马路上没有其他车子行驶，除了我们的车子和两三位小男孩骑着单车在路上奔驰。没错，我们来到一个居住环境优良、对孩子非常友善的住宅区。

美木一家五口在门口迎接我们，我们感到非常亲切。Akiho 和美木太太是高中同学，平时也会带着儿子来美木家玩，所以几个男孩子特别亲，现场气氛一下子就热络起来，热闹无比，他们就像亲兄弟一样（其中一位男孩还是婴儿，无法加入游戏）。我们不会说日文，当天便由 Akiho 担任翻译，访问进行得很顺利，真的很感谢她。

这一天要做的是章鱼烧，美木太太本来希望大儿子

也一起准备材料,但二儿子一副兴致勃勃、跃跃欲试的样子,体贴的大儿子就借故离开,让弟弟好好发挥。虽然大儿子个性温柔体贴,加上年龄比较大会帮忙照顾弟弟让她备感欣慰,但育儿过程最让她困扰的也是"三兄弟年龄差距太大"。大儿子10岁已经很稳定,许多事情可以自理;二儿子4岁正处于活泼好动时期,大量精力等待消耗;小儿才1岁,还是婴儿,需要大人时时刻刻的关注。还好,他们兄弟个性很像,温柔体贴,会互相照顾,但美木太太还是笑着说:"虽然如此,但是每天时间都不够,总觉得两只手不够用!"

面对三个不同年龄、个性不一、活泼好动的男孩子,美木太太如何心平气和,温柔以对?她的教养原则又是什么?

健康第一,最重要

对孩子未来的期许,访问过许多家庭的我们,每当问到这个问题时,做父母的总是会想很久,甚至还会请我们给他们一点时间想一想,先问其他问题。这一题,父母对孩子的期许有自信、负责任、独立、被喜爱……父母对孩子未来的期许,就像离巢雏鸟,面对广阔的无边无际的天空,充满着无限可能与希望。但对美木太太而言,当我们问到这个问题时,她的反应是马上说:"健康第一,最重要。"

美木太太与原生家庭关系非常亲密,姐姐过世是她人生中最大的挫折,这件事让她体会到每一天都要好好过,大家不是每天都能一样地生活。我们应该照顾好身体,好好把握当下。美木太太现在没有和爸妈一起住,但从他们家开车到爸妈家也只要20分钟,即使住得那么近,爸爸也常来送蔬菜,但如果一星期没打电话回家,爸妈就会生气地说:"在做什么?为什么都没有联络?"因为没有住在一起,爸妈还是会担心。

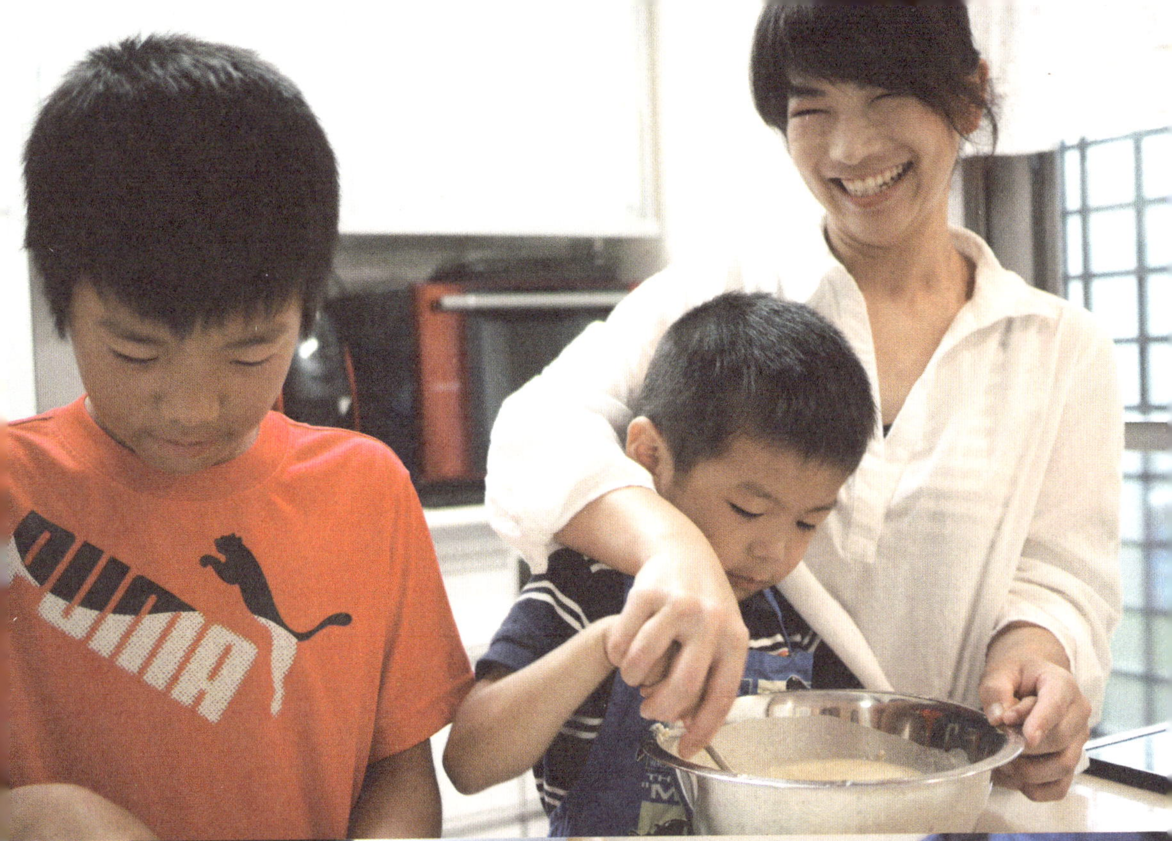
PUMA

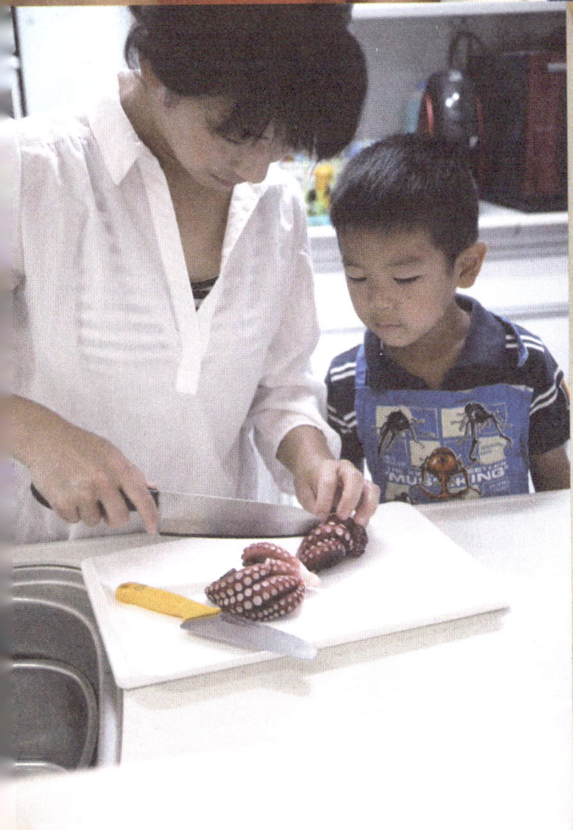

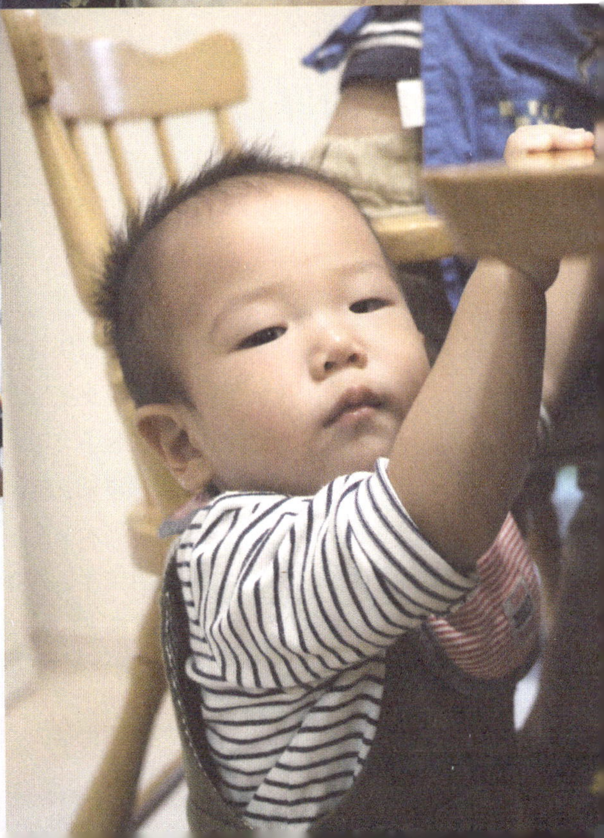

用心让孩子感受幸福

孩子挑食，是许多父母的烦恼。我们问美木太太，碰到孩子不喜欢吃的食物时会怎么处理。美木太太的母亲也是家庭主妇，在她读高中时，母亲每天都帮她做便当，毕业那天还在便当袋里放一封恭喜她毕业的信；美木太太的父亲退休后，在住家附近开始自己种菜，常常会送一些季节性蔬菜，但有些菜孩子不爱吃，再加上是季节性蔬菜，常常某一种蔬菜特别多。

美木太太是在家人细心、用心的呵护下成长起来的，希望孩子们也能感受到当初她享受美食的幸福，所以她会上网找食谱，把同一种蔬菜加以变化，让孩子们可以把不喜欢的蔬菜吃下去。譬如，孩子不喜欢青椒，如果直接烤、烧或炒，孩子就可能不会吃，因此，她会加入孩子爱吃的食物一起做，譬如加干酪焗烤或放入咖喱让小孩吃。

重要的事情，爸爸来说

大家对于日本先生的印象就是忙着工作，家里的大小事都交给太太，让太太独自承担，包括育儿。美木夫妻在教养孩子方面，则是共同分担。美木太太对于孩子的日常生活习惯会反复叮咛，"平常都是我对孩子碎碎念，一旦有很重要的事要孩子们听进去，一定是爸爸来说"。

美木先生平时忙于工作，但只要有空，就会帮忙一起照顾孩子或做家事，"比其他家的先生，算是蛮努力的"。没错，我们到访适逢假日，美木先生没有上班，在整个访谈过程中，他除了一直抱着小儿子坐在客厅，还要不时跟着逃离菜肴制作现场的两位小男孩一起玩，可是脸上没有一丝不耐烦。在美木家没有黑脸或白脸，孩子们的温柔体贴，也许是天性，但耳濡目染才是关键。

美木太太从小成绩就排名前三，本以为她的双亲必定很在意学校的学业成绩，结果却不然。"爸妈从来没有要求我要认真念书。"所以，问到他们是否会很在意大儿子在学校的成绩表现时，则答"不会特别在意和要求，只希望他喜欢阅读"。最后，我们问美木太太希望小孩拥有什么个性特质，美木太太说："我希望他们快乐。"我们在三兄弟愉快的笑声中，结束了访问，但真诚希望这发自内心最单纯的笑声能一直陪伴着他们，直到他们长大成人。

健康第一的章鱼烧

材料（约可做20个）

章鱼烧粉（或低筋面粉） 100克
鸡蛋 1个
水 300毫升
章鱼 约40克

自选配料

葱、红姜、天妇罗粉、香肠、
玉米、干酪等
日式章鱼烧专用酱
日式美乃滋
海苔粉
细柴鱼片

做法

1. 章鱼烧粉加入鸡蛋，加水后搅拌成面糊。若使用低筋面粉，则需加高汤粉。
2. 烤盘加热，刷上色拉油，再将面糊倒入模型中，约五分满。
3. 依序放上章鱼、自选配料，再倒满面糊。
4. 中小火慢慢煎，煎至金黄。等底部变硬后，拿长竹签翻转，转成外表圆形。
5. 再将煎好的章鱼烧刷上酱料、美乃滋，撒海苔粉、柴鱼片。

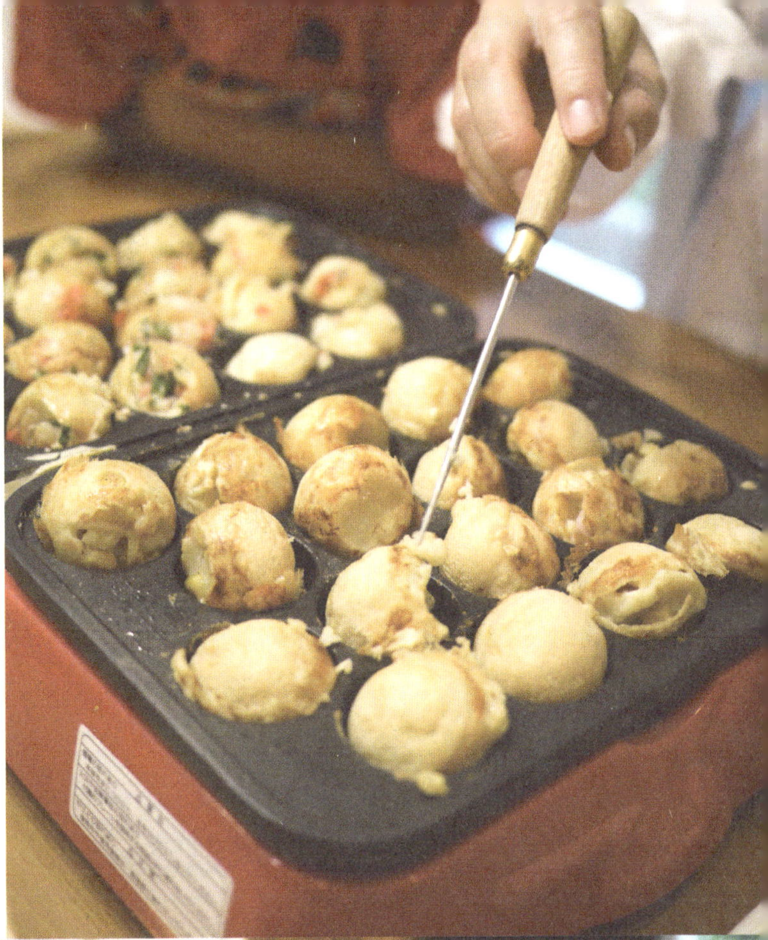

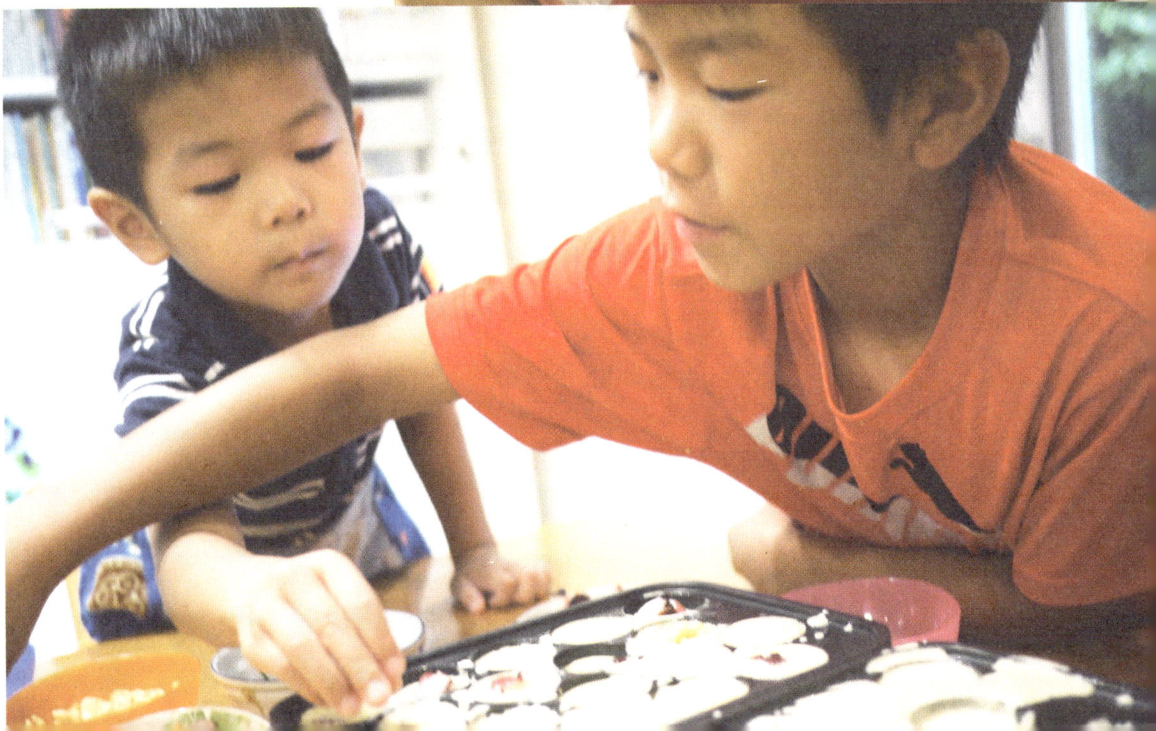

笑顔でいられる人生を

05
以笑颜面对未来的每一天

Country ——————— City
日本　　　　　大阪

Tale 爸　商社职员　36 岁
Akiko　家庭管家　36 岁
Tale　4 岁

> 我 16 岁时加入 Hippo Family Club（河马家庭俱乐部），双亲也一起加入。在这个大家庭里我获得一切，不论是家庭生活方面还是个人成长方面。Hippo Family Club 就是我的生活，让我可以敞开心胸，拥抱世界及来自不同国家的人们。我很放心让孩子在这个大家庭里成长，未来也希望他能够用微笑拥抱世界。
>
> —— Akiko

我们到日本观光少说也有五六次了，对日本文化不陌生，但毕竟观光和访问还是有所不同的。出发前也仔细询问日籍朋友拜访日本家庭应注意的礼节，伴手礼是一定不能少的，早早就准备齐全。但仍担心会做出不合礼仪的行为，心里战战兢兢。但在这次的采访中，我们很开心认识 Hippo Family Club 这个大家庭，除了受访的女主人 Akiko，Kagarin ちゃん[①]、Yuki ちゃん、Tomo ちゃん、Deco ちゃん、Chierim ちゃん，其他每个家人也都给予大大的拥抱，热情接待我们。

① ちゃん（chan、酱）：这是日语中用来称呼小孩及亲密朋友或家人的不正式称谓。采访当天气氛融洽，当我们询问要如何称呼在场的妈妈们时，她们请我们在名字后加 ちゃん，当时并不知道什么意思，现在才知道原来这是亲密朋友之间的互称，一下子就拉近了彼此的距离。

当天 Kagarin、Yuki 不仅到车站接我们，两人还分别准备见面礼给我们，这让我们受宠若惊，我们也感受到日本人周到的礼节。由于女主人 Akiko 住所位于郊区，大众交通不太便利，Kagarin 还特别请休假中的丈夫开车送我们。出门在外，尤其在异乡，陌生环境总让人忐忑不安，有当地人愿意到车站或机场接送，心里的感动就像是在寒冬将双脚放入足汤忍不住发出一声微小却又幸福满盈的感叹，一颗心也就跟着安定下来。我们也要特别感谢来自中国台湾 Hippo Family Club 的秀美姐，无数次的讯息往返，替我们联系受访家庭，我们才能认识这么棒的大家庭。

Hippo Family Club 成立于1981年，以"语言和人类"为研究主题，通过实践多国语言的自然学习，达到国际交流效果。成员年龄不限，各年龄层一起参与活动，就是希望大家在碰到新语言时，如同婴孩一般听到什么就说什么，从生活中学起。

Tomo 说："日本很长一段时间认为只要会说英文，就可以和世界做朋友。但 Hippo Family Club 认为如果可以说任何一个国家的母语那会更亲近，因此在 Hippo Family Club 会希望大家能够说7到9种语言。"所以当天，现场的妈妈们也会用一点点中文和我们交谈，这让我们超惊喜。

大阪的招牌食物果然就是章鱼烧，朋友说："基本上大阪每个家庭都会有章鱼烧机，每个大阪人从学龄前开始就会做章鱼烧。"果然我们一到 Akiko 家，家庭版章鱼烧机已经准备就绪，摆在餐桌上。因为家家户户都会做章鱼烧，也造就每个家庭独特的章鱼烧口味，譬如加魔芋（蒟蒻）、马铃薯等，口味多变，完全融入大阪家庭的餐桌。Akiko 家的章鱼烧会加入干酪和维也纳香肠，这是非常适合小孩的西式口味。Akiko 忍不住说："都是因为 Tale 喜欢干酪和维也纳香肠。"

面糊倒入章鱼烧机，大家一边聊天，一边七手八脚地放入切成小块的章鱼、香肠，再撒上面酥、红姜丝、干酪。章鱼烧面糊在炙热的

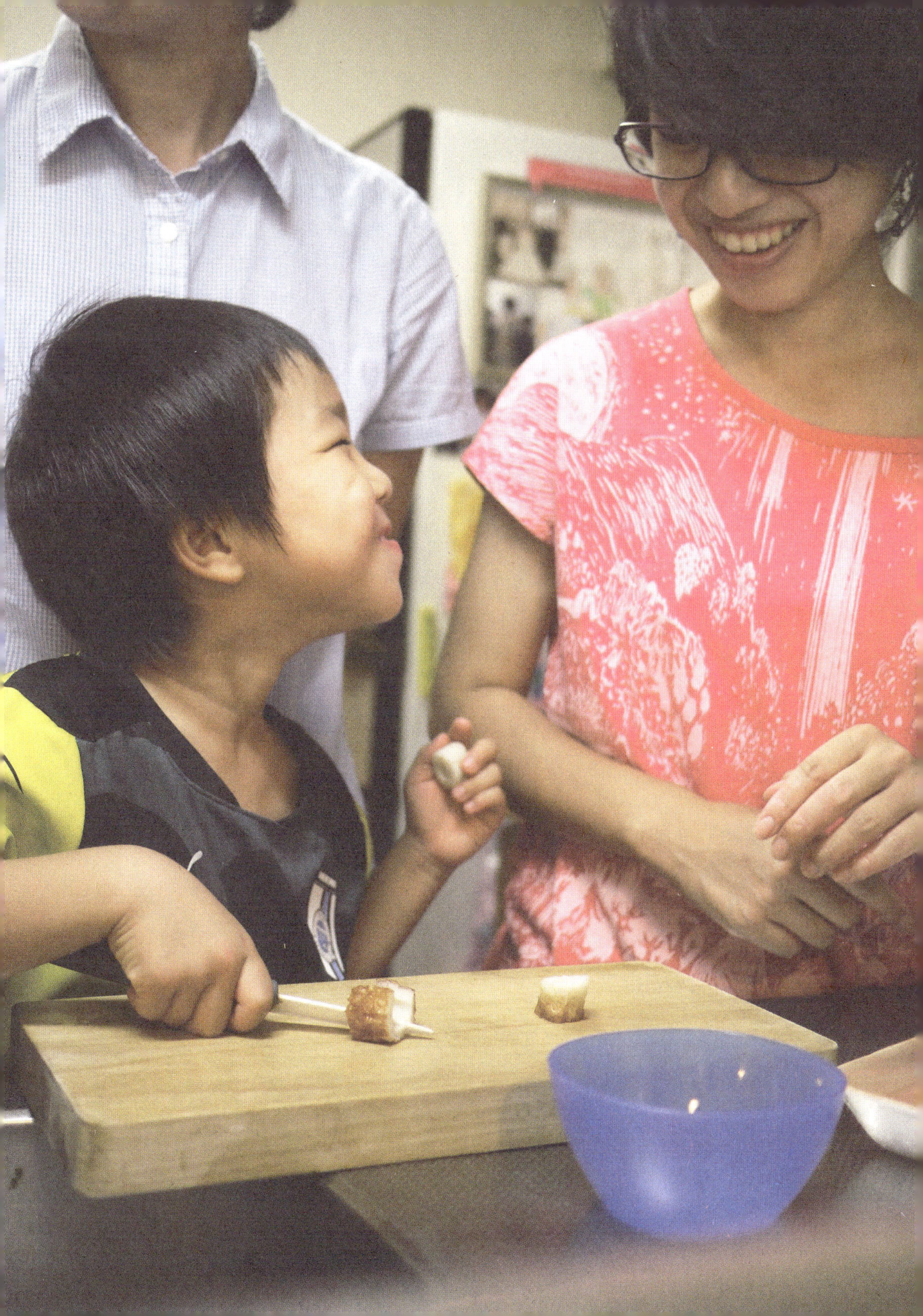

铁板上被烧得嗞嗞作响，大家眼神顿时变得专注，拿着竹签的手利落地翻转着，那神情、那气场，仿佛每个人都化身章鱼烧职人①，每个翻转皆是完美半圆。年仅4岁的Tale跃跃欲试，手法虽不熟练，但架势十足，而我们两个台湾人，不知哪来的胆子，也许被气氛感染，自告奋勇翻转章鱼烧，但成果都比不上4岁的Tale。

Hippo Family Club就是Akiko的生活，在大家庭里成员们互相照顾，学习成长。这个大家庭如何影响她？Akiko对儿子的教养态度又是如何的呢？

来自大家庭的支持

16岁加入Hippo Family Club，Akiko在这里不仅认识了一群挚友，也认识了生命中重要的伴侣——Tale爸，虽然Tale爸因为工作，只身赴任墨西哥，但对Akiko一个人带儿子并没有太大困扰，因为他们居住的小区就有许多Hippo Family Club的成员，大家互相帮忙，所以即使Tale爸短时间无法待在他们母子身边，他们也不会感到不安。

儿子4岁时，Akiko开始做兼职，一周上班三天。在她上班时，Tale就去幼儿园；Akiko不上班的时候，就会带他去Hippo Family Club。在那里有许多家人在，不仅Tale有同年龄的玩伴，妈妈也有许多朋友可以聊天，她们不仅是她生活的顾问，也把Tale当作自己的孩子或孙子一样疼爱。

用行动，让爱看得见

家庭给予Akiko的教养态度就是"家人的爱"，对家人展现关心

---

① 职人：日语中对于拥有精湛技艺的手工艺者的称呼。

与关爱，却不会过度干预，而是给予空间、陪伴、理解与支持。譬如，她16岁时加入Hippo Family Club，双亲也一起加入，跟着她一起学习语言，支持她认识世界的梦想；高中时她喜欢画画，不喜欢读书，认为大学就是读书的地方，所以对于升学一事感到非常困扰，后来有朋友想进入大学念设计，她觉得自己也可以念设计，父母也支持她，于是她大学就主修艺术设计。

"我们会展现出对家人的爱，用行动来支持，但并不只是说说而已。"就像她大学主修设计，但设计工作僧多粥少，在与家人讨论之后，她又去厨艺学校进修了一年，得以在名古屋知名饭店担任厨师一职。对于她的许多决定，父母总是以正面态度，用行动支持她。

学会说"谢谢"与"对不起"

总是被家人的爱包围的Akiko对于儿子的教养，认为最重要的是要学会说"谢谢"与"对不起"。Akiko认为能够把这两句话好好地说出来，就是很了不起的行为，同时也是对自己的所作所为负责任的态度。"谢谢"代表我们面对世界上不同的人、事、物，皆存感激，这是自身修为的准则；"对不起"则代表我们有勇气面对自己错误行为的开始，这是自我修正再前进的动力。

在大人忙着聊天时，Tale被冷落在一旁。毕竟我们是用英文和一点点中文在交谈，看着大人吃着点心开心地聊着，而他一个人没人陪他玩耍，他又无法加入谈话，无聊到开始生闷气、闹情绪，此时本来在一起聊天的Hippo Family Club的妈妈们，自然而然地轮流离开去陪伴他。面对此情况，Akiko很能理解他的行为，等儿子情绪稍微缓和时，她语调平和地向儿子说明现场状况，并告诉儿子这样的行为让她无法和来访的阿姨好好聊天，他应该要跟她说"对不起"。

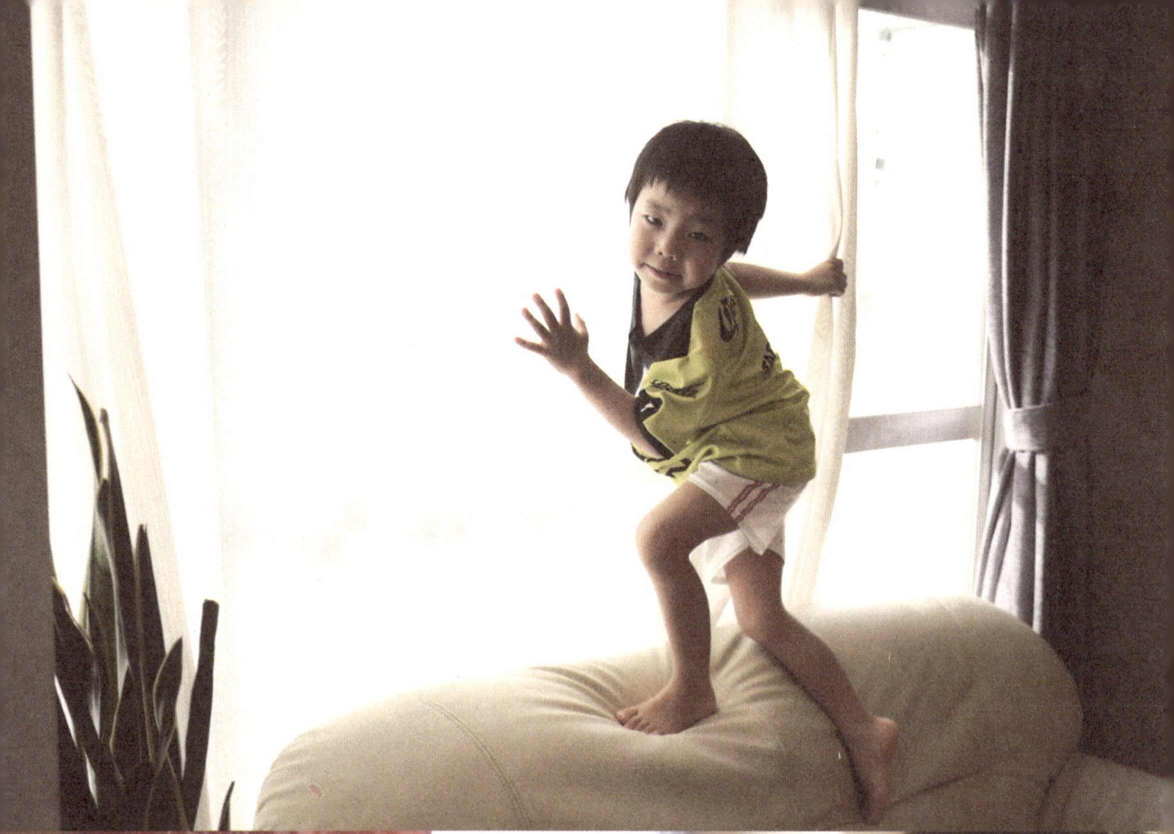

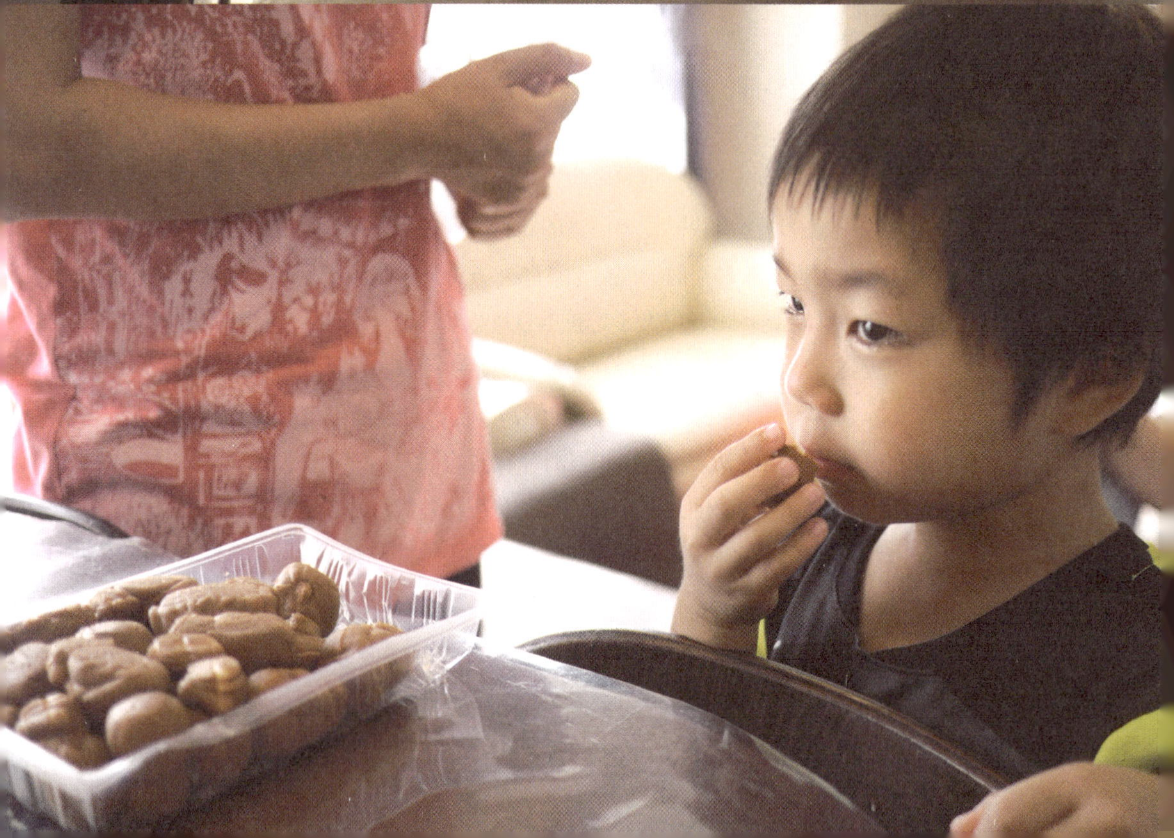

以笑颜迎接未来

对孩子的期许，她希望孩子能够"喜欢他选择的路，并用笑容去迎接未来"。Akiko 认为孩子会一天天长大，而且他也必须长大，就如同成为大人的我们一样，会发现长大不再像小时候幻想的那么美好，而在一步步了解长大到底代表什么的时候，Akiko 希望 Tale 能享受一路成长的风景，不论顺境或逆境，都能用笑容面对。

笑容何以对生活来说如此重要呢？因为笑，是肯定的、正面的，它能带给你能量，也能感染他人。再说为什么要否定自己选择的道路呢？能够做出选择，表示自己是从几个选项里，经过一番评估后才决定的，而且也已经走在那条路上了，如果连自己都怀疑，那支持你的朋友和家人，不是更会替你感到不安吗？所以，给自己的决定送上大大的微笑，好好享受未来路上的风景。

有人说："相较于关东人，关西人比较热情。"在短短几个小时与少数家庭的接触访问中，我们无法客观地去评断，到底是关东人热情还是关西人比较热情。但采访三个不同的大阪家庭，面对完全是陌生人的我们，他们友善的笑容、自然不做作的态度，真的让我们感受到关西人的热情，也让访问过程笑声源源不绝。

今天有幸能够认识 Hippo Family Club 这个大家庭，现场除了 Akiko 的孩子和我们的孩子还是学龄前儿童，其他妈妈的孩子，不是高中生，就是大学生，甚至还有孩子已经进入社会，看着他们还这么努力充实自己，每一位都尝试学习三四种不同国家的语言，接待其他国家的人到家里做客，甚至是交换住宿，就觉得自己的学习之路还很长，不管年纪多大，都可以做梦、逐梦。

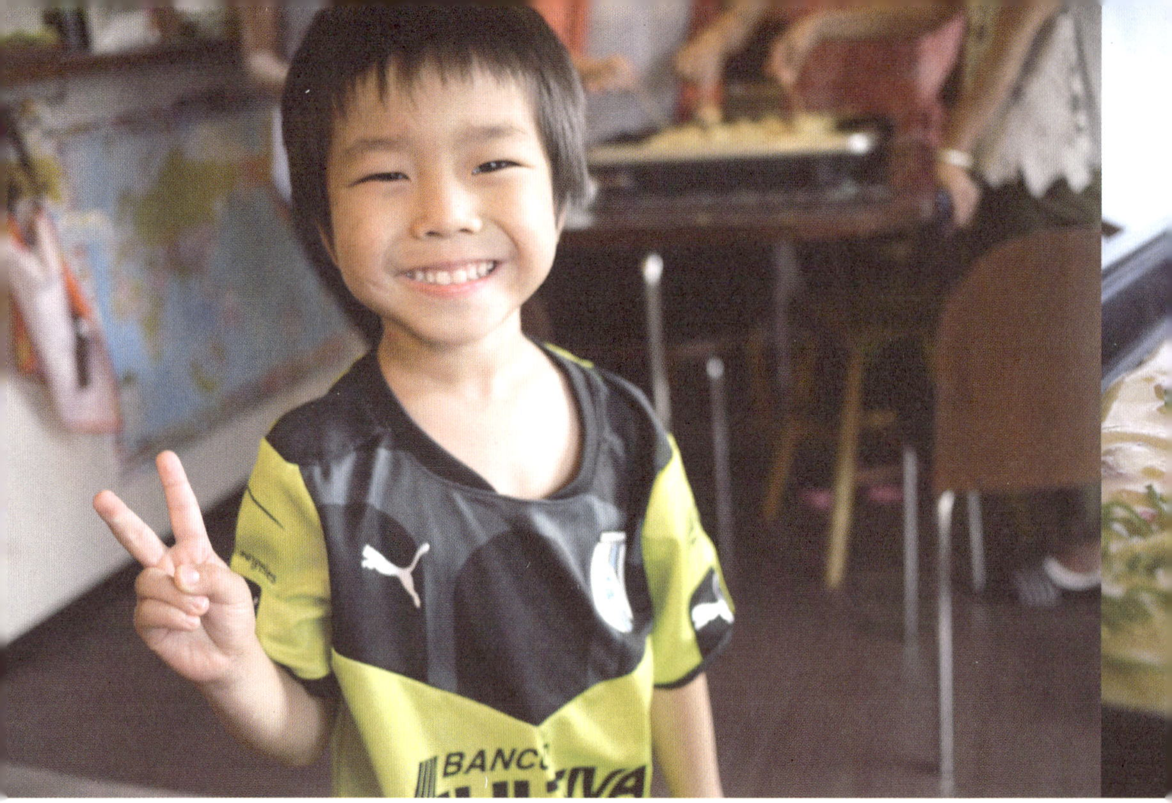

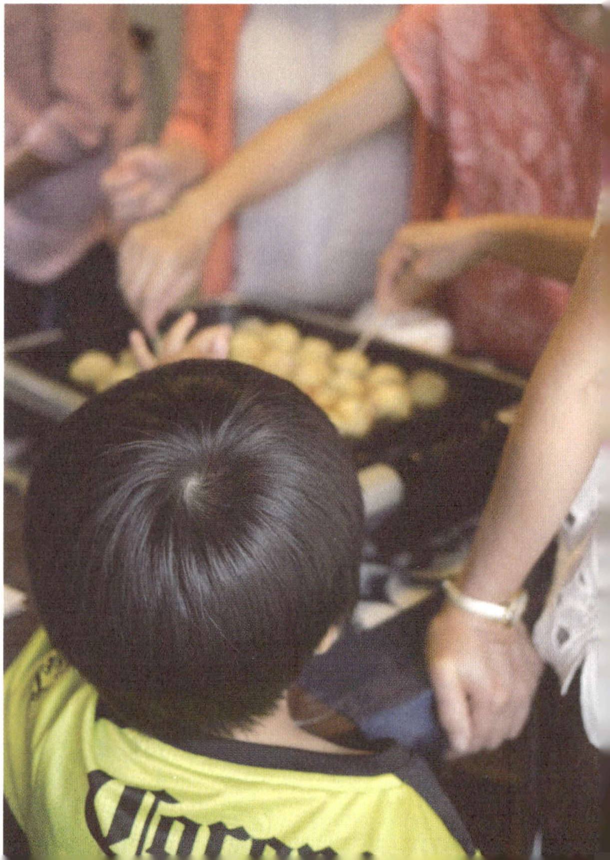

编者注：Akiko 一家分享的亲子食谱也是章鱼烧，和上一个家庭美木家分享的相同，因此所用材料和做法此处不再赘述。

優しい
気持ち

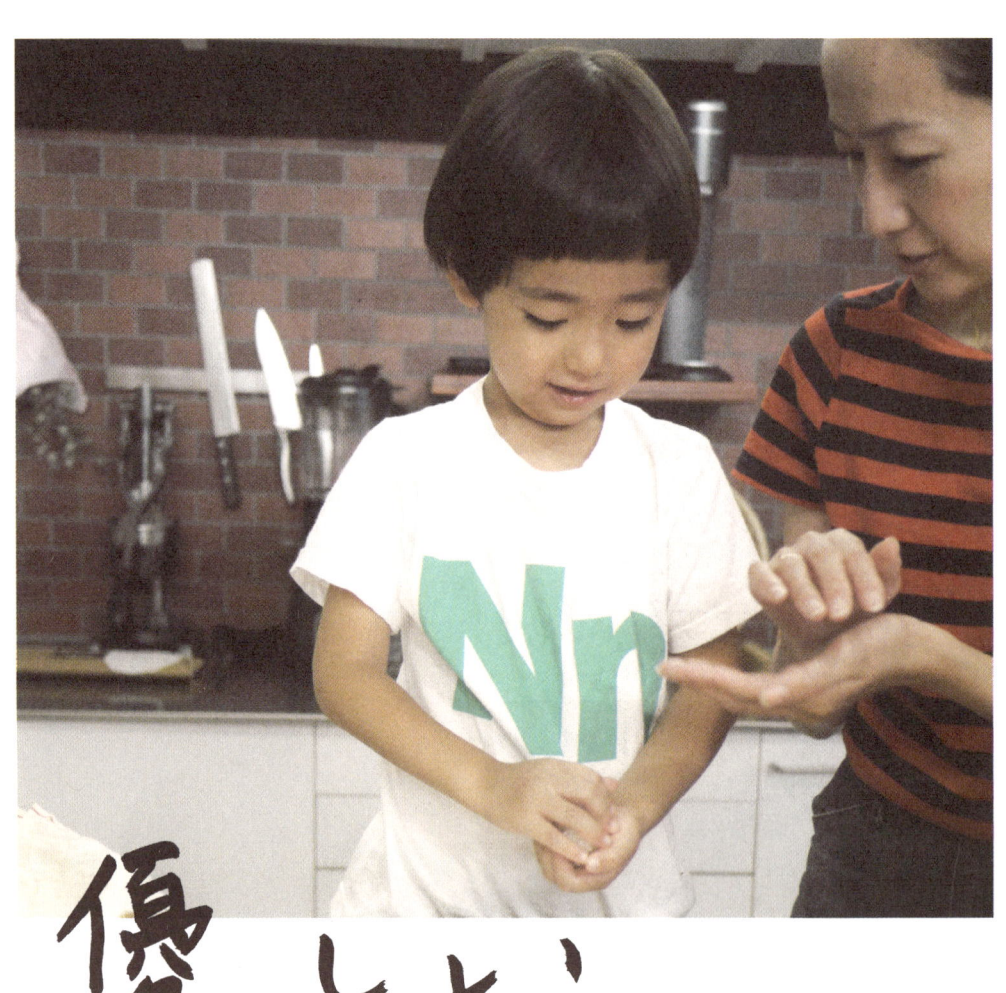

06

圆圆的东京寿司

Country —————————— City
日本   **东京**

👤 Hidemitsu 料理师
👤 Akiko 家庭管家
🧍 Ekura 4 岁

十年前母亲过世了，我生产的时候只有自己一个人，要做什么完全不清楚。现在，大部分人家的双亲会来帮忙或照顾小孩，但我家的状况不可能。真的一堆令人感到惊讶的事，例如：喂孩子喝奶，孩子吐奶就让我吓一跳！即使是很普通的事情，我还是不懂。

—— Akiko

东京一如往常地忙碌，车站、街道人潮川流不息。映入眼帘的匆忙景色，随着离车站越来越远，一点一滴被抽离，仅留高耸大楼。空荡的街道上，孩子们背着书包三三两两地走着，妈妈们骑着单车，后面载着孩子，有的偶尔侧过脸和孩子交谈，有的停在红色灯前等待信号灯，有的停在路旁和其他妈妈聊天，这样母与子的日常风景，把大都会的冷然轻轻柔柔地擦去。

今天的亲子菜肴是外形像饭团的生鱼片寿司，跟一般寿司店吃的寿司有点不同。为什么要做成圆圆的呢？因为是跟孩子一起做，孩子小小的手，捏成圆圆的最顺手，而且圆圆的寿司很讨喜，在圆圆的寿司饭里放上孩子爱吃的海鲜、玉子烧、紫苏，就完成了。平常 Akiko 会和 Ekura 一起做美食，但做寿司却是第一次，她仔细讲解，示范怎么捏寿司，4岁的Ekura虽急着动手做，但也会不时抬头看看妈妈，确认自己有没有做对。孩子就是孩子，虽然手很忙、很专心，但还是问妈妈许多问题，像是"绿色的叶子是什么？可以放两片吗？""我可以现在吃鲔鱼吗？"在东京育儿的新手妈妈Akiko，因为母亲过世，加上姐姐没有孩子，身旁没有亲近的亲友长辈提供意见，先生又工作繁忙，平日只有她和儿子一起，所以她只能一路独自摸索，直到自己习惯为止。但也许就是因为没有标准和规范，这反而让她更能从各种角度去思考育儿的方法。

学习和玩乐

父亲很注意Akiko的学习状况，会指导课业，是影响她最深的人。而她对于父亲的回忆几乎都是他生气及自己被骂的情形，但她一直记得父亲反复对她说的一句话："学习不会背叛人！只要学习了，就会变成自己的东西，做了就会对自己有帮助。"虽然她认为孩提时期能够认真学习很好，但年仅4岁的Ekura，目前对他发展最好的方式，就是让他尽情玩耍，想玩就玩，因为也只有在这个年纪才能毫无顾忌地好好玩游戏。所以，她帮儿子选择了能够尽情玩乐的幼儿园，而且园区内种植许多绿色植物，可以让孩子更贴近自然，这在东京是很少见的。

安静和不安静

在日本访问期间，旅途中常可看见日本孩童在电车、车站、餐厅等公共场合都很安静、守规矩。我们对此大为赞赏，也询问Akiko平常是如何教养孩子守规矩的。她认为日本孩子也有不安静的，毕竟孩子就只是孩子，身处陌生环境也会紧张。对于儿子的身教，在家里她会要求吃饭要保持安静，坐要有坐相，不要站着吃饭等，该有的礼节

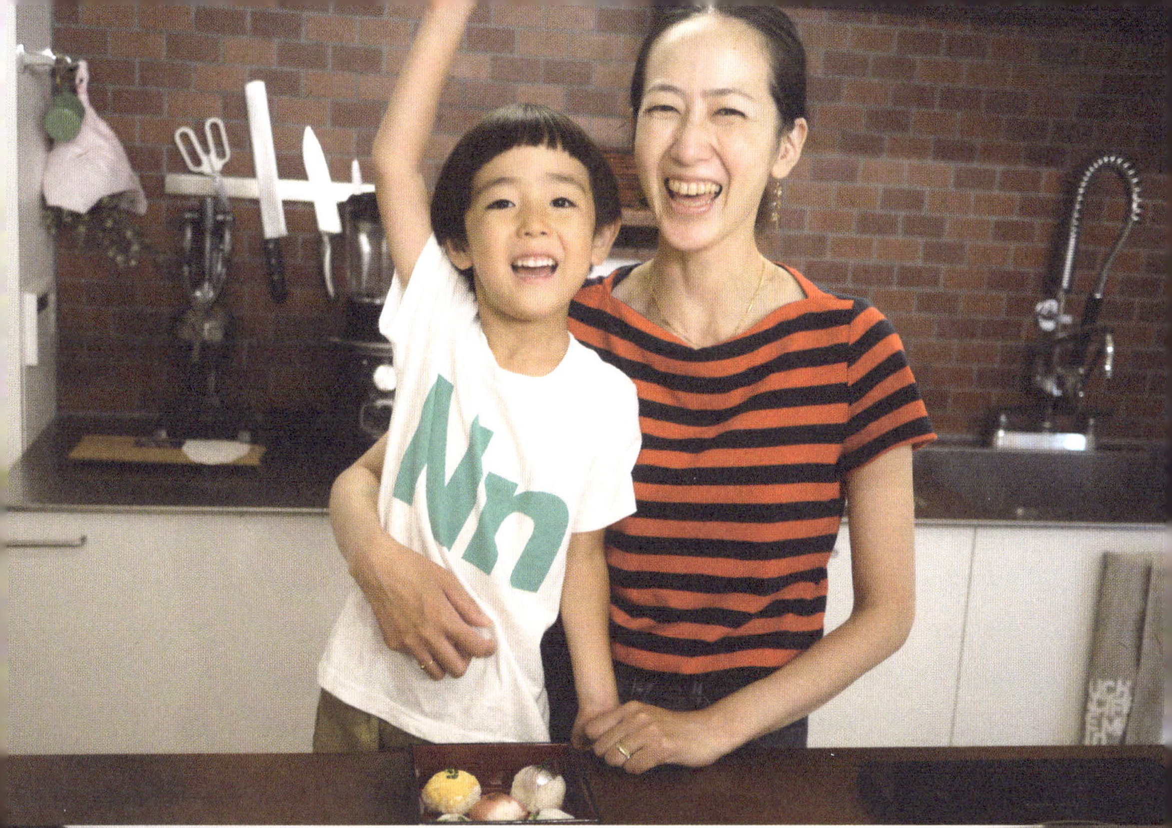
Nn

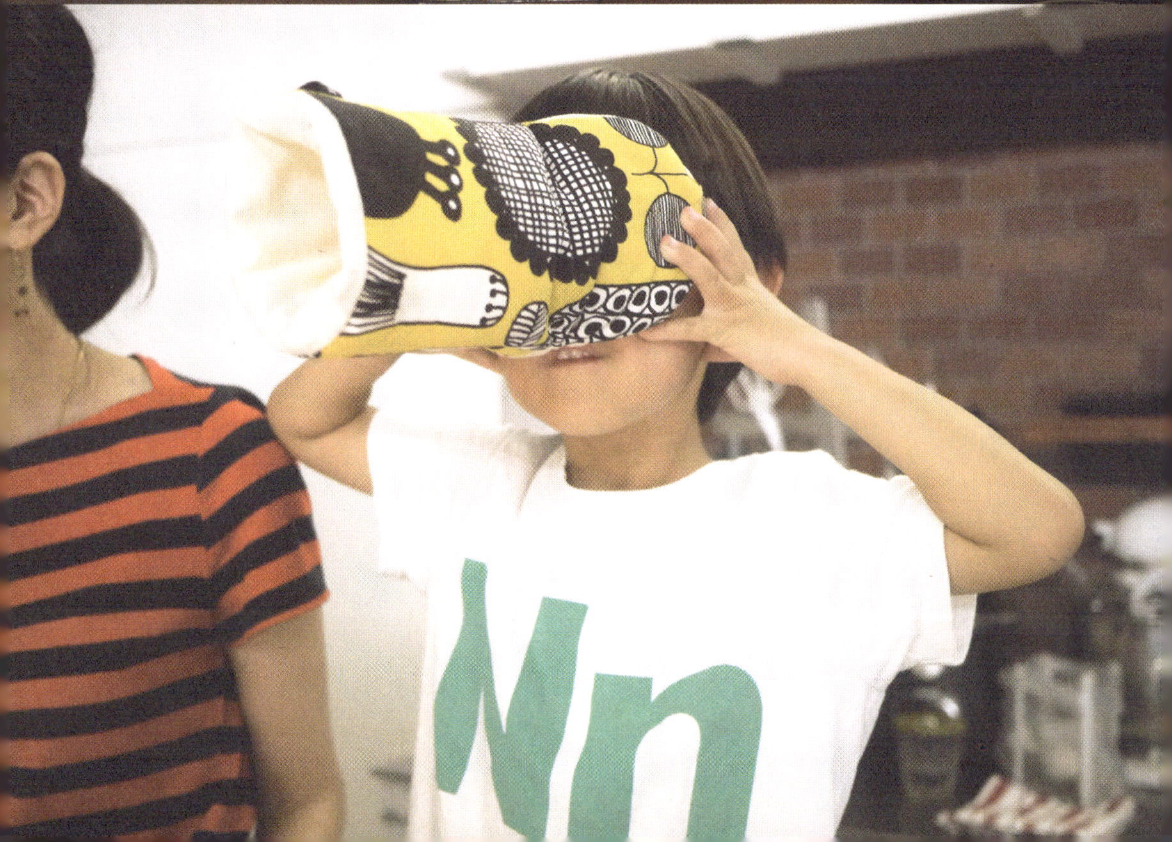
Nn

平时都会教导他，所以儿子在外就会比较守规矩。当然小孩不守规矩时，她也会生气，但 Akiko 莞尔一笑："虽然平时都会教他，但朋友一起玩得很快乐时，他就会忘了礼节。"

介入或放手

　　日本的教育重视人与人之间的协调关系。当我们和 Akiko 聊到儿子的学校生活时，Ekura 有点生气地抱怨说，拍打他鞋子的某某同学不是他的朋友。Akiko 认为儿子在学校和朋友玩时，难免会有争吵，也有打人与被打的情况，就算父母知道了，也想了很多方法试着帮忙解决，但通常效果不佳，因为小孩子有自己的解决方法。当然，这样也可能会产生麻烦的问题，所以到底是介入还是放手，真的不容易拿捏，这也是当父母最伤脑筋的地方。

好奇心和温和待人

　　当问到希望儿子拥有什么特质时，Akiko 一开始希望儿子拥有她没有的"好奇心"，期许他有无限的动力去勇敢追求他想要的。随后她想了想，告诉我们有一次带家人到台湾旅行，在电车里有位台湾年轻人看到她高龄的父亲立刻起身让座，她形容那位年轻人的迅速反应是一种毫不犹豫的态度，那真的让她觉得很亲切，她非常感动。聊到这儿，她表示反而不希望儿子有很多好奇心，而是希望他能拥有更多不同特质，经过一番深思后，她说她希望儿子能成为温柔、理解人心的人。

妈妈的专属时间

　　Akiko 就像大多数父母一样，日复一日地照顾孩子，要担心、要烦恼的总是没完没了，像是早起、健康等问题，这些看似很小的事情天天在上演。妈妈不是超人，会累，也会烦闷，所以每当儿子就寝，接下来就是 Akiko 自己的时间。即使身心再怎么疲惫，Akiko 还是很珍惜这一小段属于自我的时光，会好好观看她最爱的电影。说到电影，她眼里闪耀光芒，像个找到最爱的玩具的孩子，"可以好好放松，仿佛自己也发泄了一顿"。

育儿是劳心又劳力的工作，就像我们问 Akiko 育儿上最困扰她的是什么，语调一向优雅平静的她，情绪立即起了波澜："啊！该说什么呢？实在太忙了。"这句"太忙了"道出了所有育儿妈妈的心情。育儿的态度与观念，千万不要像我们一开始对东京的误解一样，以为只有冷漠，其实不尽然，都有多面性，没有好坏、对错，而是在你与它相遇时，你用怎样的态度接受那一面罢了。

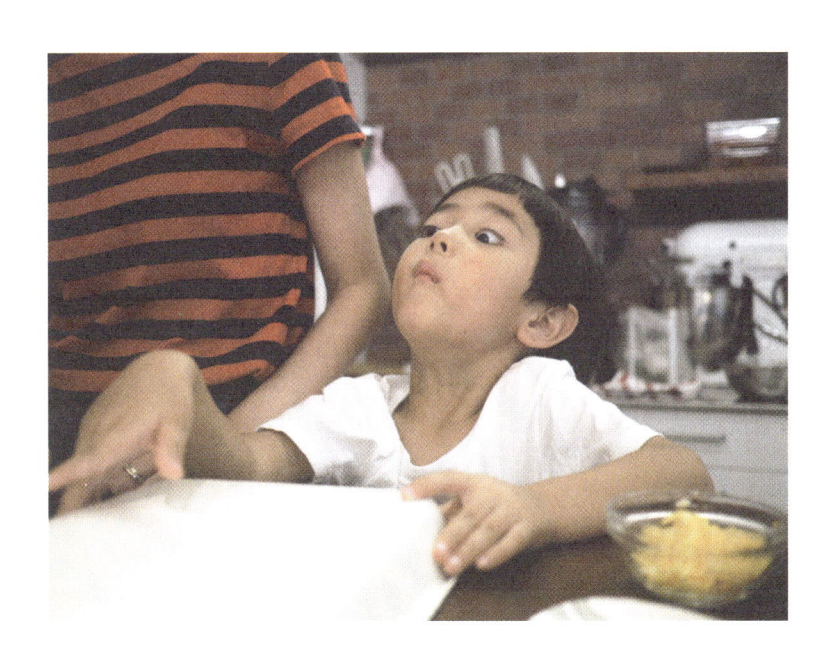

家庭食谱

圆圆的寿司

材料

白米 1.5 杯（量米杯）
白醋 30 毫升
白砂糖 15 克
盐 1 小匙
鲔鱼 3～4 片
竹䇲鱼 3～4 片
乌贼 少许
鲑鱼卵 3～4 片
干贝 3～4 个
蛋丝（片）少许
紫苏 数片

做法

1. 首先将白醋、白砂糖、盐水拌匀，做成寿司醋，也可使用市售寿司醋代替。
2. 白米清洗干净，别太用力洗，避免米粒破碎。接着给白米 1.5 杯加上水 1.5 杯，放入电饭锅蒸煮。
3. 趁热把饭倒出，赶紧加入寿司醋，旁边放电风扇帮忙散热降温，拿大饭勺把米饭和寿司醋拌均匀，用风扇持续吹凉。
4. 砧板铺上保鲜膜，放上鲔鱼、竹䇲鱼等配料，放上已经吹凉的寿司醋饭，将保鲜膜四边往内包，捏成圆形，即可。
5. 紫苏会增加鱼肉的香气，摆盘也更加美观，可依个人喜好添加。

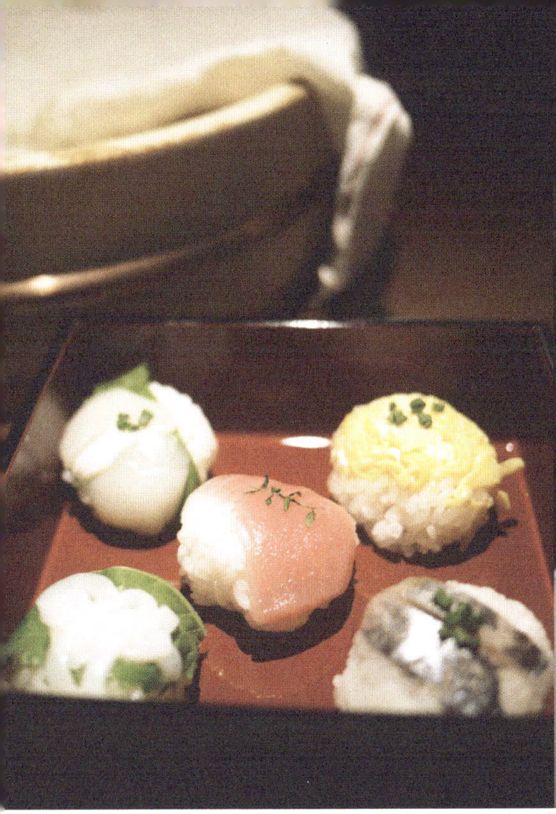
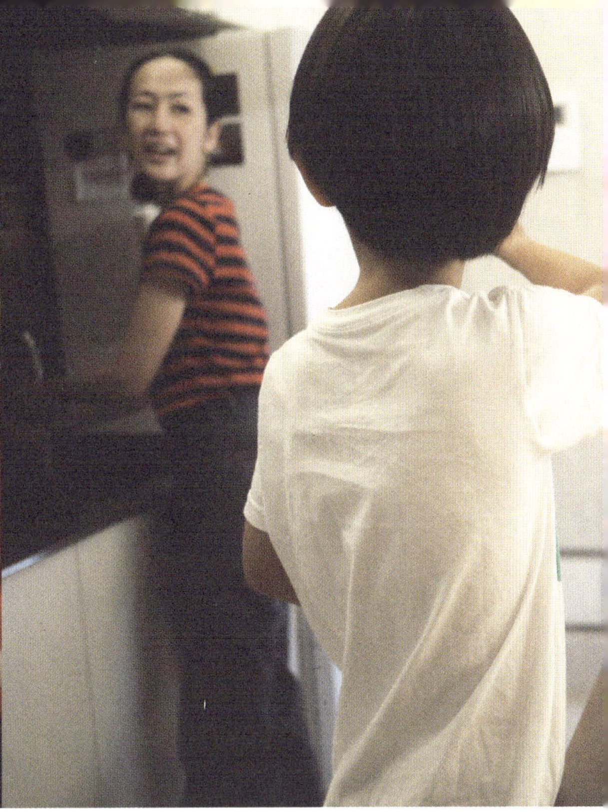
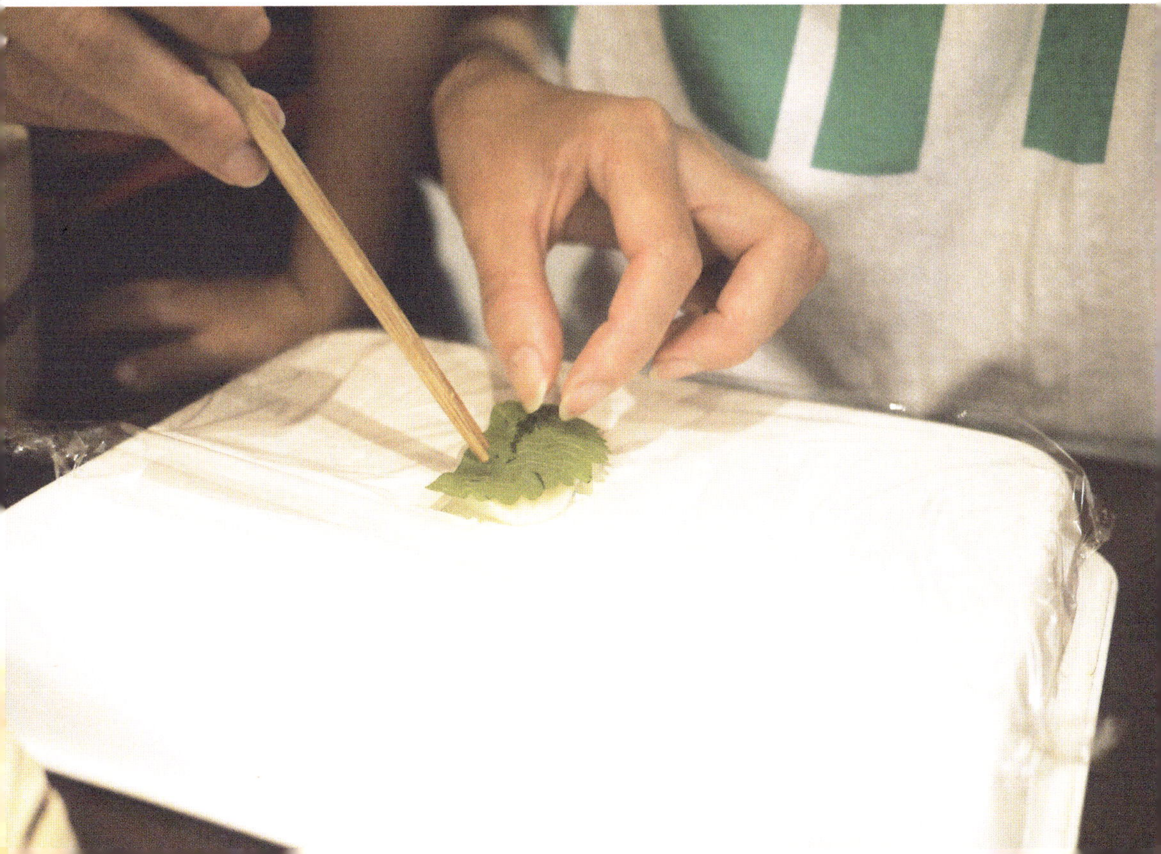

> 沿途景点

东京轮胎公园

Tokyo, Japan

Akiko假日会带儿子到公园游玩。提到公园，Ekura很兴奋地说着"轮胎公园"。俗称"轮胎公园"的西六乡公园（Nishi Rokugo Koen）位于东京大田区的蒲田车站，步行约10分钟，自1969年开园以来已经有40年以上的历史。西六乡公园利用3000个旧轮胎打造游乐器材，是非常环保的做法。此外，轮胎的弹性有着缓冲效果，所以受伤的风险较小，家长可以安心让孩童在这里尽情玩耍。

轮胎公园以一只高8米的"哥斯拉"为标志，这只禁止攀爬的哥斯拉，由230个轮胎组成，从头到尾长达20米，吸引大人和小孩围观。除此之外，还有多种轮胎制作的游戏器材，包括巨型轮胎秋千、巨大溜滑梯、轮胎攀爬架、轮胎吊桥等。喜欢哥斯拉怪兽的人，可以在2016年日本卖座电影《新·哥斯拉》中，看到哥斯拉就是从流经大田区的吞川逆流登陆蒲田，那时还像爬虫类的哥斯拉是第二形态，又被昵称为"蒲田君"，其笨拙的样子意外在日本爆红。

从蒲田站出来往左边走，顺着马路，沿着铁道一直走即可到达西六乡公园。下午四点是孩子午睡后出来玩耍的时间，公园里充满孩童的嬉笑声，不只是小孩子，连大小孩都满脸笑容。公园的地面以沙石铺设而成，虽然到处是文明的产物——轮胎，却让人奇妙地感受到大地原始的召唤，也许是哥斯拉的力量，让现场充满不受拘束的自在感。

西六乡公园（轮胎公园）

📍 东京大田区西六乡 1-6-1
🕐 全年无休

愛が来る子

07

有爱的汉堡肉排

Country —————— City
日本　　　　　大阪

👤 Ann 爸　上班族
👤 Amy　医疗管理者
🧍 Ann　7 岁

　　成长过程中我一直都很受宠，个性也很天真，我不会用和双亲一样的方式教养女儿，也许有些相同，但应该是相反，因为如果我用双亲对待我的方式对待女儿，她只会感受到身为父母的我们很伟大，却感受不到爱。

—— Amy

　　阳光灿烂的周间午后，母女穿上围裙，性格开朗的妈妈 Amy 跟 Ann 说："Let's cooking!"母女轻轻地哼着只有她们知道的欢乐节拍，身体随着节奏轻轻摇摆。今天的亲子菜肴是汉堡肉，Amy 告诉我们，待会要和朋友聚餐，今晚不会在家吃饭，汉堡肉是给晚点下班的丈夫享用的。Ann 一边揉捏着绞肉，一边开心地说："今天做爸爸喜欢的汉堡肉！"给爸爸的那份汉堡肉，比其他的来得大。

　　可爱的 Ann 面对镜头与陌生的我们，表现得落落大方，这让我们忍不住一直赞美她。Amy 表示，之前也有朋友邀请 Ann 当模特儿，她都说不要！今天的采访特地先询问她的意见，没想到她居然同意，而且还很期待。听到妈妈一通不知她为什么会答应拍照的发言，Ann 甜甜地、带点撒娇地说："自己一个人的话不要，

065

跟妈妈一起的话，可以！"听到这样的回答，Amy 促狭地微笑着说："你很会说喔！"母女俩的对话，仿佛在黑夜中疾驶的火车车厢内，听到一曲温柔、幸福与爱的小调。

　　回想那个午后，总是让我们嘴角上扬的对话，母女俩快乐哼唱的情景，不禁发出疑问：是怎样的生活经历，让 Amy 对 Ann 未来的期许是有自信，不要变成孤僻的人，能够被大家喜爱，被爱围绕呢？而又是怎样的教养方式，让年仅 7 岁的 Ann 能够如此清楚地表达自我呢？

尽早体验团体生活

　　一样是独生女的 Amy 从小过得非常自由，父母不会因为只有她一个孩子，就过度保护、管教她，反而给她完全的自由，在没有任何限制与规范下，"被宠得很天真"。她认为自己一个人长大，变得比较自我，她不希望 Ann 像她一样，于是早早就送女儿进幼儿园体验集体生活，不让女儿觉得都是自己一个人，而能够在团体里学习接纳与被接纳，更重要的是，学会为别人着想。

　　小时候常被欺负的 Amy，不希望自己的孩子因特立独行的言行举止受到攻击，所以时常告诫女儿："我们家的教育是这样，但别人家不一样喔！在集体里，必须懂得尊重他人的想法、意见与态度，还要接受不同，因为别人是别人，我们是我们。"现在已经小学一年级的 Ann，放学后最常做的事，就是在家附近和同学、朋友一起玩捉迷藏、骑滑板车……一直玩到天黑才回家。

不收拾，妈妈会生气

　　虽然女儿已经 7 岁，但在教养问题上 Amy 还是不习惯，因为自己是独生女，父母很宠她，她不想用和父母一样的教养方式教育女儿，但她又没有参考对象，所以只能用自己的方式来做。现在令她困扰的教养问题，是 Ann 不会整理自己的东西。当我们问到怎么处理时，Amy 看着女儿反问"怎么做呢"，Ann 马上回答"妈妈会生气"。"对！会说要把全部玩具都丢了。"

虽然一直说要丢掉玩具，却从来没丢过。有一天 Amy 真的把玩具装到垃圾袋里，用认真的态度告诉她，这些玩具很可怜，还可以玩，就因为她没有好好整理，要被丢掉，玩具会哭。那时 Ann 才开始有危机感，再不整理玩具真的会被丢掉。那一次像仪式一样，在要被丢的玩具前，Ann 一边哭一边对每个玩具说"再见"和"对不起"，害怕玩具没有家。当然，最后 Amy 没有丢掉玩具，也跟 Ann 沟通，让她知道自己做得不对的地方，还勉励她，一些事想做的话，自己一定办得到。

专才比学业成绩来得重要

她和丈夫从没想过要 Ann 一定要拿到平均以上的成绩。问到他们希望孩子拥有什么特质，他们说希望孩子有自信，但如果孩子具备某种才能，他们会努力朝着那方向栽培孩子。Ann 从 3 岁开始就一直说要当漫画家，Amy 也跟她说："你可以！"并打算栽培她，只要是 Ann 想要的未来，他们就会努力协助她。Amy 看着 Ann 说："你想去念美术大学吗？"虽然才 7 岁，但是 Ann 坚定不移地说："美术大学！"

Ann 在做菜肴的过程中，不时舞动身体，展现对舞蹈的热情，于是我们好奇地问她："你喜欢跳舞吗？""喜欢，但不喜欢跳别人要求的舞蹈。"是的，喜欢跳舞，不代表一定要去舞蹈教室学跳舞，她自然而然地随着自己哼出的节奏摇摆舞动着，想跳就跳。如果这不是自信，那是什么呢！

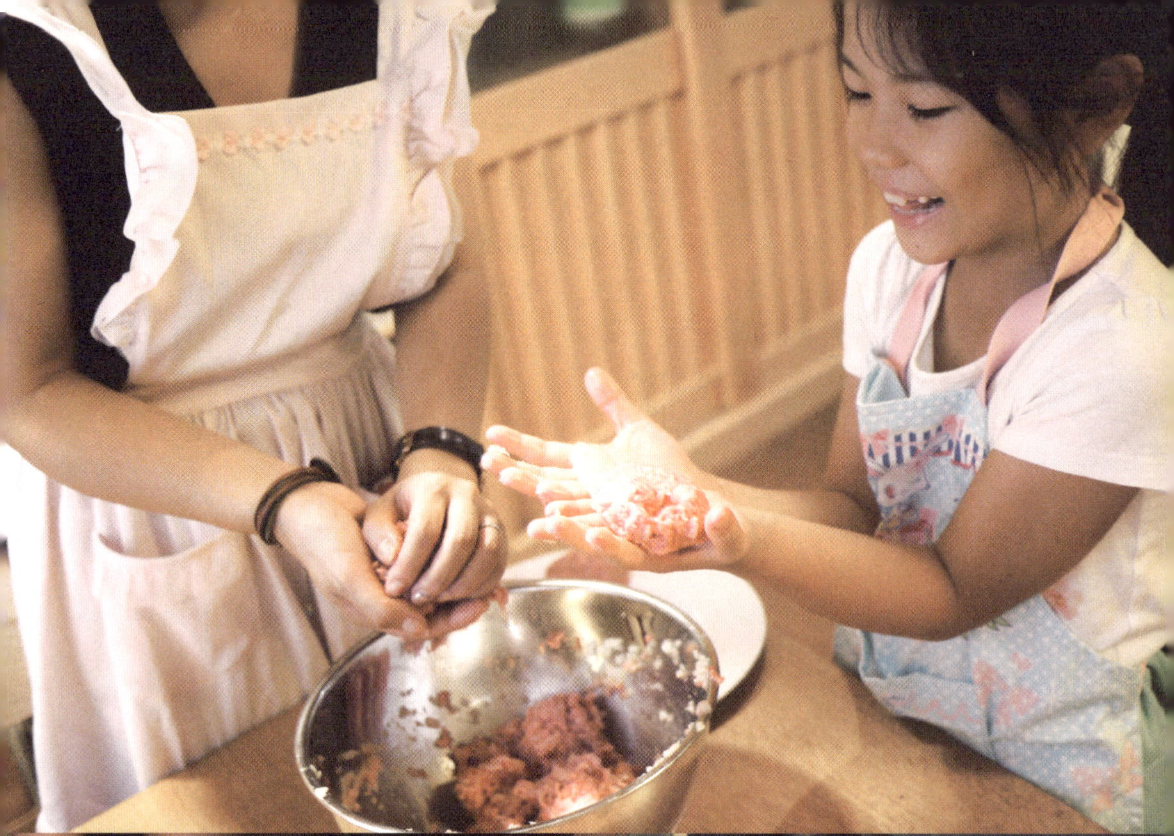
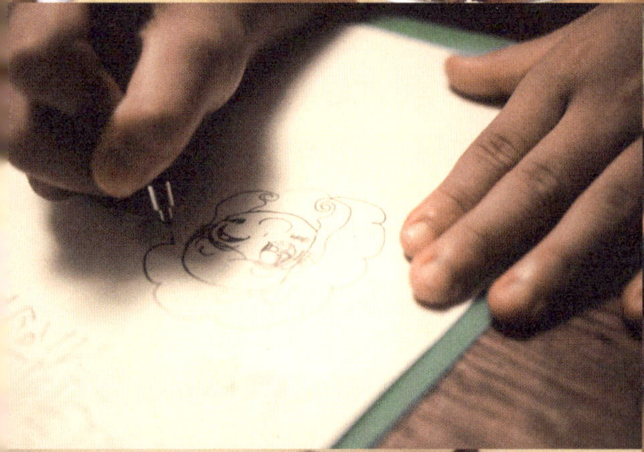
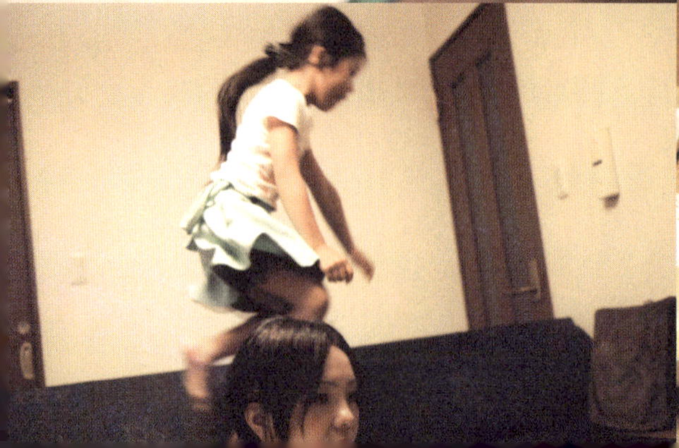
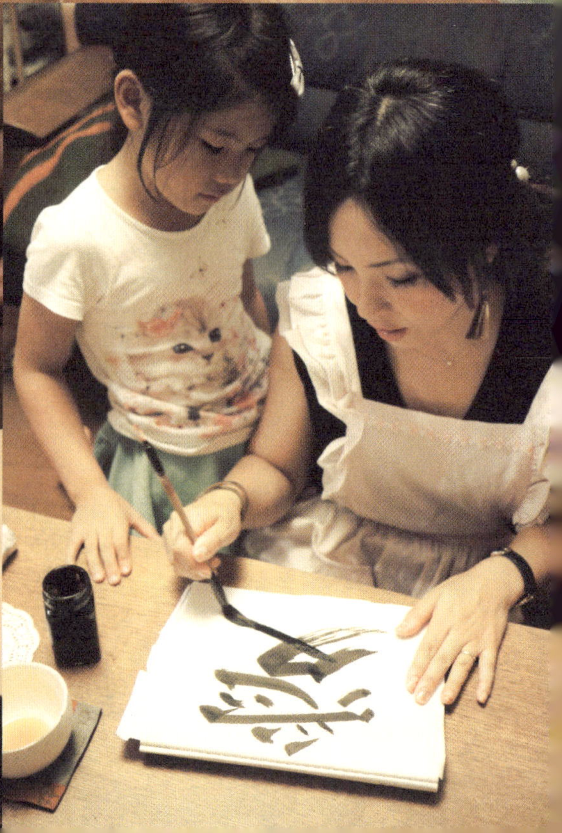

珍惜每一刻，做自己

　　Amy 在高中时，曾因为突发的重病而差点离开人世。没有生病之前，她理所当然地觉得每天都会来临，可是却突然像戏剧一样自己被告知没有明天了！没有明天变成可能成真的事，她就开始想今天不说可能明天就不能说，今天不做明天就没法做了，于是开始常怀感恩的心。高中生病这件事，让她的想法改变许多，她更懂得珍惜当下，对于自己想说的话、想做的事更积极主动，也因此会鼓励 Ann 做自己想做的事，勇敢为自己发声。

　　当我们和 Amy 聊天时，Ann 在一旁聆听着，听着妈妈聊到高中生重病，幸运地活下来后，改变对明天、对当下的态度，还是孩子的她问妈妈："'死前想做的事情清单'是什么？"Amy 虽有点惊讶，但个性开朗如她，打趣地回说："出道！"只见 Ann 发出好大声"咦"，然后母女俩一起大笑起来。

　　爱是人生最难的课题之一。爱上一个人很简单，但怎么好好爱，却非常难。许多人都找不到适合的词来描述爱，不管是对父母、孩子、亲人、朋友、事物，爱的模样太多，以至于我们面对它，就像急速行驶在隧道上的灯火通明的列车，我们乘坐其中，往窗外一望，却只见窗上自己的面孔。没有人可以评论他人的爱，但为人父母，最想让孩子感受到的绝对是满满的"爱"。

ハンバーグ
①玉ねぎをみじんぎり
②玉ねぎをフライパンであめいろになるまでいためる。
③パン粉を牛乳にひたす。
④ミンチに玉子と玉ねぎと牛乳にひたしたパン粉をいれる。
⑤しおとこしょうとナツメグを入れる。
⑥まぜる(ねる)
⑦こばん形にする。
⑧やく(フライパンやホットプレートで)

汉堡肉排

家庭食谱

材料

牛绞肉 300 克

猪绞肉 200 克

洋葱 约半个

面包粉 50 克

蛋 1 个

牛奶 约 15 毫升

胡椒 适量

盐 适量

做法

1. 洋葱切丁。热油锅清炒至焦糖色，至洋葱香气出来。也可不用炒，但要切细一点，否则煎的过程容易焦掉，口感也过脆。
2. 蛋、牛奶、面包粉拌匀成糊备用。
3. 牛、猪绞肉，与洋葱、调味料及面包粉糊混合。混合绞肉与其他食材最好的方式，是用清洗干净的双手轻轻混合绞肉，让手的温度融化油脂。
4. 用手拌匀，轻搓揉压约 3～5 分钟，让绞肉呈现稍微泥状的感觉。
5. 取适量肉揉成肉球状，用双手互丢摔打出空气并稍微压成扁圆状。中间部分要压一个小凹洞，煎烤时容易熟透均匀。
6. 热油锅后，将厚度约 2 厘米的汉堡肉放入煎锅，中小火一面煎 5～6 分钟，翻面再煎 5～6 分钟，注意汉堡肉厚度愈厚，煎的时间愈要拉长。
7. 煎好的汉堡肉在锅内用筷子插中心点，如果筷子温热，挤出的肉汁是透明的不是血色状，表示已经煎熟。

照片由 Vivian 提供

一期一会
Never Give Up

08

一期一会的时光棒冰

Country — 日本　　City — 横滨

👤 Kevin　外商主管　47 岁
👤 Vivian　旅游网驻站写手／家庭管家　43 岁
👦 绘绘　4 岁　👦 期期　4 岁

> 从他们来到我们的生命中，一岁、两岁……每一天的相处都不会重来的。就像是茶道宗师千利休说过的"一期一会"，而这也是期期、绘绘名字的由来。
>
> —— Kevin

① "一期一会"是源于日本茶道的成语，是日本茶道宗师千利休在茶会时领悟到这次相会无法重来，是一辈子只有一次的相会，故宾主须各尽其诚意。在茶道以外，这个意义可推而广之，指一生一次的机会，当下的时光不会再来，须珍重之。

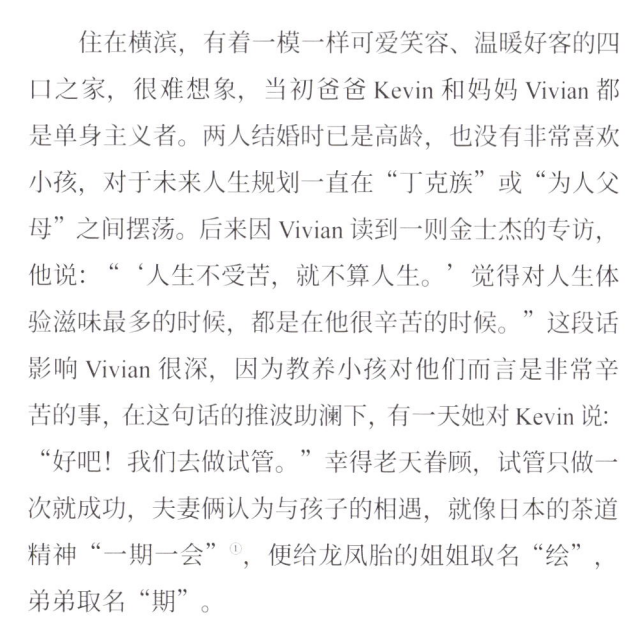

住在横滨，有着一模一样可爱笑容、温暖好客的四口之家，很难想象，当初爸爸 Kevin 和妈妈 Vivian 都是单身主义者。两人结婚时已是高龄，也没有非常喜欢小孩，对于未来人生规划一直在"丁克族"或"为人父母"之间摆荡。后来因 Vivian 读到一则金士杰的专访，他说："'人生不受苦，就不算人生。'觉得对人生体验滋味最多的时候，都是在他很辛苦的时候。"这段话影响 Vivian 很深，因为教养小孩对他们而言是非常辛苦的事，在这句话的推波助澜下，有一天她对 Kevin 说："好吧！我们去做试管。"幸得老天眷顾，试管只做一次就成功，夫妻俩认为与孩子的相遇，就像日本的茶道精神"一期一会"①，便给龙凤胎的姐姐取名"绘"，弟弟取名"期"。

没有人天生就知道如何当父母，甚至父母这角色其实是"Yes"或"No"的选择题，每个人都有选择"No"

的权利，但当我们选择了另一边，世界也就跟着改变。曾是服装设计师的 Vivian，在未成为母亲时，总想不透妈妈们为什么都要穿得那么邋遢，信誓旦旦地跟同事说"以后当妈妈一定要穿高跟鞋，要穿得时尚"。从来没有想到，原来生个小孩改变的不只是生活，连思考方式也跟着转变。"怎么可能还穿什么高跟鞋呀！一切当然是以小孩安全为优先。"

全家从中国台湾的高雄搬到日本横滨居住，是因为爸爸工作的关系。"这个工作机会其实是在 Vivian 怀着期、绘时，意外得到的。"之前在美商公司上班的 Kevin，可以在家工作，薪水也不错，但不足以弥补太太怀孕辞职缺少的收入，后来虽同样在家工作，薪水却多了两倍，刚好补足缺少的部分。"我们倾向是期、绘带我们到另一个境地，或是期、绘想要什么样的生活，比方期、绘希望爸爸多陪他们，就给他这样的工作机会；或者期、绘的命运是在国外生活，所以我们跟着他们来了。"夫妻都认为这是上天做的最好安排。

面对个性完全不同的双胞胎，姐姐绘绘个性开朗勇敢，不怕生；弟弟期期个性则执着谨慎。夫妻希望这些与生俱来的特质能往好的方向发展，他们不必成为成功的人，而是拥有好的特质，好的身心状况，可以在这个社会生活。那要如何让他们达到呢？

凡事过犹不及，"适当"很重要

夫妻俩很喜欢一句网络名言："这世界上没有毒药，只有剂量的问题。"很多看起来是毒药的东西，其实从某方面看是解药，当给得过量时，本来是解药也可能变成毒药，在什么场合用多少剂量，这才是关键。夫妻俩觉得能做到这微妙的平衡，是很重要的。譬如：绘绘很不怕生，很勇敢，如何让她在勇敢不怕生中知道什么是风险？有些没有接触过的，在安全范围下，让她自己去评估；期期很怕生，没关

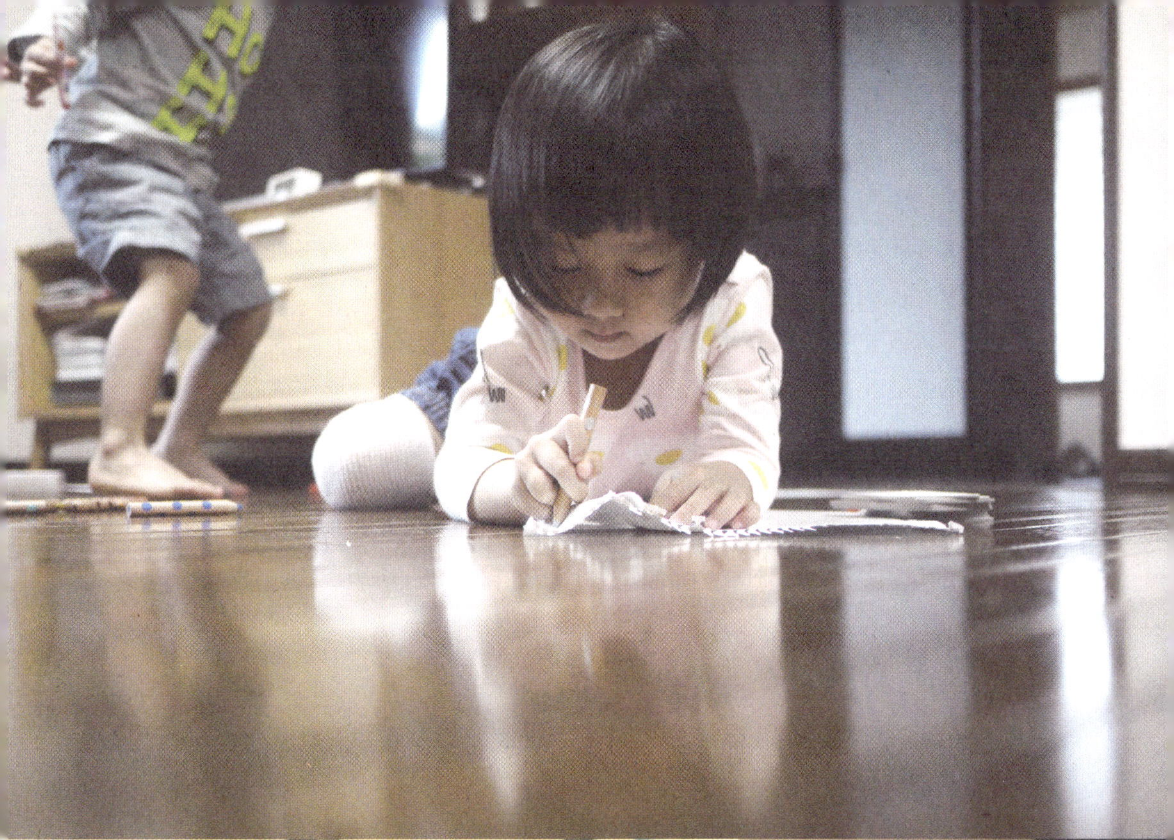
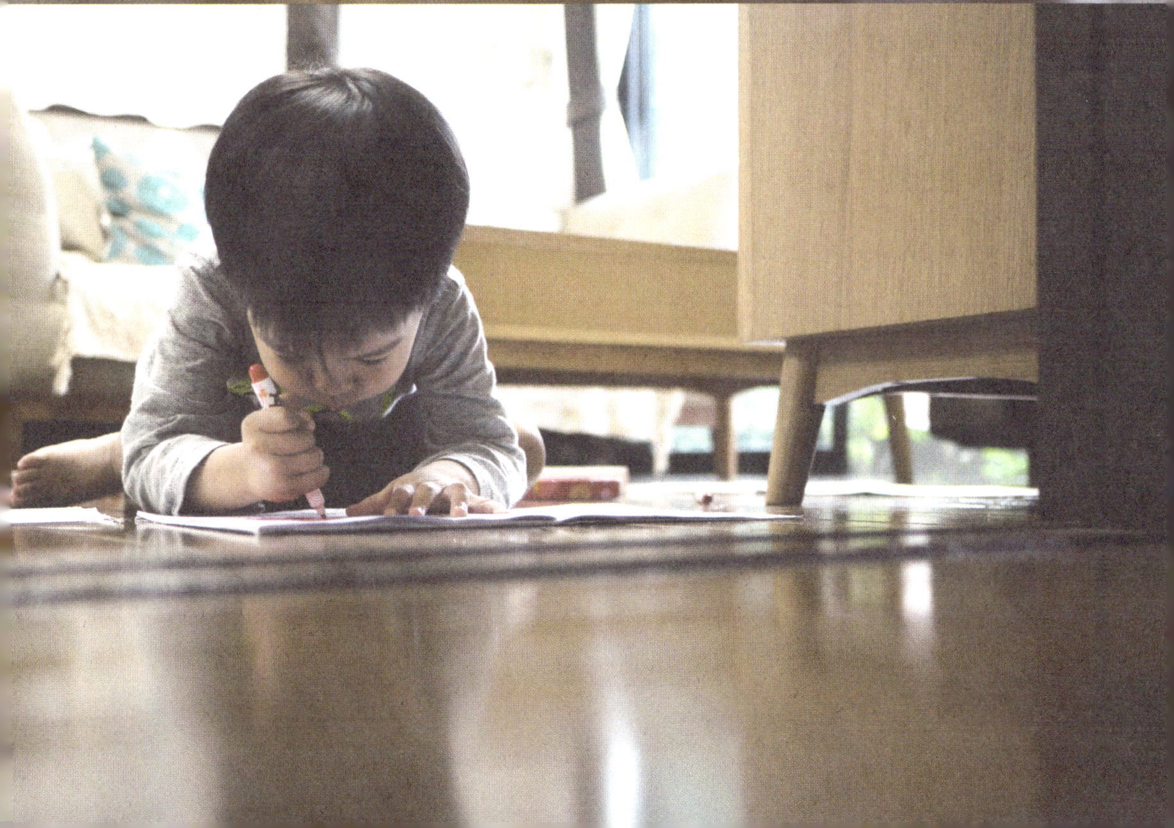

系，夫妻就努力扩大他的舒适圈，尽量带他去玩，与人接触，去不同的国家，只要带他去过其他地方，就没有怕生的问题。

其实适当的教养，就是依据他们的特质来引导他们，但做任何事最难的就是适中，因为人常常过犹不及，"过"与"不及"，都是缺点。夫妻认为，现在所谓的问题小孩，不是太受宠爱，就是不被爱，所以适当的教养是他们一直努力给孩子的。那什么是适当教养呢？就是不要太宠爱他们，而是关心他们的感受，要有同理心，同理他们的感受，时时刻刻与他们对话，理解他们的想法，重视他们的心理素质。

永不放弃

Kevin 的求学与人生际遇坎坷曲折，所以他希望期期、绘绘在成长过程中，拥有永不放弃的态度。Kevin 说："人生真的很长，是一场马拉松赛跑，开放你的心胸，接受不同环境与可能性。"夫妻俩从他们过往的成长经验中发现，要培养"永不放弃"的态度，必须具备两点。

——坚强的心理素质

只要你的心理素质够强，就不容易被击倒，就永远有机会。"千万不要在跟女朋友分手时，从楼上跳下来。"Kevin 认为其实很多当下的冲动行为是自己的情绪管理出现了问题，而做父母的真正能给孩子的，就是面对这些事情时，他的思考、沟通与表达能力，绝不是那些英文、数学、理化等课业上的知识。所以他们很认真观察两个孩子不同的特质，在生活中，不断带领期、绘去体验世界，拓展感官，并从中引导他们。

"不要活在框架里，我不希望他们成为怎样的一个人，我希望他们自己创造那个框架，而不是我们给他们的框架，我希望他们知道自己想成为什么样的人。"虽然如此说，Vivian认为父母仍需要以协助的方式，让孩子发展出潜能，协助他们做喜欢的事情，加强这方面的特性。

——拥有积极的心态和乐观的信念

Kevin的人生比较坎坷，比如第一段婚姻结束，前妻不久后离开人世，这些巨大的伤痛让他陷在最幽暗的泥淖里，他不止一次放逐自己，最严重的一次是开着车想往海里去。但就在这想法闪过脑海的那一刻，有一台游览车挡在前面，上面写着"不管现在有多艰辛，我们也要做个生活的舞者"。每次在关键时刻，总有一个启示、一句话，改变他的心意。自此，Kevin明白，拥有积极的心态，才能走出泥沼，一路向前。

Kevin与Vivian结婚五年，婚后一年才怀有期、绘。说起夫妻两人的相遇、相识、相知，也是一段曲折的故事。原来两人都是文学爱好者，在奇摩交友文学社团认识。在Kevin与前妻离异后，两人才慢慢培养起情感，但身处人生谷底的Kevin，让Vivian在这段恋情中受了许多伤。Vivian说"他就是疯子（哈哈），根本就是疯子"。也因为这样跌跌撞撞，一路走来他们以朋友、情人、家人的关系互相支持着对方。

Vivian说："给期、绘最好的礼物就是乐观的信念。"就像Kevin，保持乐观的信念、积极的心态，无论人生怎么了，他都能接住，继续往前。

日本学前教育介绍

由于日本待机儿童[2]的问题，光是横滨市就有超过千位的小孩排队等着进保育园或幼儿园，再加上Vivian没有上班，所以期、绘根

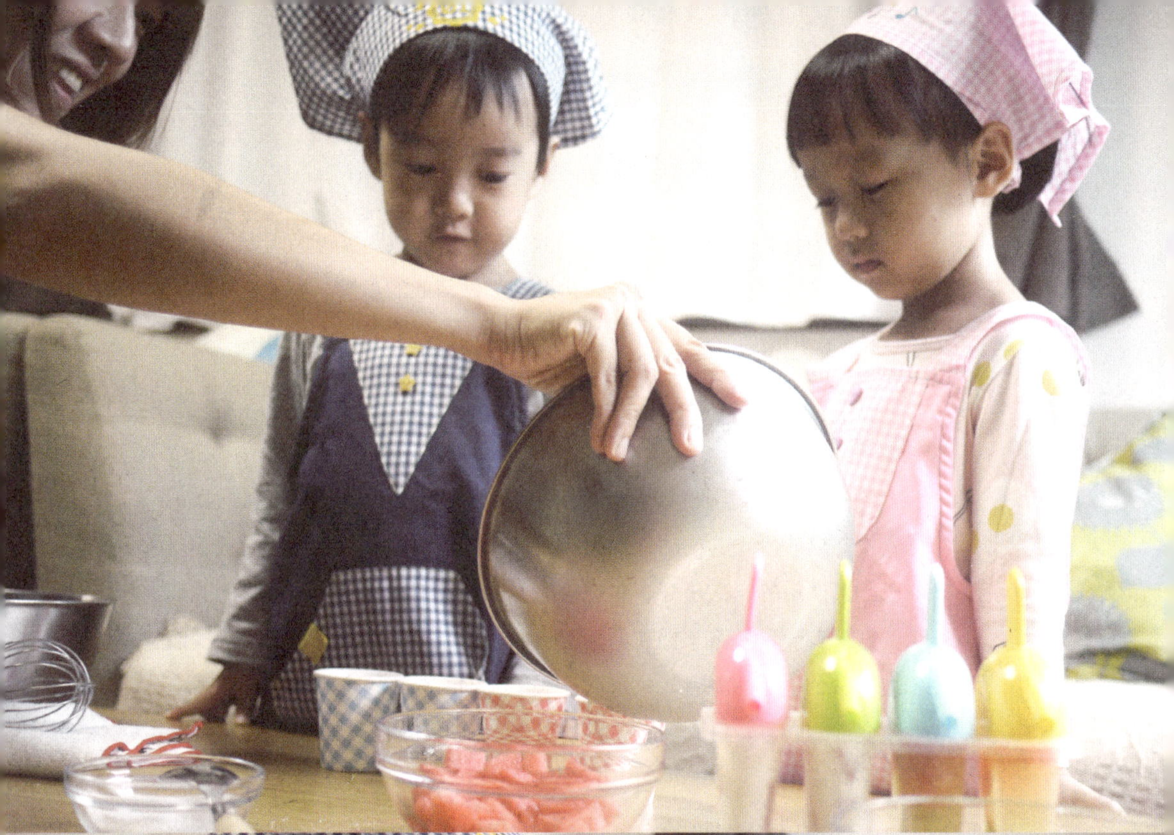

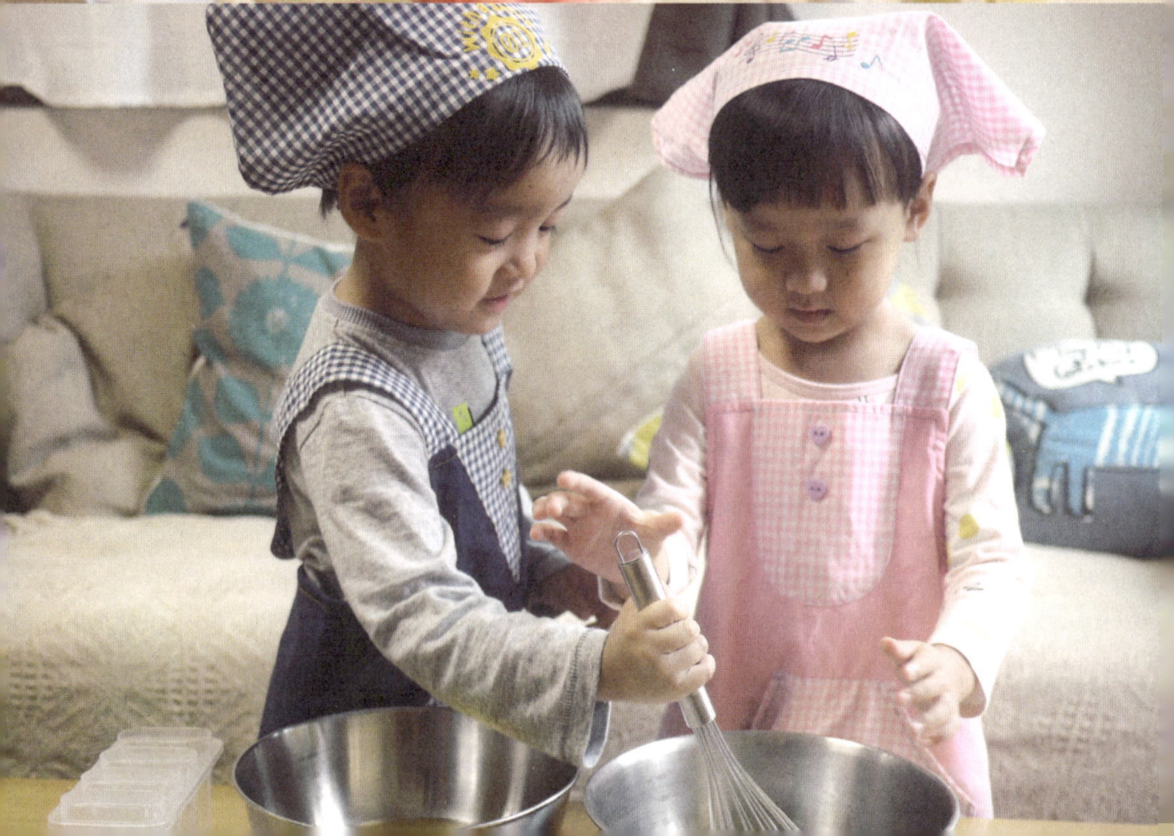

本无法进入日本体制内的保育园或幼儿园，只好寻找体制外的"国际学校"③。国际学校虽然很贵，但贵的好处是：1. 还有名额；2. 学生少（师生比低）；3. 外籍老师和日籍老师英文都很好。期、绘的班级由两名外籍老师轮流上课，一班八个人，每个班都会有一名日籍老师，都有保育员的执照。Vivian本来担心期期会像在中国台湾上幼儿园那样有分离焦虑，毕竟语言不通，结果，除了第一天有一点紧张，第二天之后，每天都好开心，完全没有适应问题。

Vivian曾好奇地问期期："这里的学校和中国台湾的学校有什么不一样？""之前的老师都对我们好凶，但是这里的不会。"夫妻俩觉得台湾幼儿园的师生比太高，造成老师负担太大，导致对小孩稍微缺少耐心。另一个让期、绘喜欢上学的原因是，上学都在玩，学校没有那种坐在椅子上跟着老师念ABC的课程，比较像是主题式的游戏设计，譬如先画画，然后钓鱼、劳作等，老师在一旁引导他们，陪他们一起玩，学校没有教学这件事，也没有课本。

Kevin觉得以游戏方式设计课程很不错，他曾读过一些关于幼儿的书和文章，都提到幼儿将所有事情分为两种，一种是游戏，另一种不是。幼儿在某阶段，他们是通过玩耍、游戏来学习事物，那是他们学习的方法。如果你想教导小孩事情，如果设计的不是游戏，很容易落入无效学习状态，虽然你花那么多时间，但其实小孩都没有真的学到东西。

② "待机儿童"是指没有申请到保育园就读的孩子。日本在2015年待机儿童达到2.3万多人，已是连续第7年超过2万人，不少妈妈因为找不到人帮忙育儿，被迫辞去工作。

③ 日本学前教育实行的是幼儿园（类似国内的幼儿园）、保育园（类似国内的托儿所）"双轨制"。"体制内"的幼儿园，就是指符合日本学前教育规范的幼儿园，而"体制外"的幼儿园、保育园，一般是指国际学校，虽然一样受日本学前教育的规范管理，但因为收费昂贵、入园条件不限，甚至有的学校只收外国学生，所以只要经济许可，许多住在日本的外国人，甚至日本人，都会送小孩到体制外的国际学校。

时光棒冰

牛奶水果、苹果汁水果口味

材料

西瓜 适量
奇异果 适量
糖 适量
牛奶 适量
苹果汁 适量

工具

棒冰模具
纸杯

做法

1. 分别在苹果汁、牛奶里加入适量的糖,搅拌均匀。
2. 水果切成小块,备用。如果要可爱一点,可以用饼干模具压出可爱造型。
3. 切成小块的水果,依喜好放入棒冰模具。
4. 苹果汁和牛奶分别倒入装有水果的棒冰模具里。
5. 放入冷冻库,大约3小时就可以享用冰冰凉凉又色彩缤纷的水果棒冰!

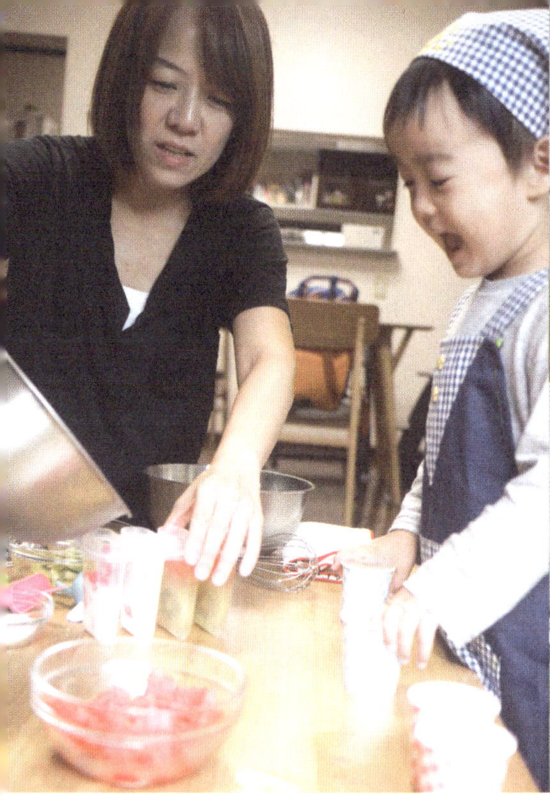
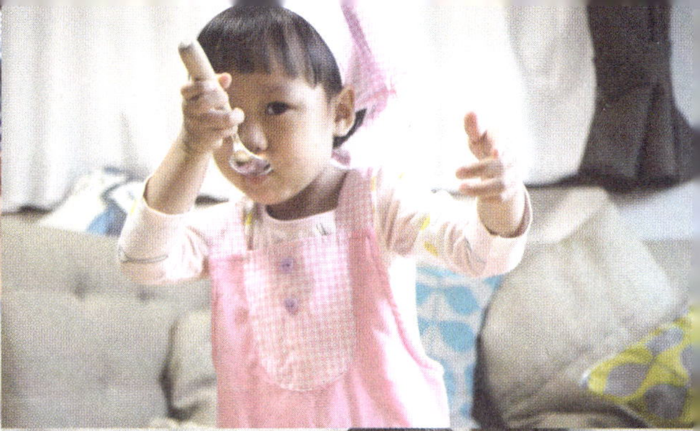
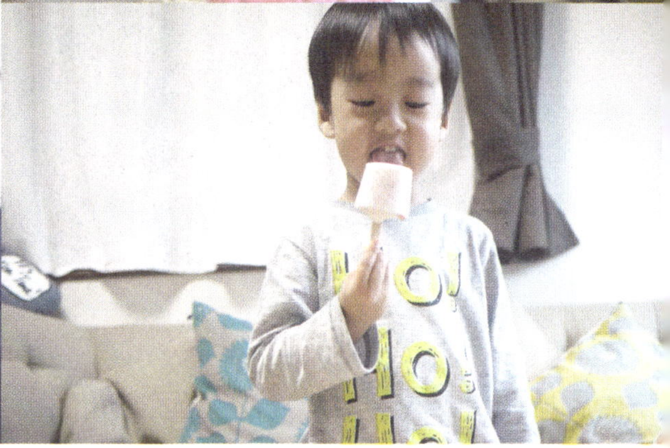
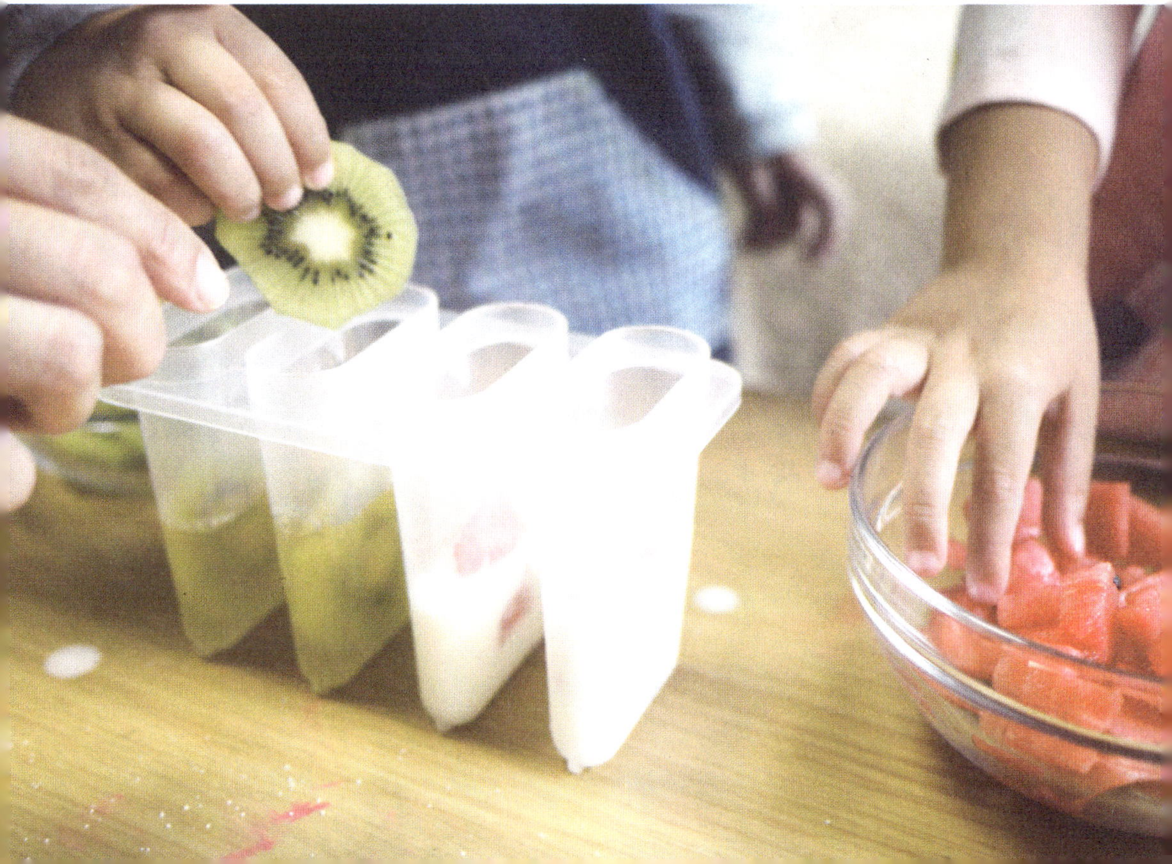

我们永远在一起
李志

责任心
奉献精神
陈布昊

09

一家三口，
永远在一起

Country　　　　　　　City
中国　　　　　　　　上海

陈布贤　市场总监　43岁
李志　媒体总监　44岁
Kerry　10岁

　　没有生小孩之前，我就说："生完小孩后，就把孩子丢给父母，我去工作。"也不打算喂母乳，甚至不想生小孩。但是有了孩子之后，发现母性天生的责任感汹涌而出，母爱泛滥。但是，当你在教育孩子的时候，你得一遍一遍地说，一遍一遍地教，一定要有耐心，这对我们女人而言是一种修炼。有了孩子后，我发现孩子现在是我生活的重心。我有能力时，在教育方面的投资、才艺上的投资、寒暑假带他出国见见世面的投资，都是我和先生共同的理念，在能力许可下，为他拓展更多可能性，让他走出更宽广的未来之路。我发现我特别爱身边的这两位男性，我希望我们永远在一起。

——李志

　　上海市，是中国一线城市，也是中国经济最发达的城市之一，拥有不少著名地标景观，包括豫园、城隍庙、南京路外滩、陆家嘴摩天大楼天际线等。一线城市是中国经济领域对城市分级的最高等级，一般认为北京、上海、广州、深圳四市即一线城市，其下有二线、三线、四线、五线等的划分。2017年《第一财经周刊》发布的城市分级名单中，北上广深，四个一线城市的地位依然不可动摇，但相较于2016年的分级名单，15个"新一线"城市的席次有些许改变，依次是成都、杭州、武汉、重庆、南京、天津、苏州、西安、长沙、沈阳、青岛、郑州、大连、东莞和宁波。

上海是我们在大陆采访的第二站，我们从紧邻南京火车站的饭店拖着行李步行约五分钟，搭乘高铁往上海前进。中国春运大迁徙场景在戏剧和电影里看过无数回，总想着有一天也要在迷宫般的火车站上演悲欢离合的戏码。虽说南京火车站规模远远比不上北京、广州，但对来自台湾的我们来说，已经相当大了。

来到上海，当然不能错过南京路外滩与陆家嘴摩天大楼天际线。一条黄浦江将上海市一分为二，分为浦东与浦西：南京路外滩位于浦西；陆家嘴位于浦东。我们从外滩望向东方明珠，时光似乎错乱了：20世纪20年代上海滩一整排的老房子，诉说着斑斓的历史故事，隔着江水，陆家嘴摩天大楼林立，满载科幻、未来感的天际线，即使飞碟从东方明珠上头掠过也毫无违和感！这城市如它既往的地理角色一样，吞纳万物，持续创造经济奇迹，让移居到这里的人们能在这方天地下积极打拼。以观光客视角欣赏完世界知名景观后，便驱车前往采访家庭——陈布贤与李志的家，从外滩打车到他们家得花上40～50分钟才能抵达，上海真的大啊！

在广告公司担任媒体总监的李志与在制造业担任市场总监的陈布贤（以下简称阿布）移居上海市多年，儿子Kerry出生后，一家三口便在上海市落地生根。与在上海出生的儿子不同，李志是湖南人，阿布是安徽人。"虽然我的父母是湖南人，但我是在新疆乌鲁木齐长大的。"原来1960年李志双亲响应毛泽东主席"知青支援边疆"政策，便在新疆落户。李志一边擀着水饺皮，一边用温柔甜美的声音和我们聊天，"我一直觉得故乡是乌鲁木齐，但我是湖南人"。在边疆长大的李志与在农村长大的阿布，面对跟自己成长环境大不相同的儿子，他们的教养态度如何呢？

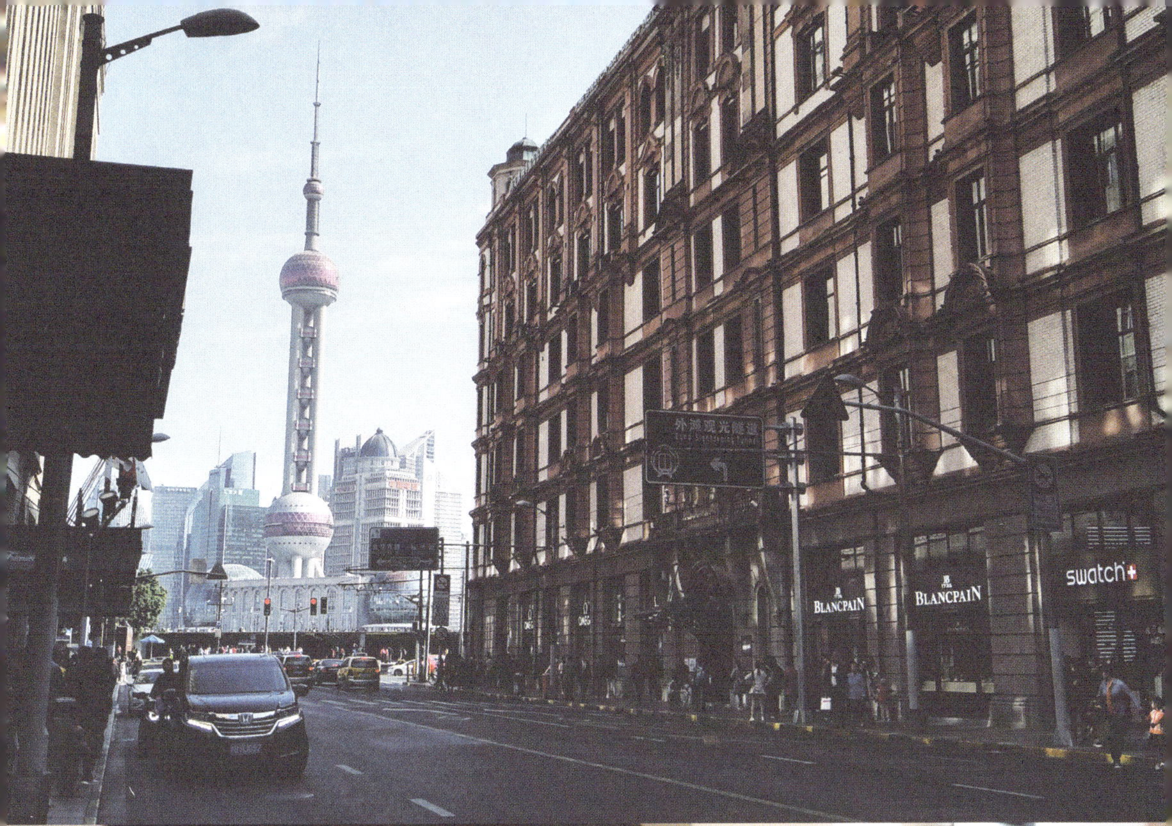
BLANCPAIN
BLANCPAIN
swatch
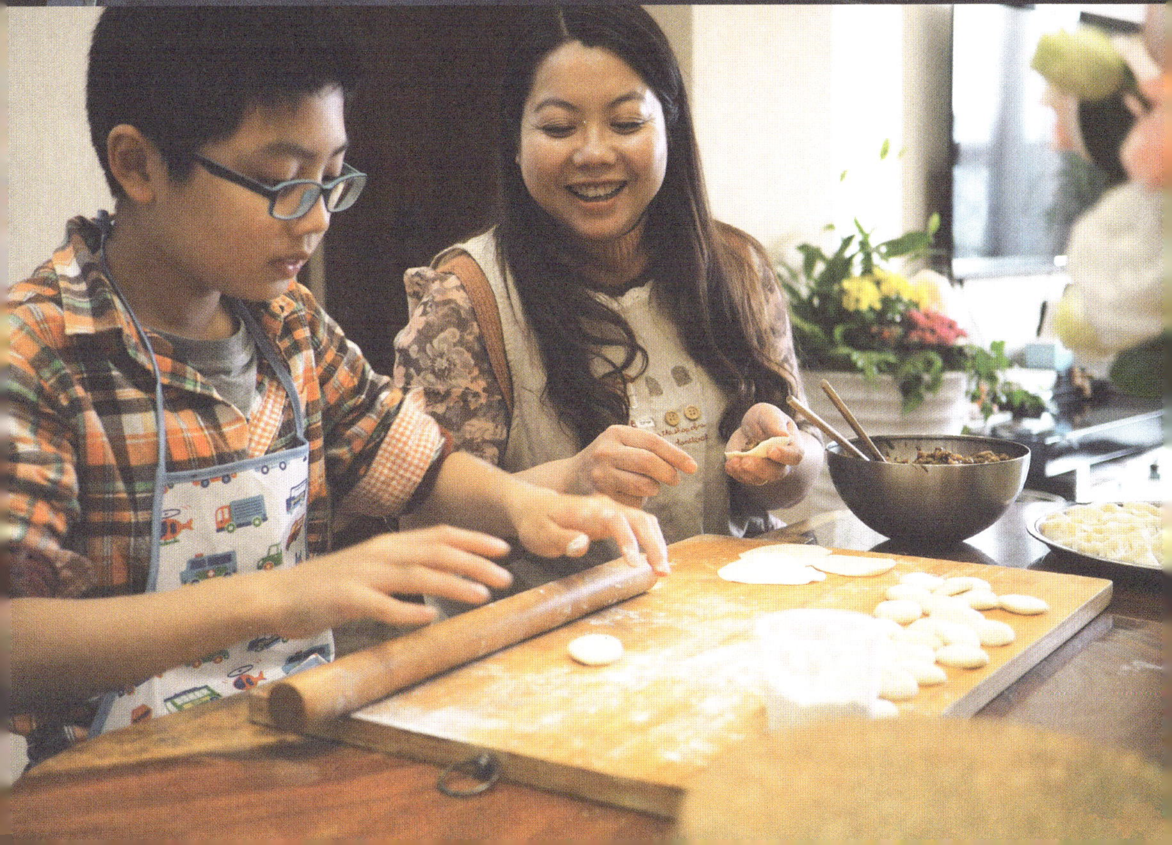

快乐成长不等于轻忽学习

"望子成龙"一直是中国的教育理念,其实也是华人父母的共同理念。我们这一代父母,比起上一代受教育程度普遍来得高,虽然有较好的教育背景和经历,但我们从父母那儿得来的观念,多少会影响着我们。中国这一代的父母对孩子的教育理念,主要分两种,一种是快乐成长,另一种是望子成龙。在生下儿子时,李志想的是"你出生时,就是很平凡的小孩子,妈妈不会要求你成龙成凤"。所以,Kerry 出生在一般医院,幼儿园也不是名贵的贵族学校,小学读的也是公立学校,彻底贯彻"他只是平凡的孩子,只希望他快乐成长"的信念。

随着儿子成长,李志的理念有些许转变与调整,她认为学习态度与环境对孩子的未来影响甚巨。她发现儿子念的公立小学,老师对于孩子学习态度的管教不甚严谨,同学及家长们对学习好像也不太在意,总是有许多同学没交作业、没订正试卷。这么多同学的学习态度散漫,父母好像也不在意,因为都是特定几位同学持续不写作业。所谓"近朱者赤,近墨者黑",意识到儿子就在这样的环境下成长,她便希望换个环境,期许他初中能够考上好的私立学校,毕竟未来得面对高考。"我们换到私立学校就读,可能家长都比较关注孩子学习,跟着他们一起跑,也许我们都会累。但我觉得应该让儿子从小有这个意识。"

潜移默化的言传身教

李志记得小时候经常有叔叔阿姨来家里吃饭,原来是 20 世纪 60 年代全国年轻人响应"知青支援边疆"政策,大家都到了新疆,就好像现在全国人都到上海一样,当时大部分年轻人都是只身到新疆,没有成家,与李志双亲不同。于是双亲会邀请他们到家里吃饭、聚会,还会特别为某人留下爱吃的菜;甚至听到有人要回乡还差一些路费,双亲也会主动借助。在李志为人母后,父亲依然会不厌其烦地叮咛:

"做事情要有责任心，行事作风不要太高调。"譬如：有一次去餐厅吃饭，李志对服务生说："拿一双筷子。"父亲事后跟她说："你要尊重所有劳动人民。"父亲的意思是，起码要说"不好意思，帮我拿一双筷子"，要更有礼貌一些。

李志的父亲特别慈祥，母亲比较严格，虽然双亲教养有别，但从不打人。小时候，父亲周末都会骑自行车载着李志和姐姐两人到公园玩，带她们去吃爱吃的甜食。受父亲影响，成为父母后，只要Kerry写完作业或放假，李志就想带他去旅游，也因此去了很多国家。李志双亲对她们姐妹俩的家庭教育不是那种娇生惯养的类型，而是说你是家庭的一分子，花钱要知道节约，你的钱不是你的钱，而是家里的钱；做家务也是，母亲会教导她们做家务，加上当时双亲是双职工，妈妈上班很辛苦，李志和姐姐从小就学会洗衣服、做饭，甚至去菜市场买菜。李志一边指导儿子用滚刀法切小黄瓜，一边说："现在想想，父母对子女的影响其实是很大的！"

责任心与奉献精神

Kerry小学入学时，校长对所有新生家长说："要把学习习惯培养好！第一年是很关键的。"当时在现场的阿布，把这段话告诉李志，夫妻俩就把它放在心里。他们便对一年级的儿子说："放学后，回到家先写作业。"夫妻俩贯彻执行到现在，Kerry课业从不需要他们操心。阿布说："刚开始一、二年级作业挺多的。有些家长会被老师叫到学校，说孩子做得不太好。但我们没有这种经历。"

到儿子升中高年级，学习成绩一直良好，在班上当选了两届中队长。面对新学期中队长竞选，Kerry显得没信心，觉得已经当了两届中队长，可能同学会想选其他人。夫妻俩见状便鼓励他，在竞选演说时，拿出最好的表现，把自己的理想清楚地表达出来，尽最大努力去

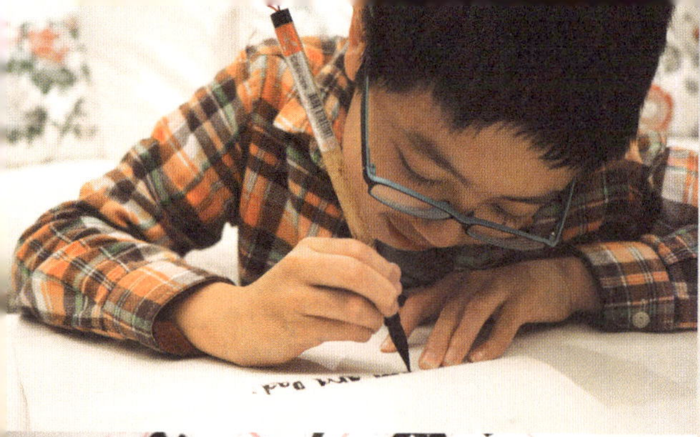

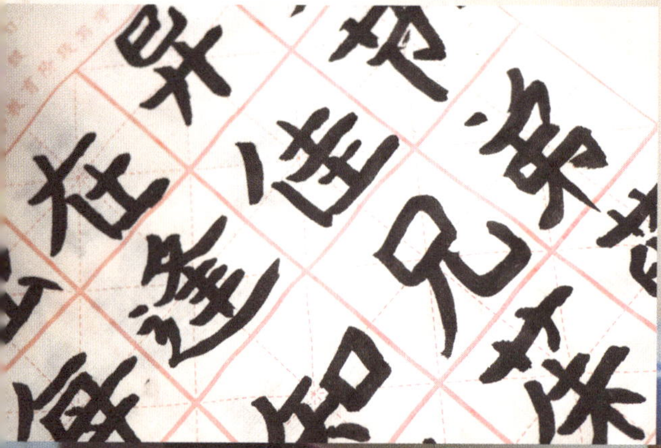

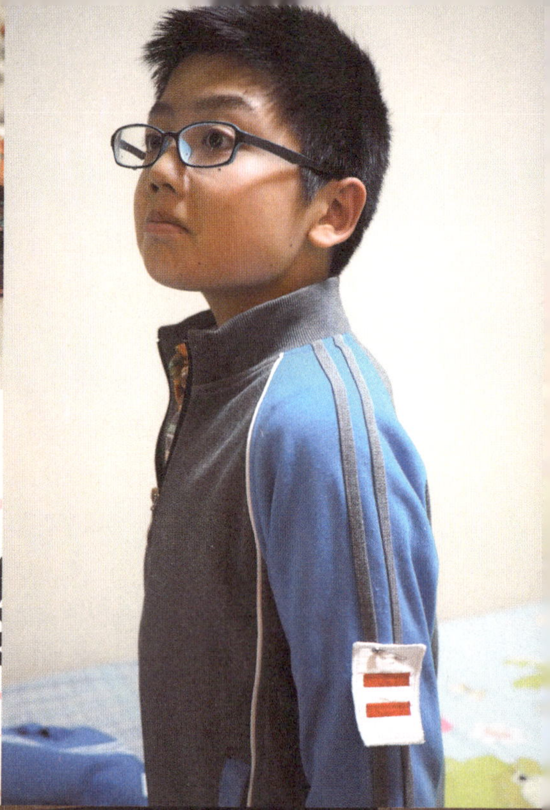

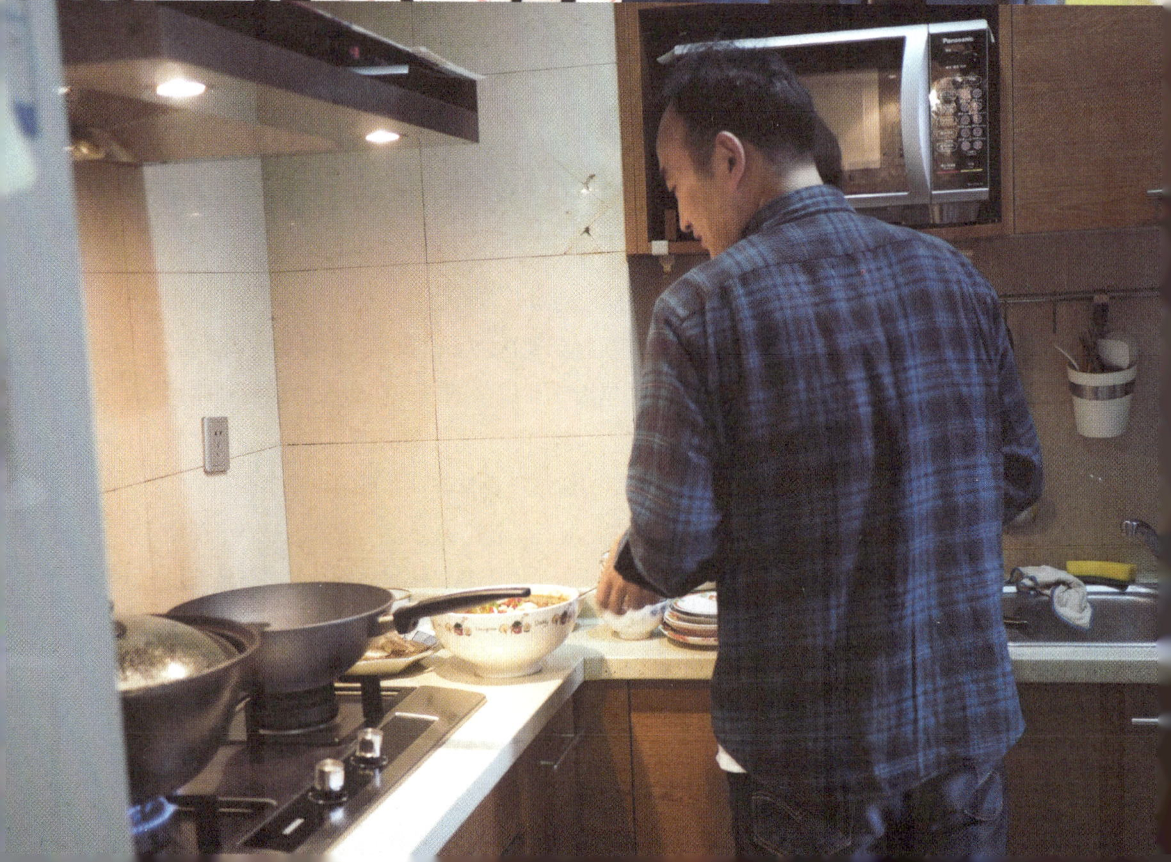
Panasonic

争取,但如果没选上也没关系,至少你认真付出了,这是很棒的经验。阿布说:"当了两届的中队长,你的奉献精神、负责任的态度,大家有目共睹,好好把你想的规划说出来就好。"为了让 Kerry 更有信心,李志在家还充当听众,让他在家练习竞选演说,并提供意见。

我们看见的是,一家三口亲密互动、合作无间的家庭关系。为了让儿子有更好的求学环境,李志与阿布从儿子五年级开始送他去补习班,但补习班离学校、住家约 30 分钟车程,夫妻俩因为有着共同的教育理念,即使工作再忙,仍轮流接送孩子上补习班,互相支援。补习班交通花了他们不少时间,费用也不便宜,但除了补习班,Kerry 从小就学弹钢琴,这也是一笔不小的花费。李志说:"每年在他身上花的各种在外面上课的费用也要好几万。趁现在我们还负担得起,我和我先生就想帮他开创更多不同的可能性。"

夫妻俩热情好客又有责任感,知道我们特别漂洋过海来访,采访当天即使儿子身体不适,早上在医院打点滴,下午也未取消约访;虽然身体稍有不适,但 Kerry 依旧精神抖擞,有说有笑地和爸妈一起做饭。李志和儿子一起在餐桌旁做水饺,会下厨的阿布在厨房里忙进忙出,端出满满一桌地道的湖南菜招待我们,辛辣美妙的滋味,回到台湾依然想念。最令我们感动的是,他们特别炖了一锅"鸽肉汤",听夫妻俩说鸽肉能强筋健骨,是滋补身体的好食材。李志说:"你们这样南北奔波很辛苦,炖鸽肉汤给你们补补身体。"

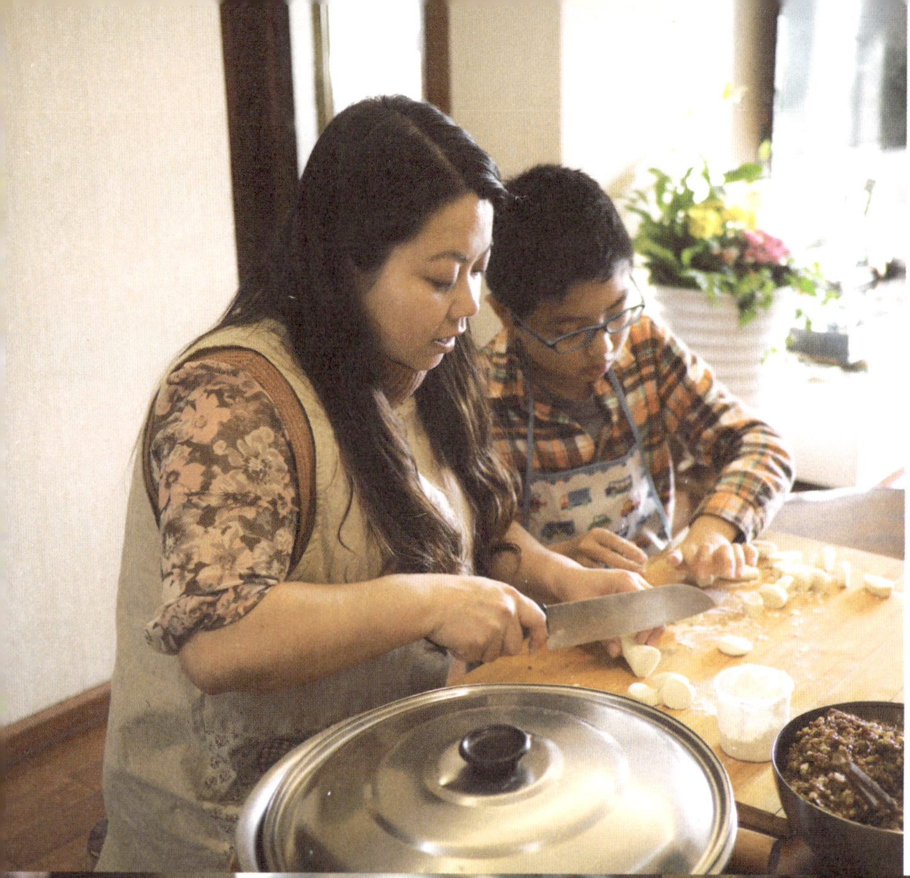

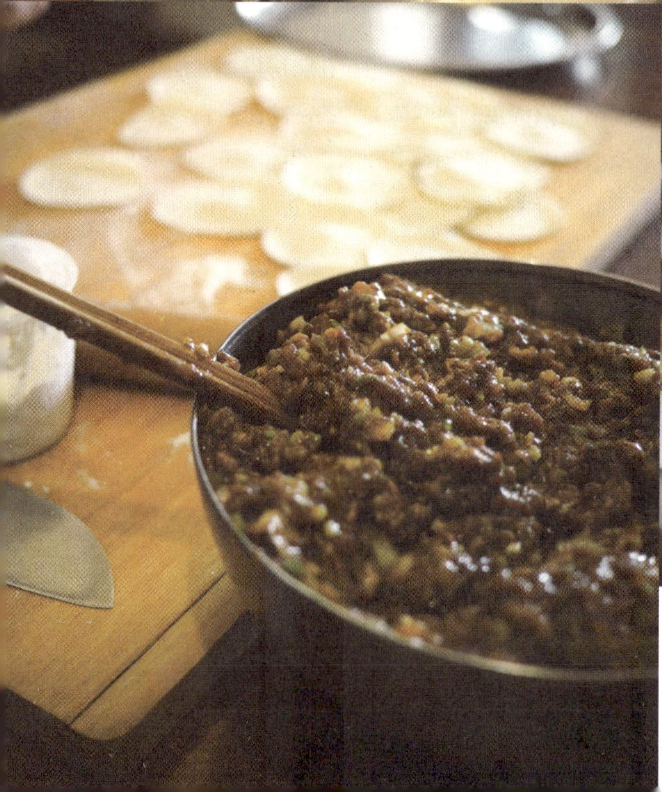

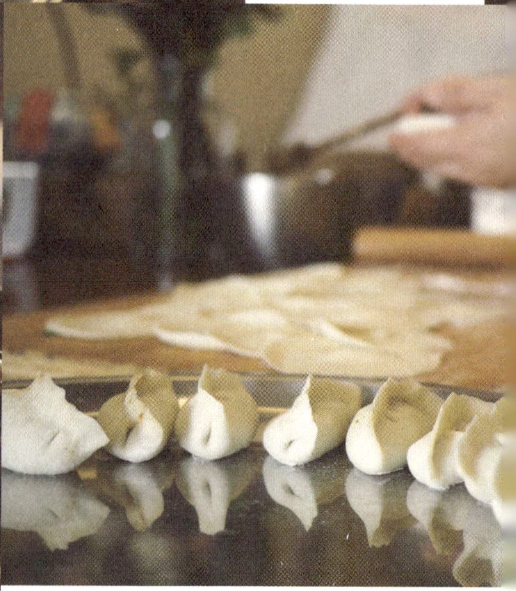

家庭食谱

芹菜猪肉水饺

饺子皮材料

中筋面粉 300 克
冷水 150 毫升
盐 少许

芹菜猪肉馅

芹菜 100~200 克
猪绞肉 500 克
青葱 50 克
酱油 15 毫升
盐 5 克
蚝油 10 毫升
五香粉 10~15 克
油 适量

饺子皮做法

1. 面粉中加入少许盐，然后加水，一点一点地放水，和面。
2. 和好面，每隔 10 分钟揉面一次，大概三次。

芹菜猪肉馅做法

1. 芹菜、葱切碎，和猪绞肉一起放入盆中。
2. 油烧热，浇到芹菜、葱花和猪肉上面。
3. 再倒入少量的酱油、盐、蚝油、五香粉搅拌，搅拌是朝同一个方向搅。
4. 搅拌到肉馅有黏稠感，就是搅拌均匀了。

包水饺

面团揉成细棍，切成小段，按压后，擀皮，包饺子。

凉拌黄瓜

家庭食谱

材料

小黄瓜 3～4根

青葱 少许

姜 少许

蒜头 少许

盐 适量

辣椒油 适量

油 适量

酱油 适量

醋 适量

花椒粉 适量

做法

1. 黄瓜滚刀切块，葱、姜、蒜切末，备用。
2. 葱、姜、蒜末放入碗中，油烧热后，浇到葱、姜、蒜上。
3. 在葱、姜、蒜末碗中放入少量的酱油和醋、盐、辣椒油、花椒粉。
4. 调味料拌匀，浇在黄瓜上搅拌后，即可上桌。

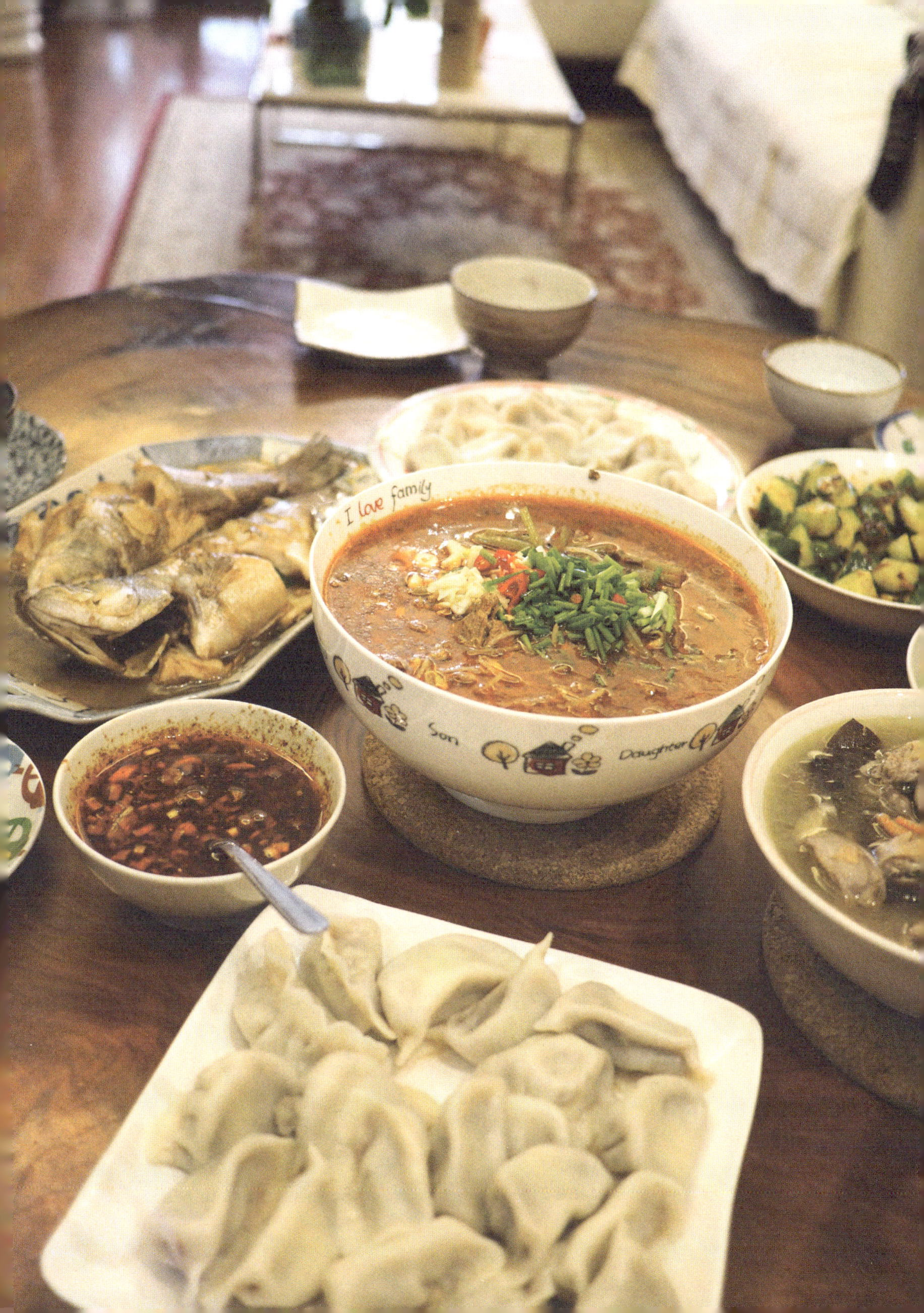
I love family
Son
Daughter

专访

别把孩子的一生"赌"在学业上

教授

徐敏

和解

徐敏

南京晓庄学院文学院教授,多年前应台湾大学邀约于文学院担任客座教授,育有一子。热爱文学的她与友人合伙经营南京『二楼南书房』,这是一家不卖书的书店,口号是『不灭的理想,不关灯的书房』,24小时全天经营,为喜爱文学的人永远点一盏明灯。

Country ——————— City
中国　　　　　　南京

👤 徐敏　南京晓庄学院文学院教授
🚹 13 岁

父亲给我的，我特别感激，"他让我自己去选择"。当年母亲坚决反对我当老师，他如果也不同意，我可能就没办法填"乡村师范学校"志愿。记得当时填志愿的时候，母亲先替我填了邮电专业，当时邮电专业特别热门，因为毕业后工资特别高。知道母亲替我填志愿并提交后，我说"我不要填邮电专业，我要当老师"。当时还没考试，只是刚交志愿表，于是父亲就到教育局，把档案调出来，帮我改了志愿。也因为如此，后来母亲有很多年不高兴，因为师范院校毕业出来，在小学教书工资非常低，一个女孩子下乡又不安全，况且在那年代下乡是最不得已的选择，表示你没能力，成绩不好。我母亲很好面子，总觉得下乡是父亲的关系，常对他抱怨："你为什么不把她留下来？"母亲从来没想过这是女儿的理想，女儿就是要下乡教书！如果我不下乡，我干吗要报乡村师范学校呢？

——徐敏

今天和徐敏教授约在南京市秣陵路 21 号的二楼南书房，这栋位于民国建筑片区，看起来不怎么起眼的两层楼建筑，斑驳外墙点缀着四季花草，一棵大树为小院增添宁静，三间温暖而不张扬的书房，为喜爱阅读与文学的人在茫茫世俗里点着永不熄灭的文学火光。身为二楼南书房的创办人之一，徐敏教授说："南京人比较开放，包容力较强，不会因为你是乡下人、外来工人，就不欢迎你。所以，有流浪汉在我们这里过夜的。"二楼南书房的口号是"不灭的理想，不关灯的书房"，它是城里少数几家 24 小时不关灯的书店，却不卖书，让人自由进出，免费阅读书籍。如果想要借书，会员卡押金100元人民币，就可借还书，而且不需其他任何费用。书店唯一的收入大概就是那一杯十几块人民币的饮料。走进里面三间书房，空间不大，能容纳十人左右，几乎座无虚席，每个人靠得很近，却互相不打扰，还有人在沙发上打盹。静谧的氛围，让人脚步跟着放轻。

从小在学校长大的徐敏教授，因为爷爷和父亲都是老师，耳濡目染之下，从小志愿便是成为"老师"。15岁选择考师范的时候，母亲很生气，因为在当时老师的工资是很低的。徐敏教授的母亲在银行上班，工资比担任中学校长的父亲高三倍之多。父亲当时已是中学高级职称，工资都那么低，母亲当然不允许她考中等师范学校（简称"中师"）。"你考中师就是那么穷！"双亲那一代都穷怕了，母亲的意思是，首先，生活你要能过得去，否则还谈什么理想？后来徐敏教授能理解母亲的坚持，但在当时觉得母亲特别势利。终究在父亲的支持下，她能追求理想，18岁从师范学校毕业后，便下乡担任小学老师两年，后来回到县里担任了五年的中学老师，其间因为喜欢读书，再回学校进修，顺利取得博士学位，便在大学教书到现在。她笑着说："小时候跟着双亲住在学校宿舍，工作又是小学、中学、大学，都在学校里面，就是没有离开过学校。"

对教育、文学充满热情理想的教授，她的生活经历如何带领着她与自己孩子相处？她的教养态度又是如何的呢？

孩子的时间和精力是有限的

父亲对她的教养态度：第一，孩子要有兴趣。父亲说"小孩子要做什么，让她自己选"，所以现在对待孩子，她就牢牢记得当时父亲说的这句话。第二，在生活中尽可能拓展孩子的接触面，让孩子多方尝试，培养不同的兴趣。徐敏父亲有个观点，现今获得许多人赞同，就是 100 分的试卷设计，并非以满分为及格标准，譬如低年级（一、二年级）试卷 80 分是及格分，能够考 80 分就代表孩子已经掌握目前学习内容；高年级（五、六年级），70 分是及格分，孩子考到 70 分以上就可以，并不一定要考 100 分。

父亲常说："经常考 100 分的孩子是有问题的！"所以他从来不要求她考试成绩要特别好。当时还小的她，不了解为什么父亲要这么说，只觉得父亲瞧不起她，认为她考不到 100 分，所以才这么说。她暗自想："我不像哥哥成绩特别好，总是不小心就能考 100 分，因为我不是那么聪明，所以父亲才这样安慰我。"个性好强的她，特别努力学习，就希望能考高一点的分数。"我自己特别想做好，大家不要我学习，我也会主动去学习。但儿子比较懒散，你不管他，他就会懒散，你管管他，他就会好，看你管到怎样的地步。我居然生出跟我不一样的小孩。"即使是自己的儿子，徐敏教授也接受儿子的性格跟自己截然不同。

有一次，读初二的儿子考试成绩没有很好，她说："他只考了八十几分！"先生说："考八十几分可以了，100 分的卷子，考八十几分还不行吗？"先生认为，每一份卷子出题内容质量是不同的，就算它出题质量很好，考八十几分就说明孩子在学习上基本是掌握了。父母不要总执着孩子得考 100 分，别忘了，孩子的时间和精力是有限的。今天孩子把 95% 的时间全用在准备考试上，考到 100 分，但他只剩下 5% 的时间，他只能选择睡觉，孩子没有其他兴趣可言；可是如果他用 70% 的精力去准备考试，那他还有 30% 的精力可以探索其他方面。为了 100 分，把生活、兴趣全部抹杀了，值得吗？

从自身经验体悟，成为慎思的家长

面对与自己个性不同的儿子，徐敏教授也曾感到困惑。"总觉得，你生出来的孩子，应该比你更好或跟你差不多，而我们又被认为是很优秀的，你就情不自禁地……你说我没有要求，那是假话，那是不可能的。"看到自己的孩子在学习上的压抑和自己的无能为力，她便决定从文学中走出来，去看看那些教育思想家是怎么说的。通过研究陶行知，她接触到美国实用主义哲学家约翰·杜威，他的生活教育精髓，与父亲当初给她的教育理念非常接近，给孩子各种经验。但是经验是个人的，就像我说的，我有我的经验，我的经验能不能升华更多，有时我们碍于自己的经验，囿于自己的经验，但杜威说"要让人从自己的经验里面体悟出来"。

那如何让"经验"变得有效呢？必须培养一种审辩式思维——慎思。要培养"慎思"这种思维，通过什么方式呢？是关于想象力，关于道德想象力，比方说，徐敏教授有她从小到大的学习、教养经验，她非常清楚自己不那么自信，有一点好胜，比较受宠，各方面都想争强好胜，才成为今天的自己。如果你要和她一样，就要多去扩展经验，多去听、去看，就像戏剧、文学铺展各种人物和人性，有的人无法承担自己的人生，就如作家易卜生写的《野鸭》，男主角无法面对生命中的某些秘密和真相，而他的友人却硬把他推到真相面前，结果男主角就被毁了。

读再多的书，也没有一种哲学能告诉你人生为何，只有通过不同的故事，让你深谙人性，你才能知道人性发展的步骤和前景。让你的内心知道：我是这样的人，我是这样走过来的，但是我也有可能成为不一样的人，如果其中一个东西改变的话。徐敏教授说："儿子的性格有跟我一样的，也有不一样的，我尽可能去发掘。他有可能走出完全不一样的人生，我能理解。即使他是平庸的，我也不感到震惊。"她认为，在教育里面培养这种道德想象力，我们就会是很好的老师和家长。同时这也是对自己生活很好的安顿能力，因为即使你再有想象力，能力再好，也无法把控人生，因为在终点线上，每个人都是没有经验的，只要我们还没死，只要我们活着，时间与空间的未知数那么多，我们无法全盘掌控。

学业是生活中的一件事情

徐敏教授的儿子在小学升中学时，因学区关系免去入学考试，但在新生入学后还有分班考试。许多学生小六升中学的暑假拼命学习，期待能分入好班，但徐敏教授却选择带着儿子出国旅行。聊到这里时，在一旁复习课业、准备阶段考的儿子跟我们说："妈妈说考试不重要。分班啊！所以随便考。"徐敏教授笑着表示，因为儿子很容易紧张，再加上他们从欧洲回来有时差，日夜颠倒，儿子快疯了，一直说："这怎么行，怎么这样！"徐敏教授的态度，就像当年父亲对她一样，她对儿子说："没关系，到哪都一样，不要紧张。"

学业只是生活的一部分，它甚至就是一个游戏。但你要遵循它的规则，要知道你必须玩下去，而且要好好玩。她强调，其实人生也是一场游戏。你必须知道人生的规则怎么玩，玩的时候也要认真投入，但是也要明白，人生的形式可以是各种各样的。而儿子现在只是恰好生在中国，恰好生在 21 世纪 10 年代，而她自己是生在 20 世纪 70 年代，不同时代有不同的社会习俗，而儿子这年代就是这样，有这样的语言和教育方式。这一切只是偶然，你也知道，但是你此生必定处在这个偶然性中，所以她希望儿子在这方面能够超脱一点。

别让孩子的童年在分数里打转

如果让孩子的童年在分数里打转，那么生命的意义就被压得很窄，唯有通过分数来达到母亲的认可，爱与被爱、自我建立的渠道如此狭隘，这是最可怕的。"只在意学业，好比我孤注一掷，押宝只押这个东西，没有其他的可押了。我就希望孩子多押几个宝，爱弹琴、爱画画……"

苦，也要甘之如饴

徐敏教授认为，在问题面前，不能仅仅靠温情安慰孩子，当然夫妻俩可以当他感情的后盾，但他的自信要从哪里建立起来呢？

所以徐敏希望儿子不怕学习苦，任何学习都是苦的。我们工作都是有苦的，但这苦能不能带来乐，是很重要的。苦的本身，能为你带来乐趣、充实感，它的结果你也觉得是往好的方向去的，这就对了。而不是我吃那么多年的苦，就企盼最后的乐，但最后的乐，谁都不知道。许多孩子以为考上大学就海阔天空，但大学还是要上课，还是要考试，毕业后就要开始找工作，这样的发现让许多孩子都傻了。因为大人说的"最后的乐"被吊起来了，永远看不到。所以徐敏教授一直希望儿子在生活和学习的过程中都能感受到乐趣。

与自己和解

徐敏教授青春期时，一位老师看过她的文章，说："你知道吗？人太敏感，对他的学问、写作是好事，但对生活未必是件好事。"多年后，这份敏感果然带领她进入文学殿堂。儿子也像她一样，曾对她说"我觉得要永远喜欢一个人是很困难的事情"。儿子跟她一样有纯净的道德感，追求最纯粹的东西。就像她总认为自己的母亲道德感不够好。其实母亲慷慨助人、平和友善，但她认为不够，且老把"要不是我当时帮助他，他能有现在的成就吗"这样的话挂在嘴上。这种纯净的道德感，对自己不太好，也不放过别人，特别是亲人，会觉得他做得永远不够好。"人生本来就有很多粗糙、粗劣的一面，这迫使你变得更有韧劲，面对它，你不妨有点钝感。"

法国作家福楼拜，世人对他的评价是，文字力求干净准确，已达登峰造极之境界。但福楼拜的母亲却说："你为了文学忘记了生活，你死在你的文字里。"本来艺术是他的爱好、一个追求，但追求反过来压倒了自己，他始终没能跟自己和生活和解。所以，徐敏想到"和解"。要求高的人最后被自己的追求所压倒，忘记了生活。为人父母也一样，很多时候，面对孩子的事情，其实过不去的都是自己。唯有与自己和解，才能看见真正的问题，接纳孩子与自己不同，孩子终将走一条属于他的路。

邮件访谈

以色列来的信件

Country: 以色列
City: 特拉维夫

👤 Refael 房地产从业者 👤 Tamar 插画家
⬆ 6.5 岁 ⬆ 1.2 岁

G@tamar.dovrat 文字 / 照片 ©Tamar

to
Taiwan, China

from
Tel Aviv, Israel

——请简单描述个人的教育背景。

我在以色列中北部的小镇长大。镇上只有一所学校，所以幼儿园到小学的每个人都互相认识。随着我长大，对艺术越来越有兴趣，便要求父母让我读艺术学校，但那所学校离我家很远。

——以色列国家的教育理念是怎样的？

我不确定以色列在教育上建立了什么理念。但是我记得，当时艺术学校竞争激烈，非常抢手。就读艺术学校的学生，不论在学业或艺术上都必须有优异的表现，放学后依然要练习绘画技巧或艺术课程。现在回想起来，父母不喜欢我读艺术学校的真实原因，应该就是觉得要年纪那么小的孩子在放学后继续为学校课业与艺术功课努力真的太辛苦了，而且还要放弃许多我喜欢的课外活动，像手工艺、跳舞、健行，甚至连和朋友玩的时间也没有。

——有什么特别的人、事、物影响你，让你成为现在的你呢？

我的母亲是高中戏剧教师，父亲是建筑师（周末很喜欢画画），所以我的确受到他们的启发。在成长过程中，双亲给我的教育是，我可以成为我想要成为的人，

本访谈所有照片由 Tamar 拍摄、提供

这样的信念在我成长过程中，就像基本常识一样。这个强大的信念，直到今天我仍然保留着。至今，每当我对于未来要走的路感到不安时，就会想起这个强大的信念，然后有自信地继续下去。成为母亲后，我非常感谢父母能够给我如此重要的力量。我常常想，我能给我的孩子什么。当我还是十几岁的孩子时，精神上深受音乐影响，直到今天，它仍然供给我灵魂很大的养分。我认为，从艺术的角度来说，我受到许多不同类型艺术的影响，迄今依然如此。我本身就是古典与现代最佳平衡的混合体。

——请问双亲对你的教养态度是什么样的？

我的父母很开放（我有两个兄弟和一个妹妹），可以谈论、分享任何事情。父

母都来自有些冷漠的家庭，对他们来说，建立属于自己的新家庭非常重要。学业成绩并非全部。他们非常重视与孩子相处、体验的时光。我们走遍全国各地，和他们的朋友一起度假，也参加许多课后活动，常到朋友家串门。

——当你成为母亲后有什么改变呢？

自从成为母亲后，我改变了很多。最大的改变就是做事变得更有效率，能在计划时间内完成任务。虽然仍然有很多事情进度慢，我还是会善用每一分钟，为了有更多时间与孩子相处。

——你和丈夫对孩子的教养态度是怎样的？

我们都认为孩子应该尽情享受童年。世界变化太快，有太多令人分心的事物。孩子需要强大的家庭基础才能成为稳定、有才华的大人。不需要催促他们长大，要求他们学习很多东西，只要多点好奇心学习事物就可以了。尽可能给孩子们自由，不再帮孩子们做决定，也不要告诉他们应该怎么做，这样才能培养他们坚强果断、自己做决定的性格，我们知道要做到并不简单。现实生活总是太忙，批评、限制太多，或者没耐心，以致没法达到我们希望的。所以我和先生会互相提醒，不要处在这样的状态下。

——你希望孩子拥有什么性格？

我希望孩子对世界万物具备仁慈的心，并且无忧无虑地长大，去做他们想做的事，成为他们想要成为的人。

——你的孩子下课后都在做什么呢？

孩子下课的时间，我们一直试着在"朋友聚会"或"只有我们"之间达到平衡。通常我们是回家或去公园玩，夏天我们会开车去海边。开车到海边并不远，但是出发前的准备总是不容易，能成行就像施展魔法一样。我们去过的海边和公园都会推荐其他家长带孩子去。

——在家多久下一次厨？你和丈夫谁的厨艺比较好？

我们每天煮饭，先生是素食者（我也希望自己意志坚强到能成为素食者），厨艺也比较好（这是真的）。他总是在周末做一些特别的或不同风味的菜肴，而我就是做一般日常菜色。

——你为什么选择这道菜肴和孩子一起做呢？

我们最近发现，其中一个男孩对麸质过敏，现在在家煮饭变成很大的挑战！我们喜欢用有机蔬菜制作新鲜菜肴，甚至会自己种蔬菜或是到附近农场购买。因为今天是在森林野餐，所以我们选择和孩子们一起做些简单的食物。选在森林野餐，是因为我们住在一栋老房子里，厨房里的灯光不太好拍照。

送给大儿子的话

你总是希望帮忙做家事,并主动参与家中的大小事,这让身为父母的我们非常开心。你对家的认同是无价之宝,我们深知它的意义,家对你很重要,我们对你很重要,我们彼此都很重视对方。这就是成为一家人最棒的感觉。

今天的野餐内容

新鲜阿拉伯色拉

鹰嘴豆泥酱（买现成的）

烤皮塔饼面包（无麸质）

佐橄榄油和牛膝草（阿拉伯香料混合）

鲜果色拉

黑咖啡和薄荷茶

家庭食谱

阿拉伯色拉

材料

小黄瓜 3 条
西红柿 5 个
青葱 1～2 根
甜椒 半个
薄荷 适量
盐 1 小匙
柠檬 1～2 颗
橄榄油 2 小匙
胡椒 1 小匙
孜然 1.5 小匙

做法

1. 小黄瓜、西红柿、甜椒切成小丁，放入色拉碗。
2. 青葱、薄荷切碎，也放入色拉碗。
3. 柠檬挤汁后，加入所有调味料，均匀搅拌，色拉酱便完成了。
4. 将搅拌均匀的色拉酱倒入已放入材料的色拉碗中，接着轻轻将色拉酱和碗里的食材充分搅拌，即可食用。

西
WEST

你笑了，所以我笑了。孩子灿烂、纯真的笑靥不仅能融化众人的心，也让父母为之倾心，打从心底跟着快乐。所谓的幸福人生，守住笑容才是关键。

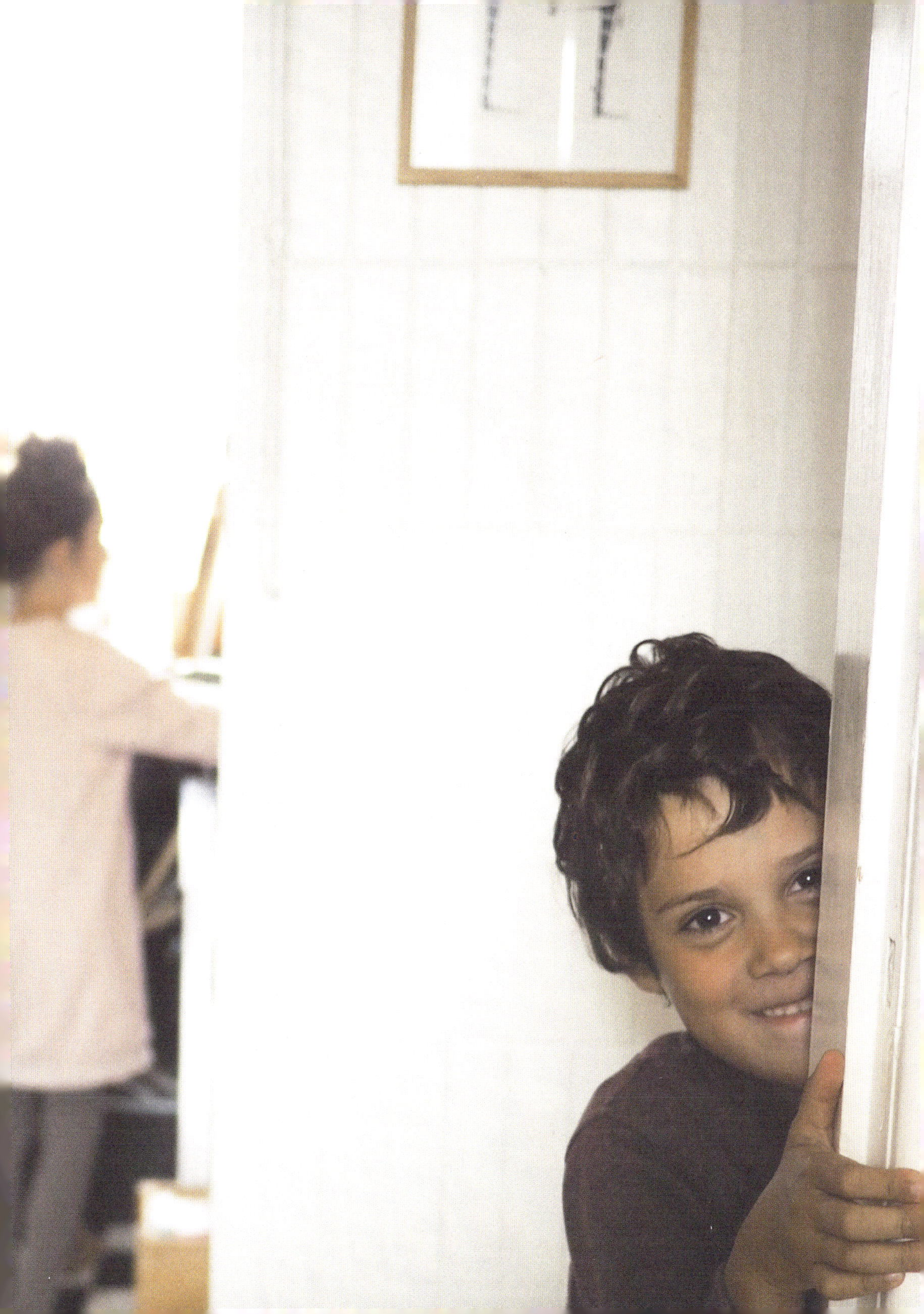

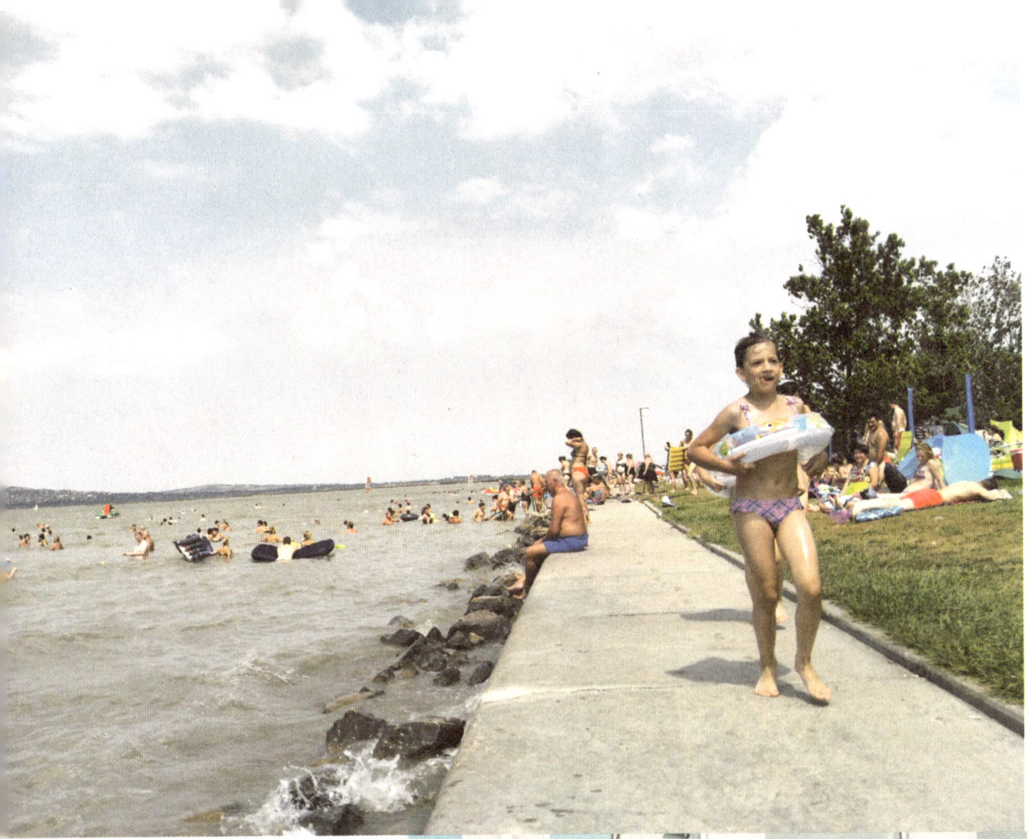

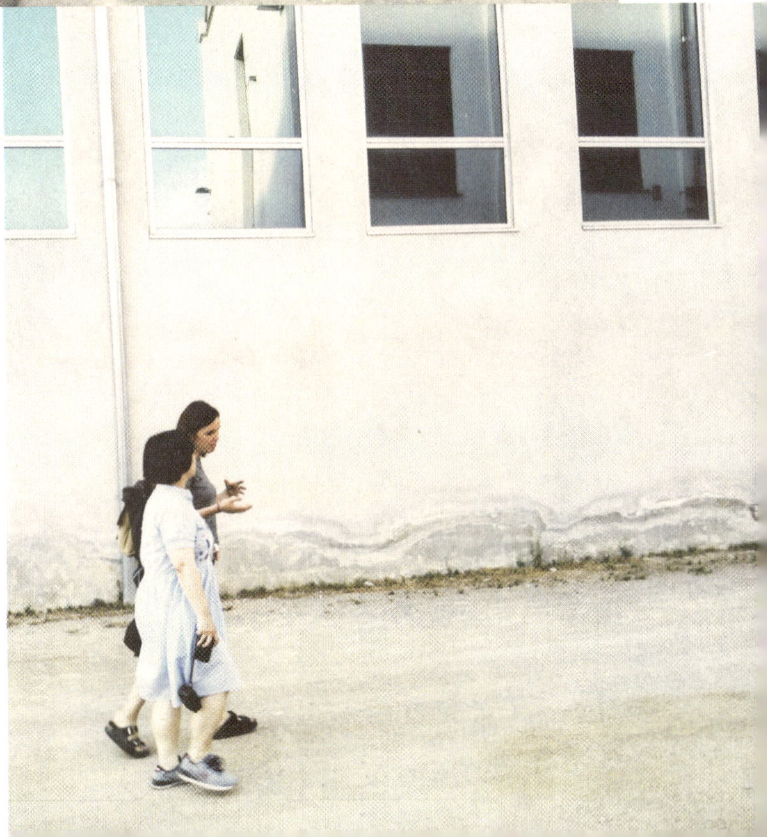

BUT THER
SOMETHIN
GOOD IN
every day

EASY LIFE

LUOMU
SOLIST
LUOMU
ANNABELL
LUOMU

Legyetek jók
-ha TUDTOK :)
István

ÚGY ÉLJETEK, HOGY
SZERESSENEK az
EMBEREK!
Pali

Találd meg önmagad,
adj időt magadnak.
Szeresd magadat is!
Fruzsi

Ne csak a
mának
élj!
FRUZSINA

⑩ 凝聚情感的牧羊人派菜肴

Country —————— City
匈牙利　　　加尔多尼

👤 István 教师 40岁
👤 Fruzsina 家庭管家 39岁
👦 9岁　👦 7岁　👦 5岁　👦 2.5岁

　　相较于我的父亲，我觉得自己比较严格，有比较多的规定。我父亲只有两个孩子，这和我很不一样，在我很小的时候，他在工厂工作时间很长，下班后通常非常累，回家摸摸我的头，给我一个巧克力，就上床睡觉了。我们几乎没有什么时间相处，但我会花比较多的时间陪伴孩子。

—— István

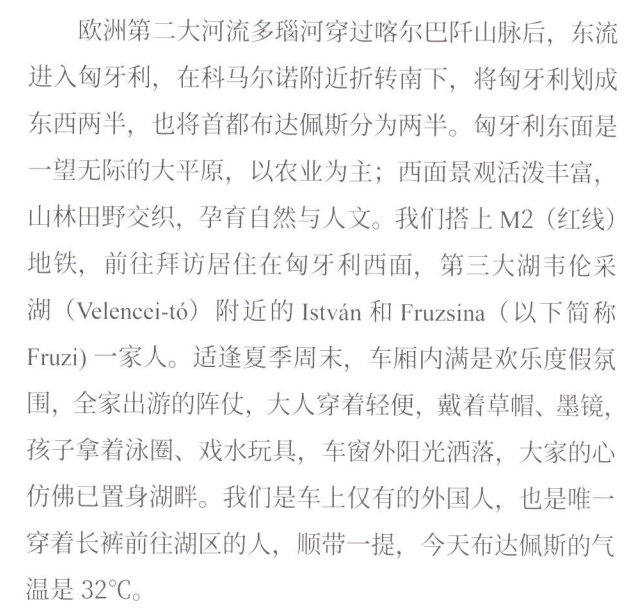

　　欧洲第二大河流多瑙河穿过喀尔巴阡山脉后，东流进入匈牙利，在科马尔诺附近折转南下，将匈牙利划成东西两半，也将首都布达佩斯分为两半。匈牙利东面是一望无际的大平原，以农业为主；西面景观活泼丰富，山林田野交织，孕育自然与人文。我们搭上 M2（红线）地铁，前往拜访居住在匈牙利西面，第三大湖韦伦采湖（Velencei-tó）附近的 István 和 Fruzsina（以下简称 Fruzi）一家人。适逢夏季周末，车厢内满是欢乐度假氛围，全家出游的阵仗，大人穿着轻便、戴着草帽、墨镜，孩子拿着泳圈、戏水玩具，车窗外阳光洒落，大家的心仿佛已置身湖畔。我们是车上仅有的外国人，也是唯一穿着长裤前往湖区的人，顺带一提，今天布达佩斯的气温是 32℃。

István 和 Fruzi 育有一女三男，家里还有一只小猫，为了让孩子拥有更好的生活质量，一家人才在 Agárd 小镇定居。这个小镇除了临近韦伦采湖，而且家家户户都有庭院，简单栽种蔬果、养鸡。在他们家附近，有一片小森林，骑单车五分钟就到，里面有足球场和游戏区。住在这里的家庭，父母周一到周五搭火车去布达佩斯上班，仅需 40 分钟车程，周末就待在镇上。10 年前，大约 500 个家庭移居于此，后来越来越多的人搬来，现在居民约有 1 万人。István 说："其实匈牙利也面临少子化问题，但在这个小镇，一个家庭普遍都有四五个孩子。"据了解，居住在匈牙利西面的似乎是比较富裕的家庭。

在自家户外庭院烹煮匈牙利经典炖煮菜肴——古老的牧羊人派菜肴，就地取材用枯枝生火，阵阵白烟飘散天际。一边做饭，一边聊聊育儿经，喝着 Fruzi 父亲自酿的帕林卡——一种地道匈牙利水果白兰地，真是无比惬意。本以为今天在户外做饭，全因我们到访，但 István 说："假日都是如此。毕竟我们有四个孩子，周末在后院煮一锅 Bogràcs 很方便，可以吃两三天。"看着 4 个孩子在庭院各做各的事，未满 3 岁的儿子裸着上半身急切地想帮忙，但忍不住嗑下整条白甜椒；精力充沛的 5 岁的儿子荡着秋千，骄傲地带我们参观门廊旁盛产的西红柿、葡萄，9 岁的女儿与个性沉稳的 7 岁的儿子熟稔地帮忙处理蔬菜。

如此大的庭院让我们好生羡慕，István 却说这院子在这地区还算是小的。虽说比较小，但是庭院里的吊床、秋千、八人座木制餐椅，还有门廊前种植的蔬果等，再次显示这是多么会生活的一对夫妻。如此重视家庭的他们是如何教养四个孩子的呢？

教育能改变困境，扭转人生

拥有两个博士学位的 István，觉得自己很幸运。出身于弱势贫穷的工人家庭，却能拥有现在富足幸福的生活，这完全仰赖父母的牺牲

与栽培。父亲在工厂工作50年，许多年前因肺癌去世，父亲生前告诉兄妹俩，必须接受教育，奋发学习。双亲牺牲自我娱乐时间，埋首工作，竭尽所能地供他们读书。母亲曾说"你必须成为老师"。这句话，不仅是希望他能通过教育找到更理想的职业，也是母亲看见他的潜能与天赋——从小大量阅读。他的天赋在家族里非常少见，家人为之赞叹，"这么小的孩子怎么能读这么多书"，母亲才会有这番期待。

果然不负众望，他目前服务于匈牙利政府为弱势儿童设立的 Tanoda 组织，协助逃学的弱势儿童重回校园。在匈牙利，上大学意味着未来会有较好的收入，可以选择生活。István 就是最好的例子，上大学拿到两个学位，有丰厚的收入，负担得起大家庭的开销，甚至可选择在家工作，有较多的时间陪伴家人，他认为这就是教育的力量。"但在匈牙利，像他一样的人，也仅占人口的三分之一。"他正在做的就是改变人一生的工作，期许更多来自弱势家庭的孩子，能够像他一样通过教育扭转人生。

积极正面，对世界充满热忱

20 世纪 90 年代，双亲和祖父母皆在工厂工作，学到的是"闭上嘴，好好工作""不要有太多梦想""不要希望什么""不要有个人意见"。到了 István 这一代，难免会受到父母影响，认为自己是小人物，做别人要我们做的事就好。在 18 岁那年，István 参加 Erasmus 基金会的"青年计划"，此基金会提供多样化的计划给经济困顿的欧洲民众，让他们可以去旅行、学习，更重要的是去实践你的创意或点子。István 便通过基金会前往瑞士、意大利学习，也获得一小笔补助款去实践自己的策划案。

他希望把"我可以做任何事"的正面、积极的态度带入孩子的生活，让他们对世界充满热忱，所以他认为家长的责任，也是他目前正在做的，就是让他们置身于非常不同的环境里，譬如课程、营队，让他们选择自己可以做什么。像这学期，女儿选择西洋剑、西洋棋，她同时也是学校花式跳绳校队队员，但她却告诉 István 不想再参加校队，因为不喜欢和他人对抗。然后在夏天来临之前，女儿又说想去参加骑马夏令营。他非常乐见孩子拥有多样喜好，对事物主动感兴趣，毕竟他的教养态度，就是不断鼓励孩子勇于尝试，去发掘、培养各式各样的兴趣。

在团队里，也能展现自我

还没有小孩之前，István 并不觉得在幼儿时期，孩子能展现多大的性格差异，但当孩子在 6 个月、1 岁时，他们的差异之大显而易见。在匈牙利，不论是教育或教养，着重于"差异"——看见每个孩子的不同点。如何让孩子成为团队的一员，但又保有个人特质，不仅学校教育很重要，家庭教育亦是如此。一般住在这个区的父母都会希望孩子独立、聪慧，在欧洲拥有独立的思考能力很重要，对每件事都抱持疑问态度，不要仅是接受别人给的答案，而要提出问题。István 自嘲说："如果我叫孩子'来这里'，他们问我'为什么'，这就会是问题，尤其我有四个孩子。"

如何在团体中也能展现自我呢？István 认为这就像如何在零与最大值之间取得平衡一样，中间值很重要。打个比方，现在我们在做饭，最小的儿子想要拿刀切东西，一直不停地说"爸爸我要"，老二却会说"爸爸，我能帮忙吗？"面对他们，不能用相同的态度，一定要先了解他们性格的差异，才知道这些行为背后的意义，都想"帮忙"，并没有谁比较好或不好，而是要用个别不同的方法去响应他们。就像 István 在工作上是领导者，所以本能地在家也板起领导者的脸孔，有时 Fruzi 就会提醒他"回家后你就不是主管了，不要下命令"，他就知道要把角色调回父亲和丈夫。

陪伴的时光，亲密互动

István 小时候，父亲长时间在工厂劳动，通常回到家已疲惫不堪，与他相处的时光并不多，István 最深刻的记忆就是，父亲的大手摸摸他的头，给他巧克力，然后便上床睡觉。当自己成为父亲后，他特别花较多的时间陪伴孩子，也为了给孩子更好的成长环境，搬到人文资源、自然资源丰富的Agárd。家里没有电视，夫妻俩希望孩子出去走走，去找朋友，去接触大自然。虽然有计算机，但也规定使用时间，不让他们毫无目的地浏览，而是比较像给他们一个任务，让他们上网找资料，身为老师的István认为，毕竟网络科技是未来生活的一部分，与其禁止他们使用，不如陪伴他们学习如何正确使用。

Fruzi的母亲也是职业妇女，当母亲下班时她也下课了。工作了一整天的母亲身心负荷已达极限，当她想和母亲说话时，母亲会说"够了"。自己有了孩子后，有时候也感觉有相同的情况发生，所以她要求自己每天早上帮女儿梳头发，虽然有时女儿会抱怨"你弄痛我了，够了"，但这对她是非常珍贵的时光。"我母亲从来没有帮我梳过头发，也许有，但次数太少，我记不起来了。"童年和母亲一起参与活动的回忆真的太少，Fruzi现在努力创造与孩子的相处时光，譬如去买东西、一起做饭等。夫妻俩都认为和孩子相处，最重要的就是当下全心全意的陪伴。

Bogrács这道用又大又深的炖锅烹煮的传统菜色，就是把家人从四面八方呼唤回来的一道菜。当Bogrács完成时，大女儿和大儿子帮忙摆盘，二儿子坐在位子上等着，István抱起小儿子坐好，Fruzi从屋内端着色拉走出来，外公忙着帮小孙子们盛盘，外婆端着热乎乎的面疙瘩上桌。终于大家都坐定了，一家人便手拉手，唱着开饭前的歌，阳光从树叶间洒落在他们身上，突然之间，我们了解到，这就是夫妻俩强调的"有质量的相处时光"——缓慢、悠闲，全心全意的陪伴。就如Fruzi所说："我们也很好奇他们在想什么，学到了什么，感觉到了什么。希望我们的陪伴能打开他们的心，让他们开出属于自己的美丽花朵。"

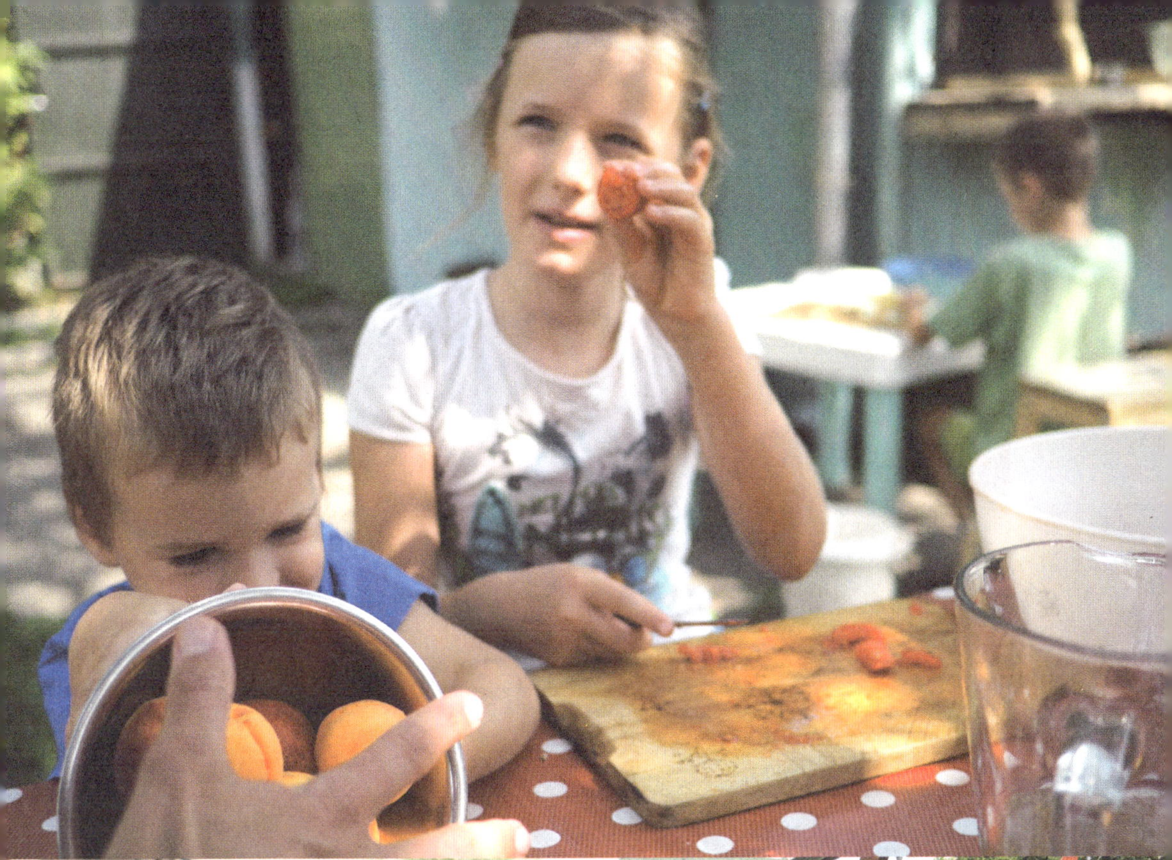
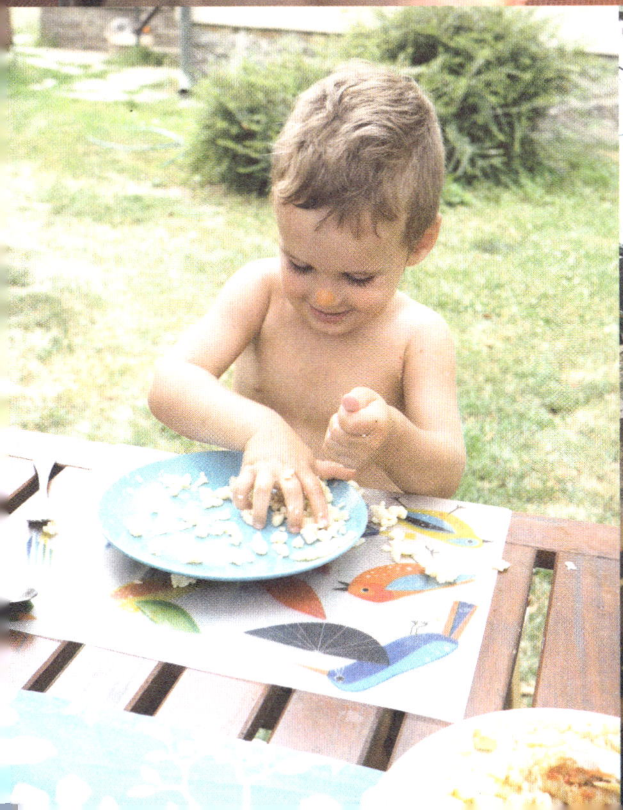
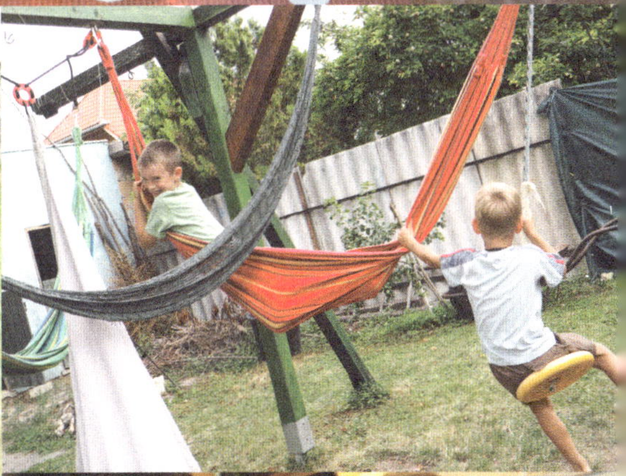
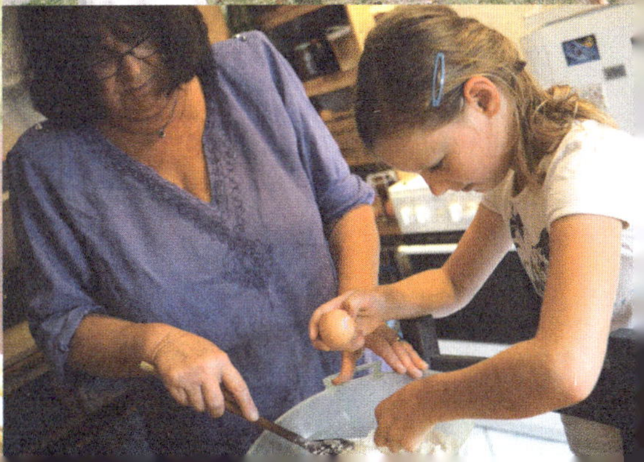

红椒鸡—帕皮卡

材料（4～6人份）

橄榄油 2大匙
西红柿 3个
青椒 3个
鸡腿 1200克
洋葱 2个
匈牙利红椒粉[1]（甜） 1/4杯
面粉[2] 2小匙
高汤或水 1.5杯
盐 适量
胡椒 适量

做法

1. 取一深锅，倒入橄榄油，中火加热，分次加入鸡腿肉，待鸡腿表皮微焦，取出。
2. 锅内多出的油倒出，留下约2茶匙的油量，加入切成薄片的洋葱。
3. 洋葱炒至焦黄时，加入面粉、甜红椒粉，一起拌炒1～2分钟。
4. 切好的西红柿和青椒加入拌炒。蔬菜可自由增加，但建议增加适合长时间烹煮的蔬菜，譬如甜椒、菇类等。
5. 加入高汤，搅拌锅内食材，注意锅内不要有结块。
6. 再加入微焦的鸡腿肉，这时加入盐、胡椒调味，煮沸后调至小火。
7. 盖上锅盖，小火炖煮25～30分钟，至鸡肉熟透变软嫩。
8. 再次将鸡腿肉取出放到盘子上，捞出锅内汤汁多余的油，并再次调味。鸡腿肉放回锅内，小火加热，即可热腾腾上桌。

① 红椒粉分为匈牙利红椒粉和西班牙红椒粉。匈牙利产的红椒粉味道比西班牙产的来得更浓。匈牙利红椒粉有甜、辣之分，甜红椒粉由熟透的牛角椒制作而成。制作此道菜一定要用匈牙利红椒粉。

② 有的食谱在面粉里加入酸奶油，炖煮后汤汁就会变浓稠；有的食谱则不加面粉。

Allt blir nog bra!

Verni

Kaikkea pitää kokeilla!

Sami

OLKAA KÄRSIVÄLLISIÄ ELI RELAX

Susanna

⑪
日常的家庭时光

Country — City
芬兰　　　埃斯波

Sami 建筑工人 26 岁
Jenni 部落客 26 岁
6岁　5岁　3岁

　　　　影响我最深的人，应该是母亲。因为她总是那么好，甚至在我有了孩子之后，她变得更加强大。虽然我很喜欢孩子，但是有时还是会有"我现在不想和孩子玩"的想法，想要放松，做些自己的事情。她却能够一直维持玩乐情绪和精力，陪外孙玩上四个小时都没问题。她真的很擅长和孩子玩，孩子和她在一起总是很开心，她的外孙都非常喜欢她，这是我敬佩她的地方。我希望能像母亲一样"时时刻刻在孩子身边"。就像在我还小的时候，她会带我们去公园，为我们朗读书本，和我们一起玩游戏，很享受和我们相处的时光。

—— Jenni

　　　　芬兰是我们邮轮之行停靠的第四站，和德国一样只停留一天，早晨七点到港，下午四点启航。船抵达首都赫尔辛基时，天气非常晴朗，气温约在 18℃，当地人都穿着短袖 T 恤，来自亚热带气候的我们则需加件薄外套，但到近正午 12 点，薄外套是穿不住的。我们先搭公交车再转地铁到 Jenni 的婆婆家，"我觉得你们的策划非常有趣，便和妈妈分享，请她一起来参与，但她突然说要去旅行。我赶紧问婆婆可不可以，她说'好'。在你们两位抵达前打电话给婆婆说采访的两位小姐 11

点会到。婆婆吓了一大跳,因为她以为是我要她帮忙拍照"。

芬兰的教育举世闻名,从幼儿园到大学全部免费,但针对5岁以下幼儿的日间照顾,还是分为自费或政府补助两种,自费方式依照家庭收入比例调整。很多国家孩子3岁就开始上幼儿园,但在芬兰6岁才可以。6岁以下孩童不是待在家,就是去日间照顾中心或教会俱乐部。3岁的二儿子每周会有三天去俱乐部,从早上九点到下午两三点,他们会唱歌、吃点心、玩游戏,以玩耍为主。

"芬兰的日间照顾机构供不应求。在申请日间照顾时,我们不能选择地点,只能在申请单上填写'希望地点',意思就是不保证是你要的。这也造成工作需要轮班的家长,由于孩子白天、晚上的照顾中心不同,家长得带着孩子跑来跑去的状况。"由于日间照顾机构真的太少,芬兰政府鼓励妈妈在家带小孩或让亲朋好友帮忙带小孩,愿意帮忙带小孩的亲人(爷爷奶奶、外公外婆)、朋友,则会得到一笔政府给的补助款。所以芬兰有些全职妈妈会顺便帮朋友带小孩,不但解决朋友的问题,还多了一笔收入。

首都赫尔辛基有一项从1946年开始已实施了70多年的儿童社会福利政策,就是暑假工作日间(平日),政府担心那些家庭有状况或是父母在上班的孩子缺乏人照顾,便在公园游乐场附近提供午餐给孩子。Jenni说这是确定孩子有东西吃的好方法,而且食物是由有薪资的社工制作,并发给孩子。所以孩子只要到家附近的公园就有东西可以吃。

Jenni和Sami在20岁那年结婚,说起和丈夫Sami相恋的经过,两人略带笑意看着对方。原来他们是在朋友聚会时"一见钟情",认识两天就在一起,交往一个月怀孕,当时Jenni年仅19岁。戏剧化的情节展开,正中我们两位妈妈遗忘许久的少女心,但Jenni双亲可不这么想,仍对这神速发展震惊不已。爸妈一开始很困惑,完全搞不清楚到底发生了什么事,因为她和丈夫真的认识没多久,直到后来孩

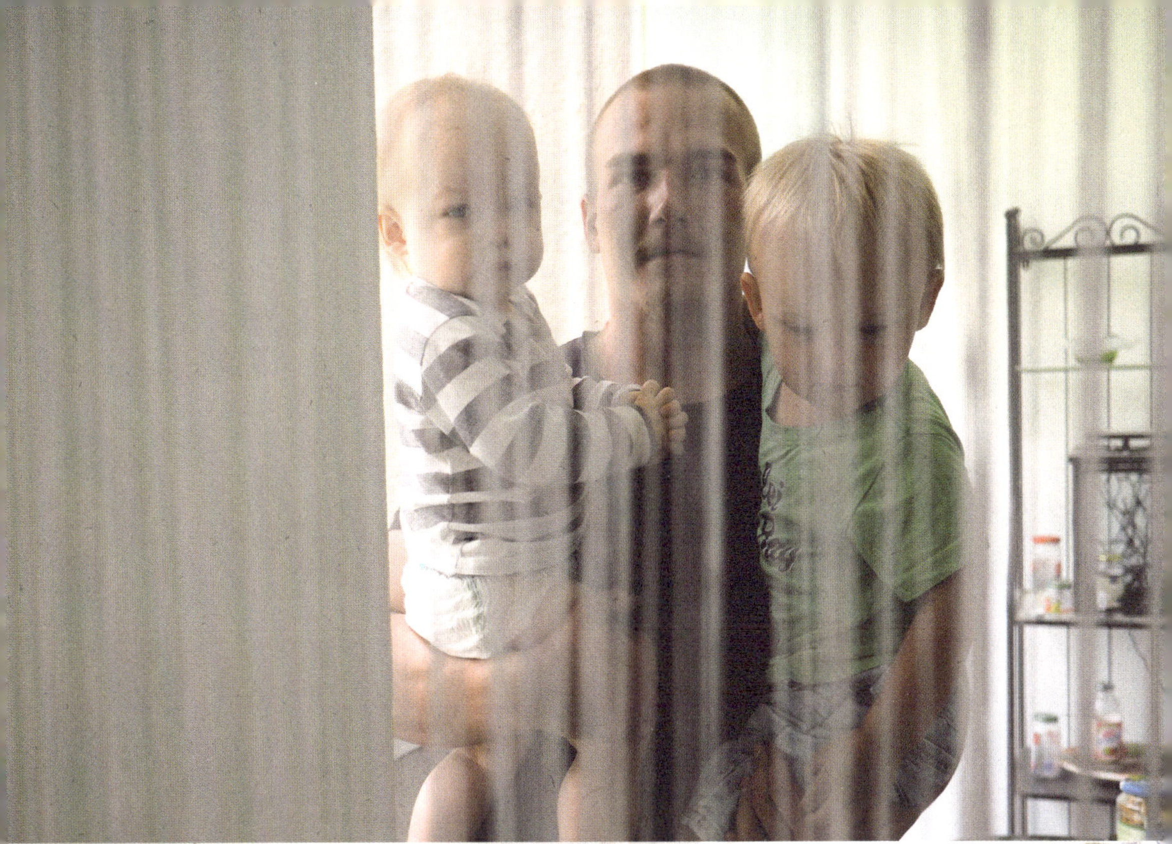

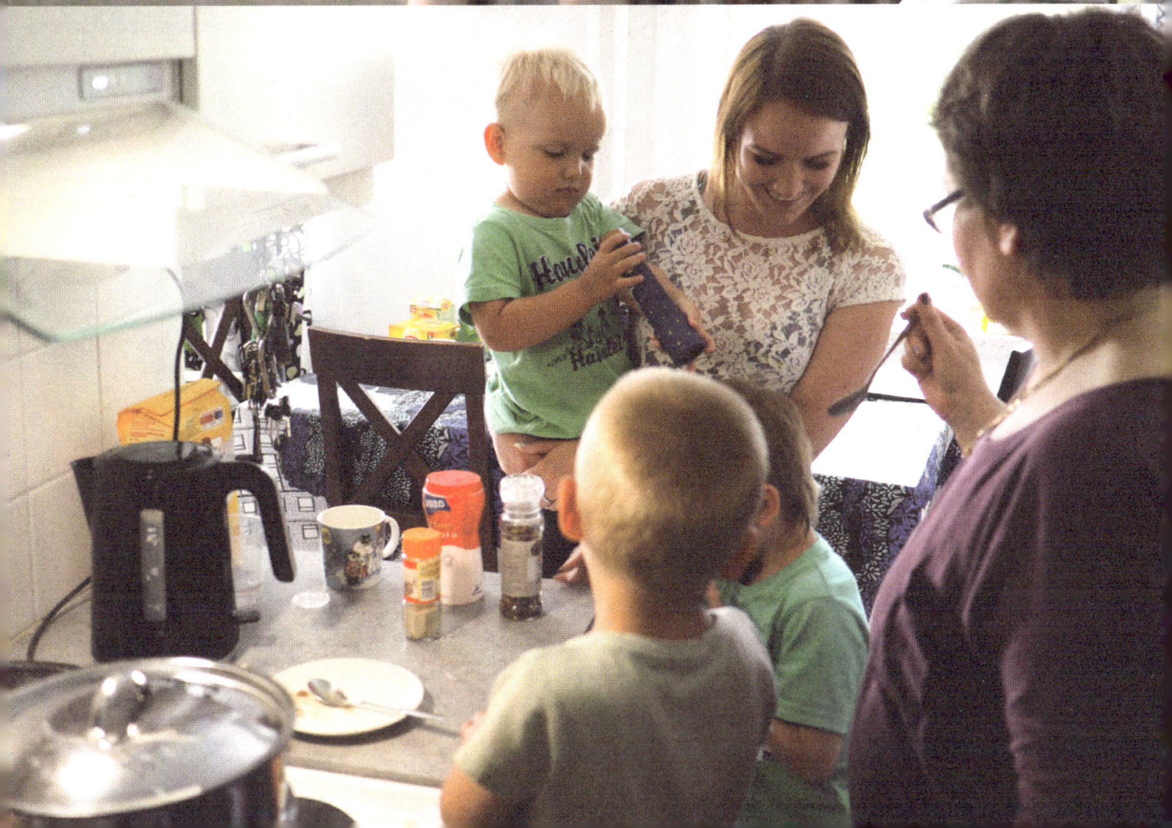

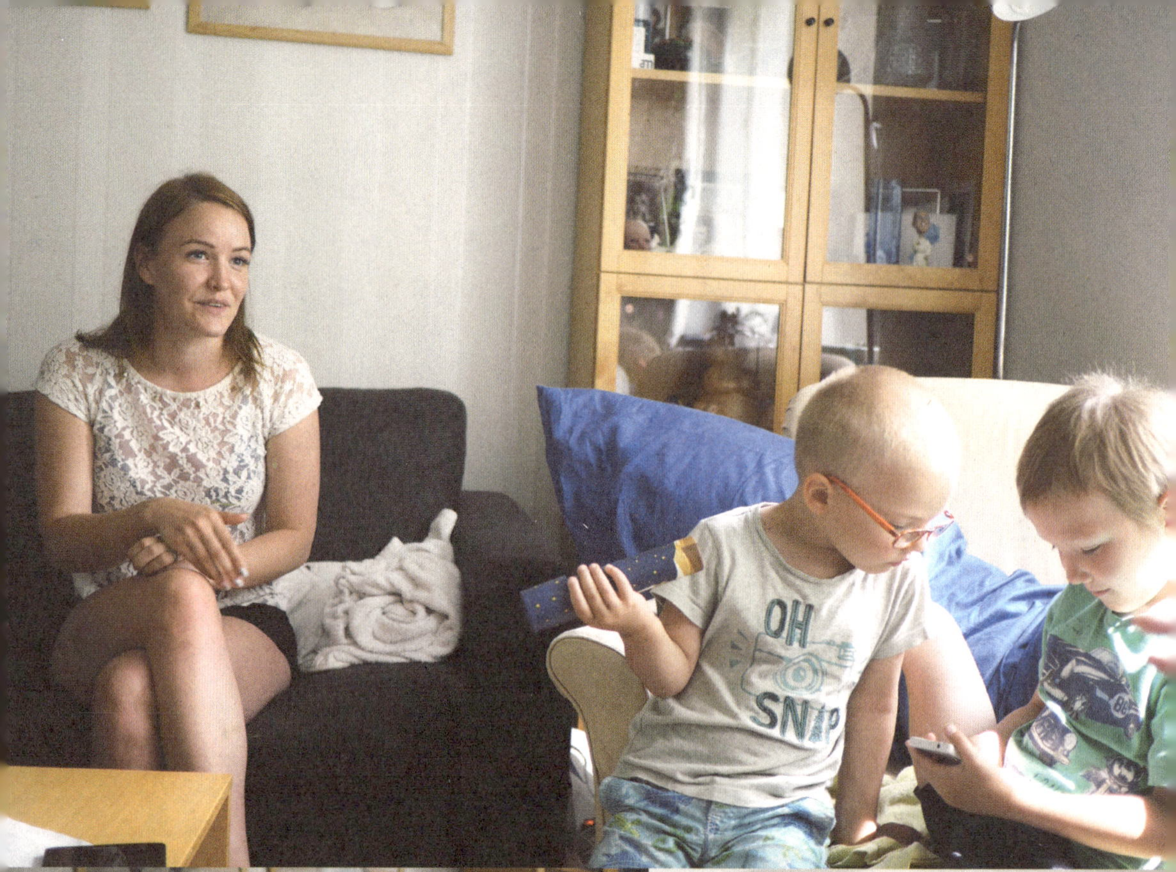
OH
SNAP

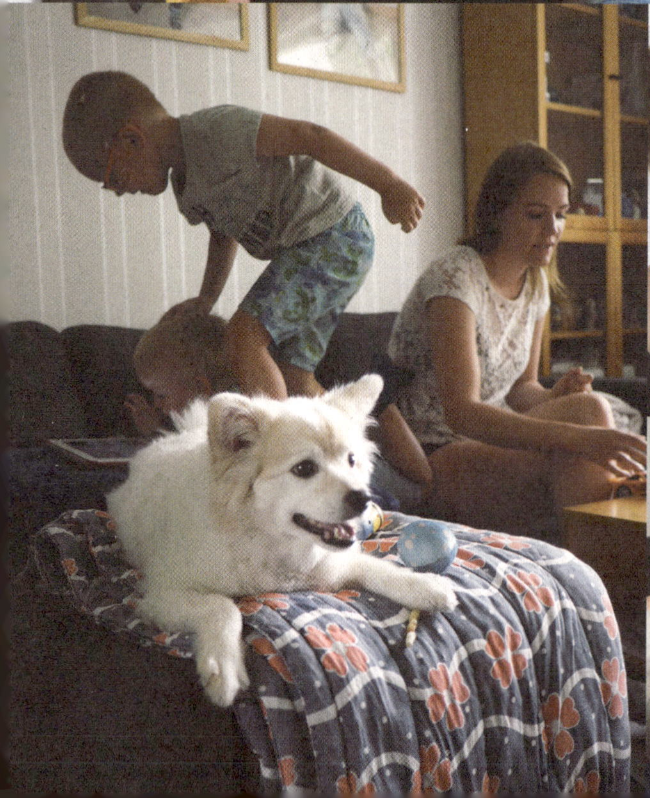

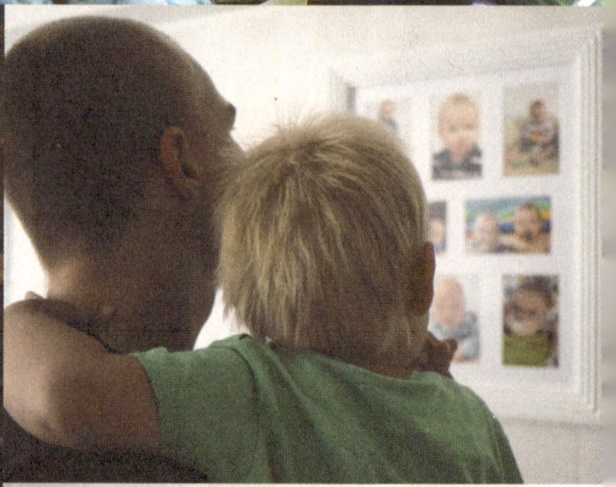

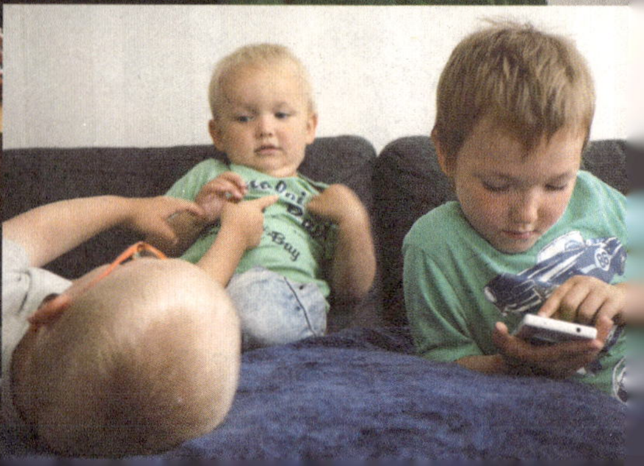

子出生，双亲看着他们用心带孩子，是好父母，便放下担心，转而为他们开心。原来父母只是担心，当时19岁的他们是否真的知道如何养育新生命以及能否担负起责任。

Jenni高中就读国际学校，因为结婚生子，毕业后便没再升学，也从那时开始就是全职妈妈。看着如此年轻的她，忍不住问她未来是否会想再升学或做些什么。"就是当妈妈，像我妈妈一样的妈妈！"听到这句话，虽然我们不是Jenni的妈妈，但身为妈妈的我们，除了被鼓励得内心涌满感动，还被她理所当然的口气所震撼，在我们面前的是内心多么满足的母亲啊！我们追问她会不会怀念婚前单身生活，她说："不太会，因为很喜欢和孩子在一起。但是孩子上床睡觉后，不管是属于自己的或和老公独处的那一个小时对我来说非常重要。"

一个人，没有小孩、没有老公，当然可以做任何想做的事，去想去的地方。但对于一直想拥有大家庭的Jenni，现在的生活就是她的期待。喜欢家庭生活的Jenni和Sami是如何教养三位小男孩的呢？在教养过程中遇到什么问题？他们又是如何沟通与协调的呢？

建立日常生活规则

当还是孩子时，Jenni学习到的最重要的就是"生活常规"。双亲在每天生活中会实践吃午餐、吃点心、去公园玩、回家吃晚餐、稍微玩一下、洗澡、说睡前故事，然后就睡觉的时间表，每天都是如此。她便知道，现在吃点心，等会就要出门，也不会吵着说不去，因为知道每天都会在这个时间出门。这是让孩子轻松学习时间管理的方法。Jenni回忆："当然，我也曾经说'我现在不饿，不想吃'，但双亲会说'那你到下一餐之前都不会有食物'。"由于从小双亲就这么做，所以Jenni学到在用餐时间就是要吃饭。

现在Jenni一家的生活时间表，是晚上八九点睡觉，早上八点起床，九点吃早餐，十二点吃午餐，然后小儿子去睡午觉，下午三点是点心时间，然后出门玩，大约五点或五点半吃晚餐，之后一起做一些活动（阅读、游戏等），接着洗澡，最后在九点前上床睡觉。每天的生活都按表操作，固定的吃饭、睡觉时间，这样孩子就知道每个时间点该做什么。很多人也许会认为，饿了就吃，困了再睡，但她学习到要有常规，孩子不会太吵闹，因为他们知道接下来要做什么，心理上也有所准备。

船到桥头自然直

如今已是三个孩子的妈妈，我们想 Jenni 应该也经历过新手妈妈手忙脚乱的阶段。她却说"我一直相信自己，觉得一切都会变好"。原来是母亲总是对她说"船到桥头自然直，一切都会没问题的"。当然婴儿哭闹，有时难免仍会紧张、担心，但她总是抱着正面态度告诉自己："他们最后都会变得开心，所以没关系。"说起 Jenni 的母亲，Sami 笑着说："她很疯狂。"听到丈夫这么说，她赶紧解释，母亲非常随性，常忘东忘西，比方母亲很正经地跟你讲述某件事情，但会突然转换话题，跳到另一件事，然后搞得大家一头雾水，最后某件事的结果如何，也没人知道。

"船到桥头自然直"这句话的寓意是，不管事情有多困难，只要努力去做，到了某个时间点，自然会往好的方向发展，充满不要放弃、勇于尝试的精神。她希望儿子们未来面对生活也能如此，Sami 也说"你必须勇于尝试任何事"，这是一种生活态度，不努力、不尝试怎么知道自己能走到哪里？世界上有太多值得一试的事。

行为与规矩的养成

夫妻俩在教养孩子的态度上大多一致。就像 Jenni 和 Sami 一样，父亲严格执行常规，母亲比较有弹性，可以接受一些例外。她常对孩子说"如果你不做，你会被惩罚，譬如不可以玩计算机、罚站或假日不能吃糖果"，但当孩子没有做到时，她也没有处罚他们。Sami 会觉得这样不对，他认为"如果你说了，就要做到，不然他们不会再相信你"。她也了解这道理，而且也发现孩子知道妈妈不会处罚他们而赖皮。所以，在要求孩子清理自己的房间，讲了五次也没用时，她会去请丈夫告诉孩子，而孩子一定会照做。"孩子比较不听我的话，不只因为我不会处罚他们，另一个原因就是爸爸平时工作时间较长，回家和孩子相处的时间较短，相较每天在一起的妈妈，他们会比较愿意听爸爸的话，而不是和他讨价还价。"

Jenni 和 Sami 的双亲都注重行为举止要有规矩，婆婆更说最重要的是一定要去上学，然后行为才能良好。长辈当然希望孩子在学校成绩好，但他们真正在意的是孩子的行为举止、待人处事是否合宜，规矩是最重要的事，成绩是次要的。因此，他们平日教养孩子，除了让他们建立日常生活中的一些规矩，也特别注意孩子待人处事的行为表现，期许他们成为自信、独立、体贴的人，更重要的是成为他们心目中理想的自己。"和丈夫在教养态度与想法上都很一致，我们会互相帮助，丈夫是很棒的帮手。"

婆婆养了一大一小友善热情的狗，名叫 Youngpa 及 Sdobe。当我们席地而坐和 Jenni 聊天时，突然觉得嘴巴一阵湿黏，原来是大狗 Youngpa 献上热吻。Jenni 笑着说："Youngpa 很喜欢这样！它喜欢你们。"意外的插曲，惹得大家笑声连连，也让我们真切感受到夫妻俩最重视珍惜的家庭生活是多么温馨。洋溢生活感的屋子摆满孩子们的玩具，Sami 陪着男孩们玩着专属的抛高高游戏，Jenni 坐在沙发上看着笑了，偶尔男孩想到什么，跑来问她，婆婆则在厨房忙着，炉火上滚着每年圣诞节都会做的那道菜肴。对他们而言，这一切、这香气是再熟悉不过的日常。

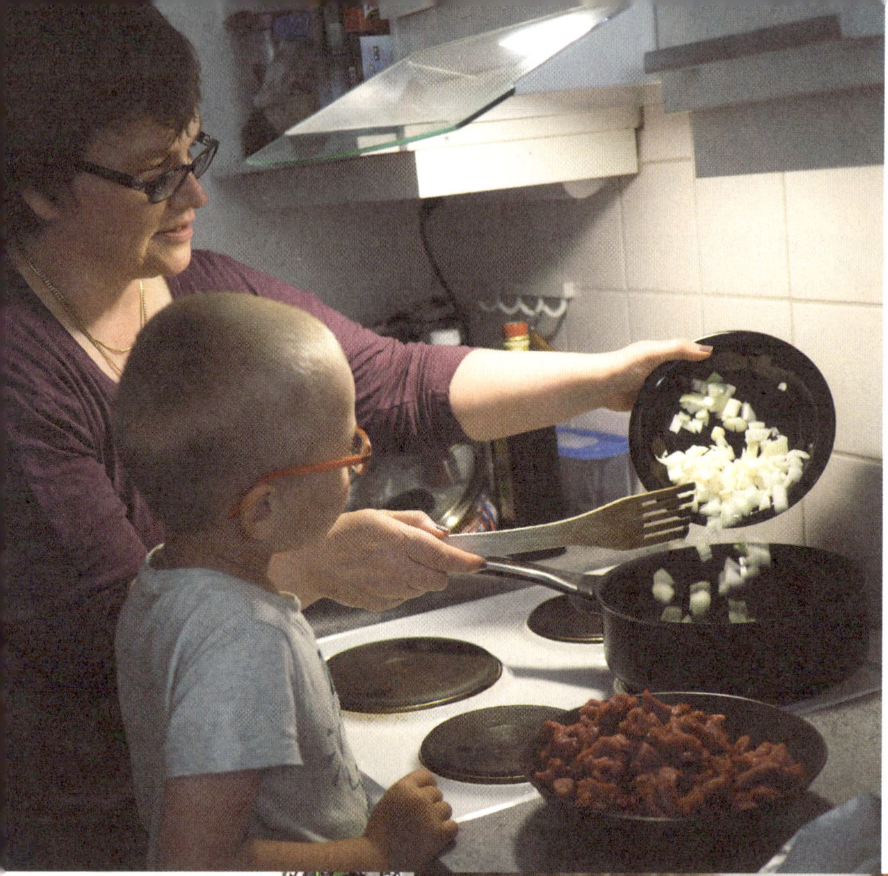

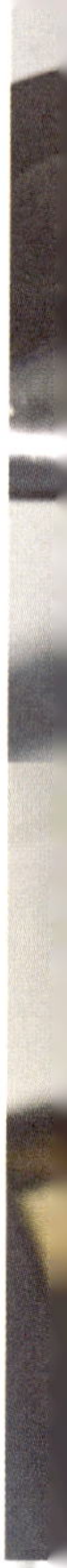

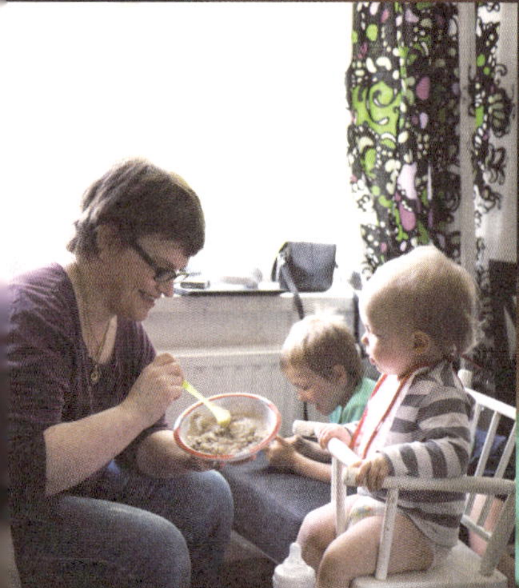

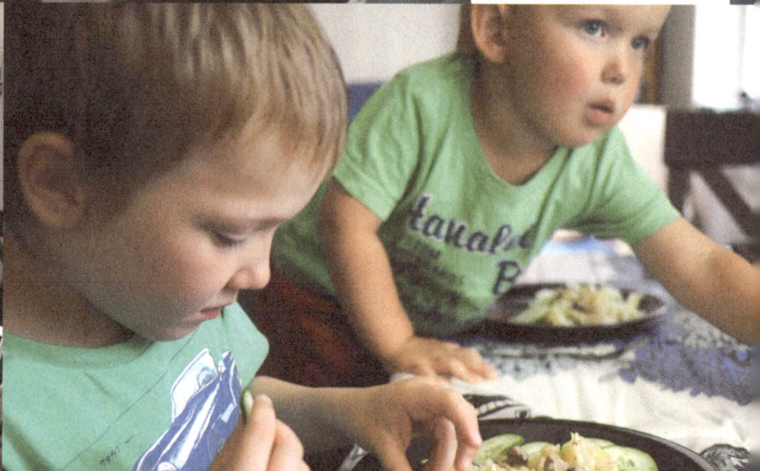

家庭食谱

奶油炖牛肉佐马铃薯

材料

牛肉　1000 克
大洋葱　1 个
黄油　100 克
面粉　100 克
奶油　200 毫升
香料　适量

做法

1. 牛肉和洋葱切成小方块。牛肉切小块，小孩比较好入口。
2. 取一深锅，将锅烧热再加入黄油。温度要持续高温，开中大火。
3. 加入切小块的牛肉、洋葱和香料，中大火烧烤直到所有水分蒸发。
4. 加 1000 毫升水，并将火力调整到中火，盖上锅盖，炖 1.5 ~ 2 小时。
5. 面粉中加入 200 毫升水，搅拌均匀至有点稠，倒入锅中。
6. 火力降至中小火，炖 15 分钟。
7. 再加入奶油，再炖 15 分钟。依个人喜好，可以再加香料。
8. 选择自己喜欢的蔬菜装盘，譬如熟马铃薯、花椰菜、小胡萝卜。

Live a happy and meaningful Life!

Aleksei Bitskoff

⑫

在幻象的世界里
保持一颗
清明开放的心

Country —————————— City
英国 **伦敦**

👤 Aleksei Bitskoff　插画师 39 岁
👤 Anastassia Bitskova　饭店营运管理
👤 Timothy 6 岁　婴儿

> 我们有时候会盲目，看不清事实。我希望孩子能够思想开明，心胸开放，在人生早期就知道自己想要做什么，并有一直追寻下去的决心——当然我还希望他能够快乐。
>
> —— Aleksei Bitskoff（以下简称 Alex）

访问 Alex 一家的这天，我们先去了他家附近由华人开设的小菜馆吃午餐，虽然才刚到伦敦没多久，但连续好几顿飞机餐把胃口都吃坏了，吃一下这个不怎么地道的中国菜还是抚慰了喜欢吃米饭的胃。没想到东方情调一直延伸至 Alex 的家，他拿起一个里面装着一团咖啡色黏黏东西的玻璃瓶给我们看，说要请我们喝。我们都被那团怪东西的长相吓了一跳。"这是 Kombucha（康普茶）！你们不知道吗？来自中国……还是日本的喔。"差点被它的外表骗到！加了冰块的 Kombucha 意外地好喝，像是甜甜的气泡茶。查后才知道，原来 Kombucha 是红茶菌，Alex 说它含有很多有益肠胃的益生菌。

我们两个，一个台湾人，一个香港人，从未听过这种来自东方的"菇"，感觉有点汗颜。这位十分喜爱东方哲学的老外，英文中带着浓重的口音，开玩笑说自己的英文没有我们好。他是来自爱沙尼亚的俄罗斯人，来

133

到英国落地生根，现在和同样来自爱沙尼亚的太太 Anastassia、儿子 Tim 住在伦敦。

我们都叫他 Alex，但他的本名是 Aleksei Bitskoff，是出生在爱沙尼亚纳尔瓦（Narva）的俄罗斯人。Alex 小时候住的地方一河之隔便是俄罗斯，该区居民大都是俄罗斯人，他们也不怎么会讲爱沙尼亚语，因为小时候上的是当地俄罗斯学校。父母和兄弟先后移民到英国，Alex 完成学业后也在 2001 年到了伦敦和家人团聚，也希望人生有不同的发展。到伦敦后他才正式学习英文，当时还到处打过一些像是餐厅和宴会侍应、火车清洗工、油漆工等的零工。可是 Alex 希望继续学业，那时在他面前有两个选择，一个选择是去伦敦大学亚非学院（School of Oriental and African Studies）念佛学，另一个选择是去伦敦传播学院（London College of Communication）修读插画课程，他选择了后者，现在是自由插画家，为许多童书创作插画和设计封面。

学校是一回事，人生又是另一回事

Alex 跟我们说爱沙尼亚的基本教育是九年，之后年轻人可以选择工作或是继续升学，如果打算读大学，就要继续念到 12 年级。评论起当地教育，Alex 认为爱沙尼亚的学校提供十分广泛的教育，培养小孩拥有多方面的知识，但他也觉得小孩有时反而不清楚自己的喜好，不知道自己该朝哪方面发展，他自己年轻时也曾经迷惘过。大学时他念俄罗斯语言和文学，这个系的学生毕业后通常是去当老师，所以 Alex 第一份工作也就是教书，没想到在命运安排下却成为英国插画家，他有感而发："学校是一回事，人生又是另一回事。"

Alex 从小就爱画画，也得到父母支持，父母除了鼓励他上艺术学校，还送他去音乐学校学习小提琴，试着帮他找出自己的潜质和喜好。他苦笑说："我不喜欢小提琴，每天上音乐课时都希望看到学校

Live a happy and meaningful Life!

Alexsei Bitakof!

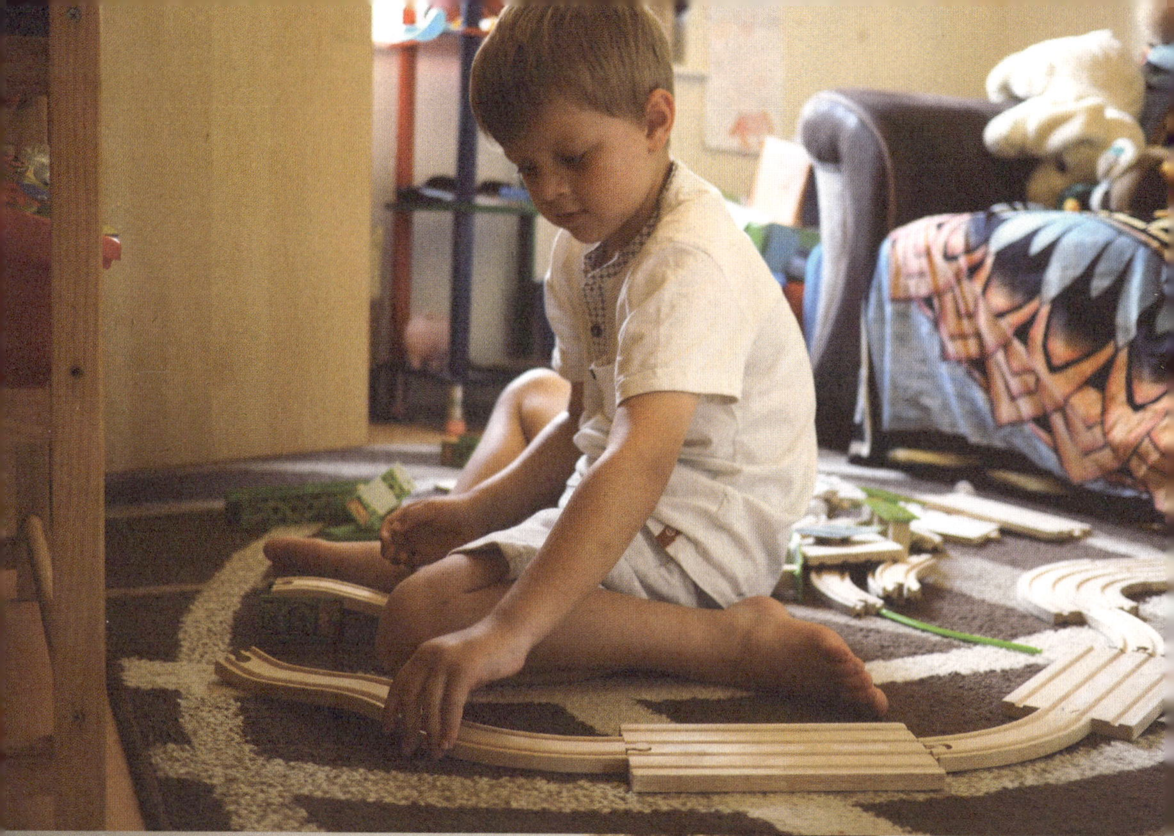

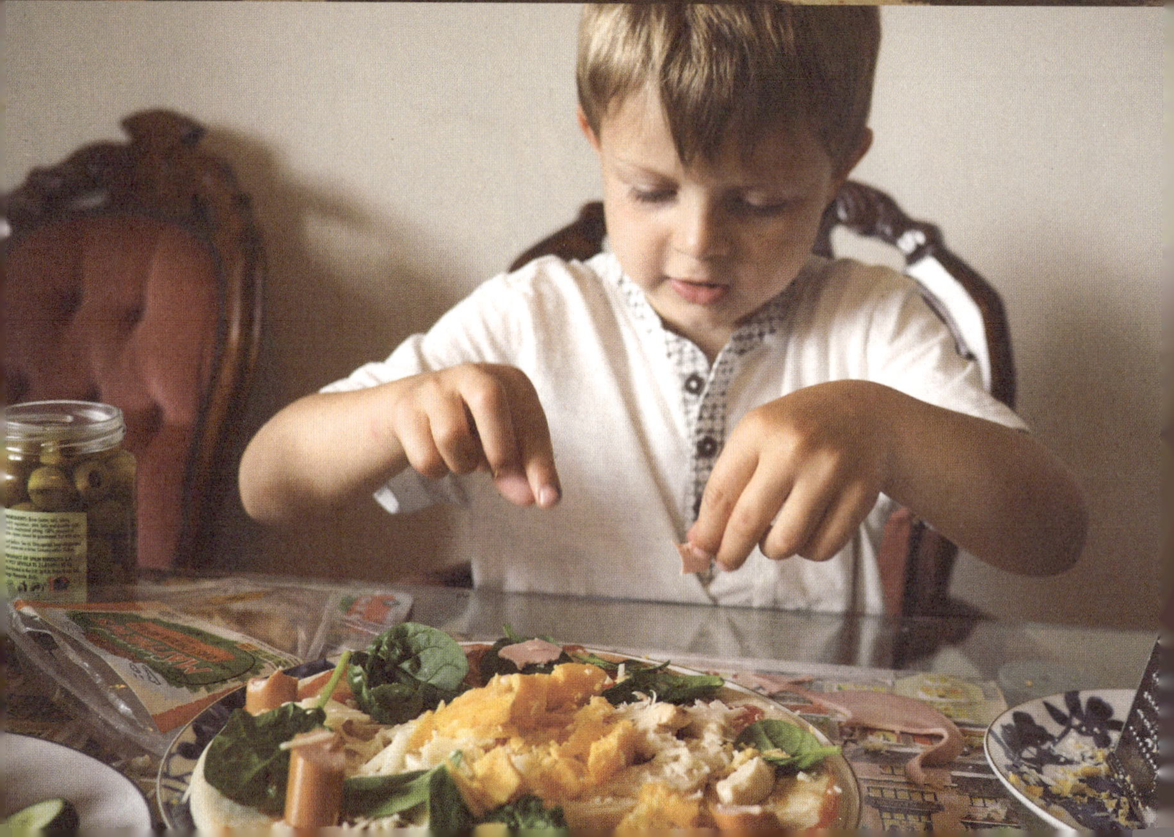

门口贴着老师生病的告示。"如果课业落后了,爱沙尼亚的学生也一样会在下课后去补习。Alex整体的学业成绩尚可,唯独数学比较差,还好,父亲精于数学,可以帮他补强。成绩不好父母当然不开心,不过"母亲不会强迫我们日后一定要做什么,但会建议方向"。Alex的青春期正值苏联解体后的20世纪90年代,爱沙尼亚成为独立国家,在那个年代成长过来的东欧人,生命大抵都经历过一番历练。那时的社会和经济环境比较差,当时Alex的父母也忙于生计,后来家人移居英国,他独自留在爱沙尼亚,便要自立自强,现在回头看是好事。

与佛结缘,了解世界是个幻象

除了父母,还有一些人也大大改变了他的人生哲学。大概在15岁时,学校的一位体育老师让他第一次接触到瑜伽,"由此我开始对东方哲学感兴趣,例如佛教、禅,我也学习合气道。这些教我冥想或武术的老师都对我产生影响"。一开始最吸引他的是佛教"空"的概念,"一切都是空无,世界是个幻象,哇!我觉得好酷。它是你思想的食粮,让你思考更多"。他到过印度、中国西藏等地参观佛寺圣地,多年来和太太都保持冥想的习惯,"打坐时我们会把注意力集中在呼吸上,你的意识变得清楚,思考变得清明,脑袋好像有更多空间让思想进入,但你不会随它们游走,完全处于当下,生命便源自此时"。佛教思想影响了Alex的世界观和工作,他觉得艺术和佛教有许多有趣的联结,当他投入画画时会进入一种心流的状态,跟冥想很相似,他感受着当下与人生,同时也在为别人创作有意义的作品。

家庭"煮夫"的创意菜肴

Alex和太太吃素多年,但并没有刻意让儿子Tim成为素食者。由于太太要上班,平日儿子的早餐和晚餐都是他在做。尽管5岁的

Tim 长得个头大，但有时就是不愿意好好吃东西，这是让 Alex 和 Anastassia 比较头痛的地方。Tim 喜欢喝汤，Alex 会用鸡肉鸡骨加上卷心菜、甜菜等熬成汤给 Tim，让他下课回家时喝，当然也少不了家乡的罗宋汤。问到他自己小时候有什么关于吃的回忆，Alex 脑海第一个浮现的画面就是："我不喜欢吃胡萝卜，常常把它从汤里面捞出来偷偷丢在地上，疯了！"现在成为人父，他便想尽办法让儿子吃得健康。对于有偏食习惯小孩的父母，Alex 有个经验分享："如果小孩不喜欢健康食物，比如花椰菜、菠菜，我会加入椰奶、香蕉，用果汁机打成果汁，小孩觉得好喝但并不知道那些就是他不喜欢的食物。"

访问当天，三口子（Anastassia 当时肚子里其实还怀了个小宝宝）为我们烤了一个 Alex 口中"虽看起来像'黑暗料理'，但味道不错，我们可以尝尝看"的比萨。虽然比萨不是健康食物，但他觉得好处是可以让小孩跟大人一起动手煮东西。为了儿子的健康，Anastassia 也改变习惯，听从牙医的嘱咐不再常买甜食给 Tim。在家里 Alex 充当白脸，Anastassia 则扮演黑脸："太太比较严厉，我相对比较自由宽松，如果两个人都严厉或太放任都不行，要平衡。"

时间有限，爱无限

本来不是特别喜欢小孩的 Alex，没想过自己有天会成为父亲，当爸爸后最大的改变就是成为更负责任的人，"儿子让我变得更成熟，更能了解别人的感受，自己会成长为更好的人"。Anastassia 则自觉变得更有耐性，提醒自己不能用对待大人的方式来跟儿子讲话，如果要改变孩子的行为，与其用禁止的方式，倒不如花点时间耐心地跟小孩解释背后的原因，"就算他已有自己的主见，已经很会跟你讲故事，但他也还只是个小孩子"。夫妻觉得教养上最大的问题，是时间。这个年纪的小孩很需要大人的关注，但当 Alex 要工作或者太太下班回来也蛮累的时候，他们可能会忽略儿子的需要，"只能尽量抽时间啰。Tim 喜欢画画，我会陪他一起画，或者跟他玩柔道，打打架"。除了上学，Tim 现在一星期一天要上游泳课，一天上柔道课，正因为平日要接送小孩，自己难有完整的时间，因此 Alex 都把工作安排在周末进行。还好，Alex 的父亲就在附近上班，有时会帮忙接 Tim 下课，周末也会带他去附近的农场玩。"我父母有点太宠小孩，有些事情小孩自己会做，比如穿衣服，但他们就是要帮他做。"天下祖父母都一个样吧。Alex 和 Anastassi 在 2016 年搬到克拉珀姆区（Clapham），一方面可以跟父母住近一点，也因为他们希望 Tim 能就读该区某所学校，虽然后来没考上，但是他现在读的学校也不错。家长找学校可以参考英国教育标准局的报告对学校做出的评分，就知道哪家学校比较好。Anastassi 说："有些家长为了孩子能上好的幼儿园，甚至在小孩还没出生前就已经申请了，就算是排候补名单，可能也要等上两年。"望子成龙的心态也不只是华人独有，这是在伦敦访问了两个家庭后的感想。

Alex 曾在爱沙尼亚塔林的 Ted 上发表演讲，主题是"如何让自己进入创造力心流状态"，分享他的宗教和创作观。作为创作者，他会不会特别希望儿子跟自己一样充满创意？"我觉得每个人都有创意，只是他们自己不以为意而已。我反而希望 Tim 能成为善良、思想开明的人，如此他才能看到自己有各种不同的选择，拥有不同的想法，不会故步自封。"

七月初的伦敦晴空万里，和我印象中有点出入，躺在格林尼治公园偌大的草地上，看着在练习的杂耍艺人、喁喁细语的情侣、牵着小狗的小孩，抑或散落在各处像我们一样在发呆的人们，大家都以草地为床，蓝天为被，顿时觉得世界真的很大——每个人都有自己的舞台和天空。如 Alex 说的，每个人都有创意，要打开脑袋去接收，睁大双眼去观看，别自我设限。

好健康猫头鹰吐司

家庭食谱

材料

全麦面包 2 片
火腿 2 片
小黄瓜 1 根
葡萄 几颗
四季豆 4 根
渍橄榄 2 颗
香肠 1 根

做法

1. 面包切成一个大三角形，与两个小三角形。
2. 大三角形摆中间，当猫头鹰的身体。
3. 左右各放一个小三角形当翅膀。
4. 火腿切成两个大圆形，小黄瓜切薄片，葡萄切一半，当成眼睛。
5. 中间放上切了一半的香肠当鼻子。自由装饰其他四季豆、葡萄、橄榄。

创意大自由比萨

妈妈太忙的时候,就买现成面团吧!方便快速,材料可以让小孩自由发挥,创意不打折。

材料

现成比萨面团 1个
鸡肉片 适量
香肠 适量
干酪 两种
西红柿酱 适量
小菠菜 适量
火腿 适量

做法

1. 在面团上涂上一层西红柿酱。
2. 随意加上鸡肉片、香肠、火腿、小菠菜等材料。
3. 最后撒上一层干酪,放入烤箱,200℃,烤20分钟。

tu peux le faire

13 你做得到！

Country — 法国
City — 格勒诺布尔

- Sylvain Woets 餐厅主厨
- 蒋国英 老师
- 17岁 8岁

> 影响我最深的是外公，他话不多，却给我许多启发。他从不慌张，做事很慢，也从没有看过他慌张地奔跑，就像大象一样，动作缓慢，但坚定又强壮。
>
> —— Sylvain

卖掉在法国东南方格勒诺布尔（Grenoble）经营七年的 Chez Nous 茶馆，决定跟着老婆、小孩到中国台湾休息一年的法国菜主厨 Sylvain，在闷热多梅雨的六月天坐在家中，笑着对我们说："这是十年前的决定了。"

法国主厨，爸爸的期许

Sylvain 对于个性与喜好不同的两位女儿的期许是"You can do it !（你做得到！）"。能做到什么呢？就是希望她们能够做到两件事：一是了解他人；二是做事有毅力。

——了解他人

在未来的道路上，女儿们一定会碰到形形色色的人，也许第一次见面的人，就对你大吼大叫，你不知道为什么他会这么做，为什么他这么笨，但要试着去了解为什么，不要太快下判断，因为你不知道他的背景，不知道他经历了什么，也许他刚失去工作、跟男\女朋友分手等。这不是给对方找借口，而是去搞清楚原因，如果失败了，再试一次。再一次尝试，是给对方机会，也是给自己找出原因。当然，如果对方真的很笨，那就不要理他。

——做事有毅力

Sylvain 认为生活是不轻松的，世界总是与我们作对，阻止我们往前进。因此，当你失败，千万不能将失败视为理所当然，而是要努力再试一次。他讨厌借口，为失败找借口是懒惰的人才会做的事。因为完美的世界是不存在的，而让世界变好的方法，是改变你思考的方式。

当我们问到，如何教导或告诉女儿这两点时，他说"我不用说的，是用行动让她们了解。"因为，小孩会复制大人的行为，尤其是父母，以身作则非常重要。Sylvain 提到，最近受邀至东区一家手工比萨餐厅当行政主厨顾问，负责厨房的教育与管理，他第一天进厨房，看到凌乱的工作台，他并未发火，而是先把工作台清理干净，将厨具有条不紊地摆放好，在工作时，一切都有条理，不久之后，厨房里其他人就跟他一样了。他说："当然我也可以一进厨房就直接发火，对大家吼，这是传统的方法，但我不认为这是做好事情的方法。"

态度从小培养起

有着如此积极生活态度的 Sylvain，从十年前决定到中国台湾休息度假，就一直在教这里的莘莘学子做正统的法国菜，专业如他，他也曾犹豫是否要成为厨师。在法国的教育体制下，十三四岁时，就得

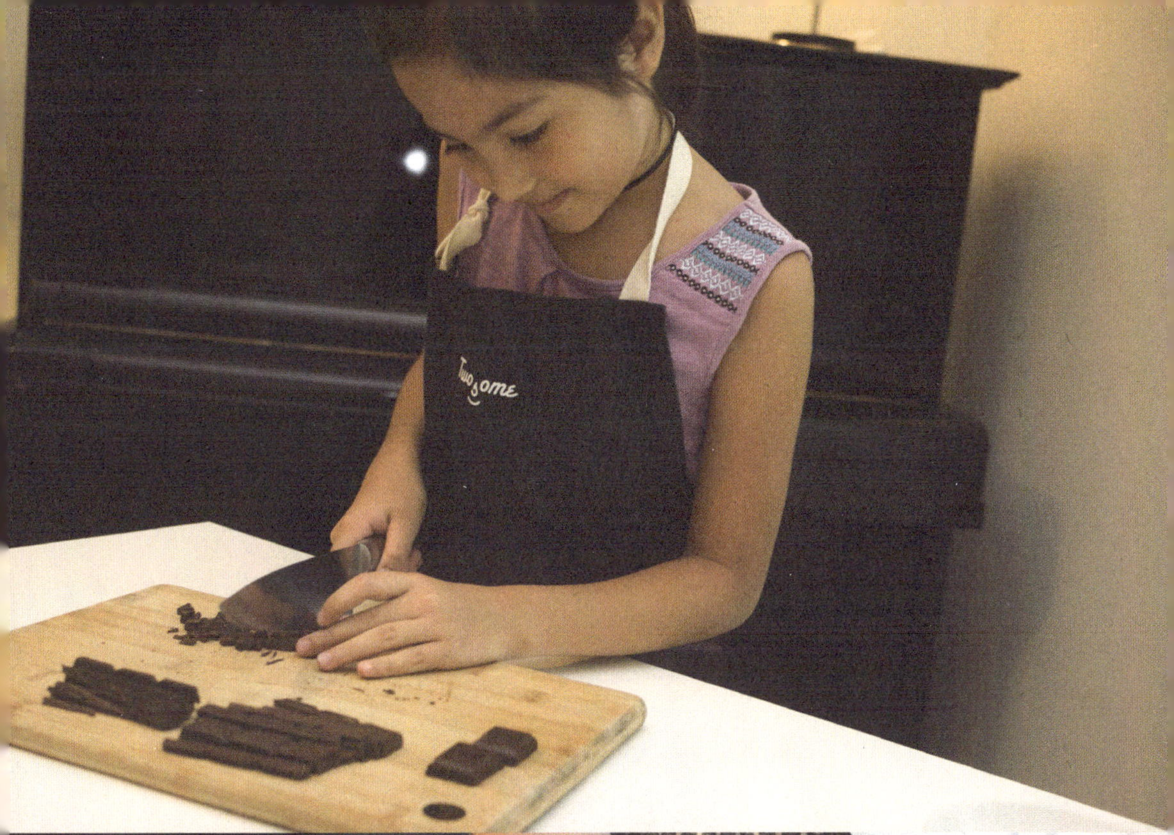
Twosome

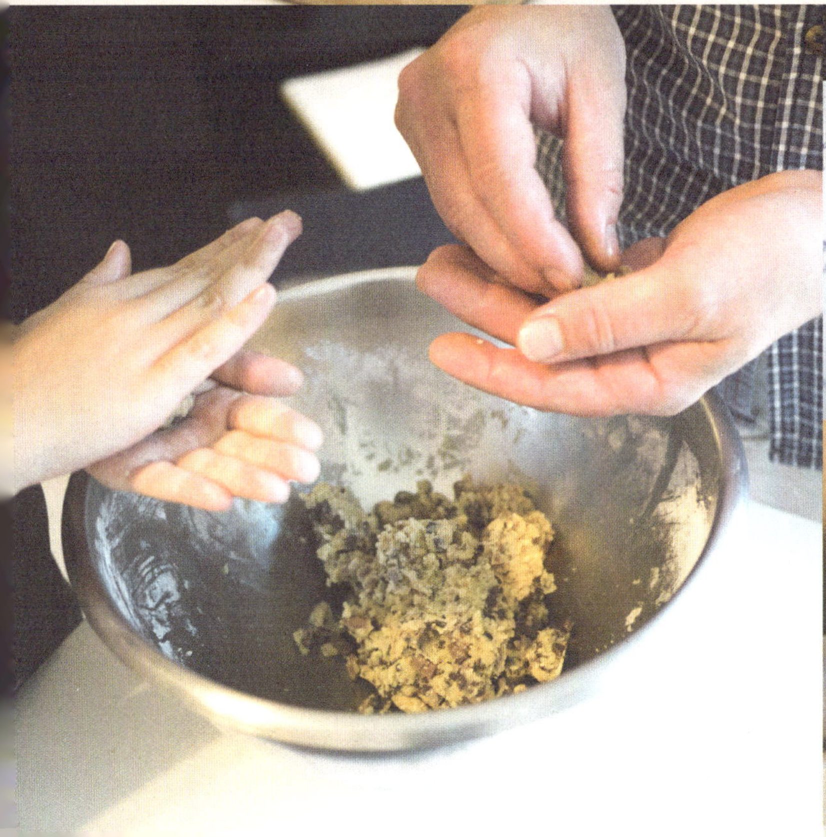

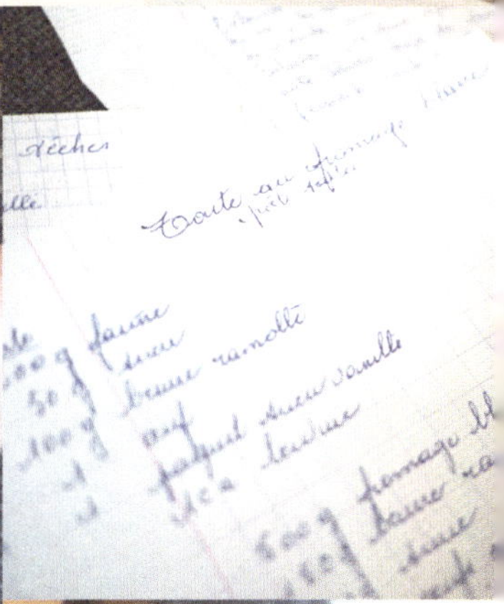

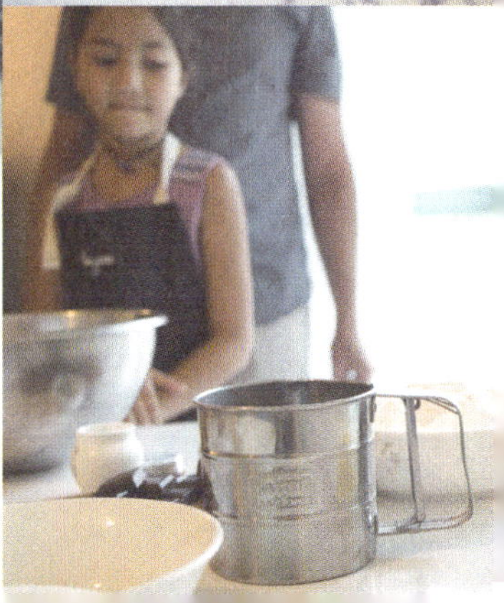

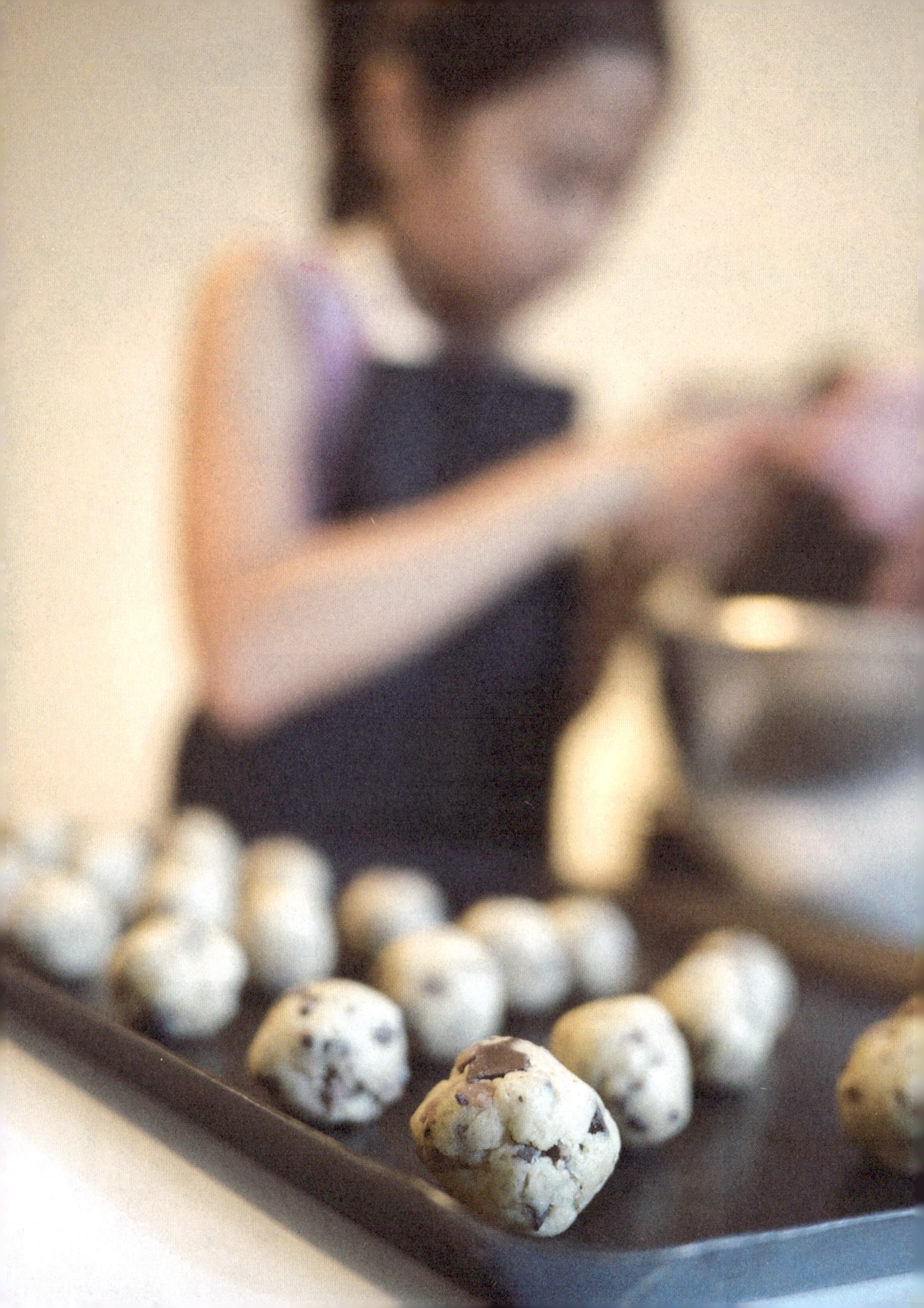

决定是否继续升学或是转至专业（职业）学校学习。那时 Sylvain 并不是在升学与转至专业学校两者之间犹豫不决，而是在艺术或烹饪领域之间难以抉择。

会有这样的问题发生，要从家人对他的影响说起。他的父亲是常年驻守海外的海军人员，母亲则是忙碌的职业妇女，童年陪伴他的是以木匠工艺为业的外公、擅长做蛋糕的外婆，以及很会做派的阿姨。外公虽然话不多，但在他小时候，长达十年的时间里，只要到了暑假他都会花一个月时间，开着露营车带着他到处旅行；很会做饭的外婆，总是在厨房里做着他最喜欢的菜品，也让他在菜园里发现食物的美好；开朗活泼很会做派的阿姨，总和外婆在厨房里忙进忙出，让他在肚子饿时，总有吃不完的美食。长年在外的父亲，因为周游列国，经常带回异国食材或菜肴，当然不是每次都很美味，却总有惊喜。

在环境的熏陶下，Sylvain 除了拥有艺术与烹饪的基础，也怀抱着强烈的兴趣。花了两年时间，才决定往烹饪专业发展，他说："其实烹饪和画画是一样的，一个是在盘子里画画，另一个是在画布上画画。"一旦确定了方向，随即开始一周上学两天，剩下的五天，则是朝九晚八在餐厅工作，虽然日子过得辛苦，但努力后，得到的一切都是值得的，"这样才是训练厨师的方法，绝不可能在学校训练出好厨师的。"于是，他在 18 岁取得了专业厨师的学历，并开始周游欧洲各国工作。

家庭食谱
巧克力饼干

材料

奶油 115 克
低筋面粉 220 克
鸡蛋 1 个
砂糖 130 克
香草精 1 匙
矿盐 1/2 匙
咖啡粉 1/2 ~ 1 小匙
巧克力 220 克

做法

1. 奶油放于室温软化，低筋面粉过筛，巧克力切碎，备用。
2. 将软化的奶油放入大盆中，搅拌开来，再加入砂糖，搅拌至变白变膨松。
3. 依序加入盐、咖啡粉、香草精、鸡蛋，搅拌均匀。
4. 加入过筛后的低筋面粉，搅拌均匀，
5. 最后加入切碎的巧克力，搅拌成面团。
6. 将搅拌好的巧克力饼面团搓揉成大约 10 ~ 15 克的小圆形，放在烤盘上。摆放要有一定间距，因为面团里的奶油会在烤箱内融化，让面团变扁变大。
7. 把摆放的巧克力面团，送进已经预热好的 140℃ 的烤箱内，分两次烘烤，每次 10 分钟。

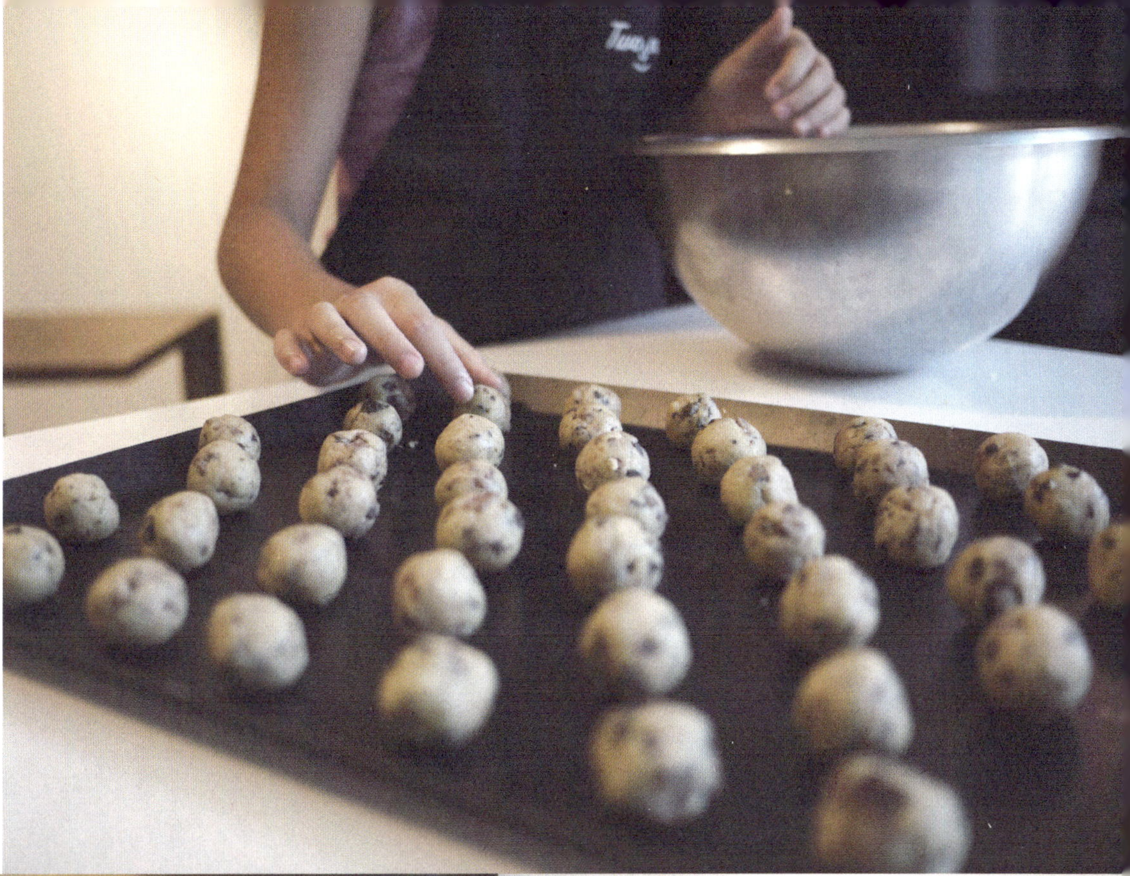

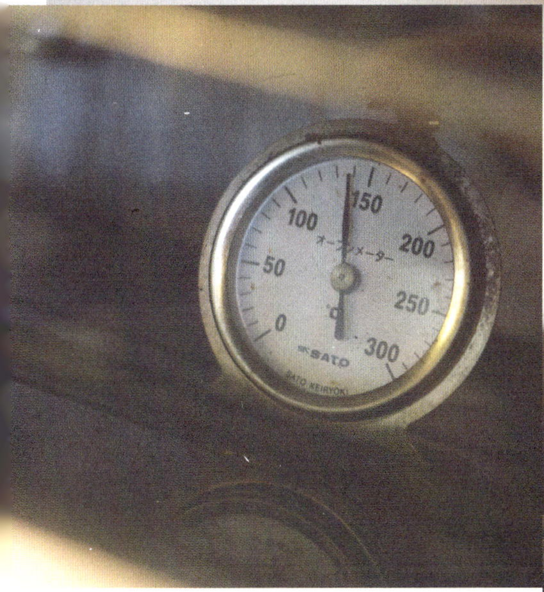
100
150
200
50
オーブンメーター
250
0
℃
300
SATO

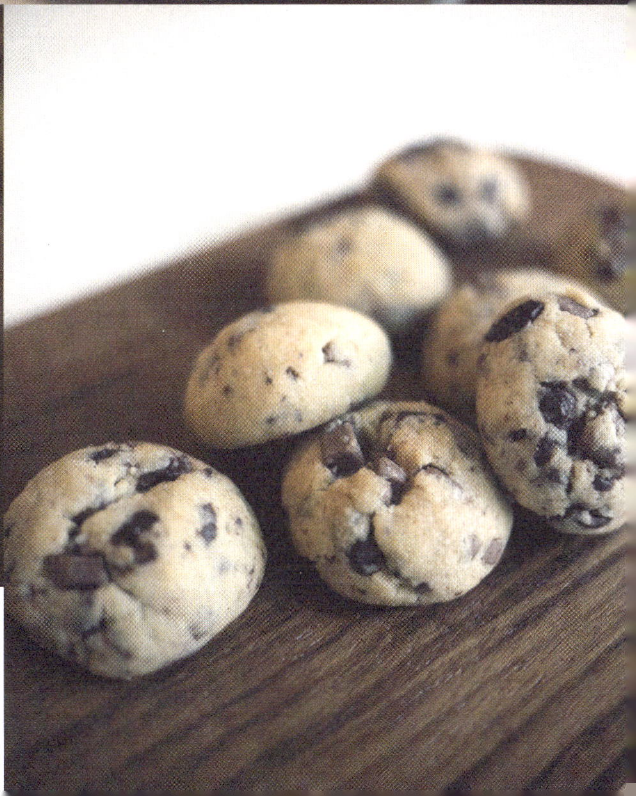

沿途景点

巴黎亲子漫游

Paris, France

　　在巴黎，时间就像被精灵拨慢了一样，我们漫步在容易迷路的街道上。河边和公园都是或躺或坐的人们，跟我们一起，和当地人做伴去亲子漫游吧！

10:30
■ 巴士底市集（Marché Bastille）

如果周四或周日早上想逛逛市场，巴士底市集是个不错的选择。它与鼎鼎大名的巴士底广场连在一起，就在巴士底站旁，坐地铁就可以直达，十分方便。里面从最基本的新鲜蔬果、海鲜、熟食饮品到二手杂货、创意手作都有，琳琅满目。在成排的林荫下，可以看到爸妈推着或牵着孩子，在其间穿梭试吃，中间还有小小的滑梯可以让孩子玩乐一下。建议就买个法式可丽饼在这里野餐吧，吃饱喝足了再到文艺气息满满的玛黑区走走。

8 Boulevard Richard Lenoir, 75011 Paris, France
周四 07:00—14:30，周日 07:00—15:00

13:00
■ 选品店 Bonton Coiffeur

这是间妈妈可以好好挑衣服，放心让孩子玩玩具的选品店。从巴士底市集沿着 Rue Amelot 这条街往北走，再转到 Boulevard des Filles du Calvaire 大道，约 11 分钟就到，坐地铁 M8 也不用换车。这独栋的儿童选品店，小小招牌不起眼，但里面别有洞天，风格雅致。一楼卖儿童服饰，任君挑选，B1 则有小朋友的家具饰品，也有玩具和书籍。选个舒适的座位，小朋友可以窝着读书画画。最特别的是，一楼还有儿童专属的像明星的剪发区，根本就是遛孩天堂。穿过街口的 Rue de Poitou，就是超文艺青年的选品店 Merci。中午过后，就在这享受文艺气息吧！

5 Boulevard des Filles du Calvaire, 75003 Paris, France
周一至周六 10:00—19:00，周日公休

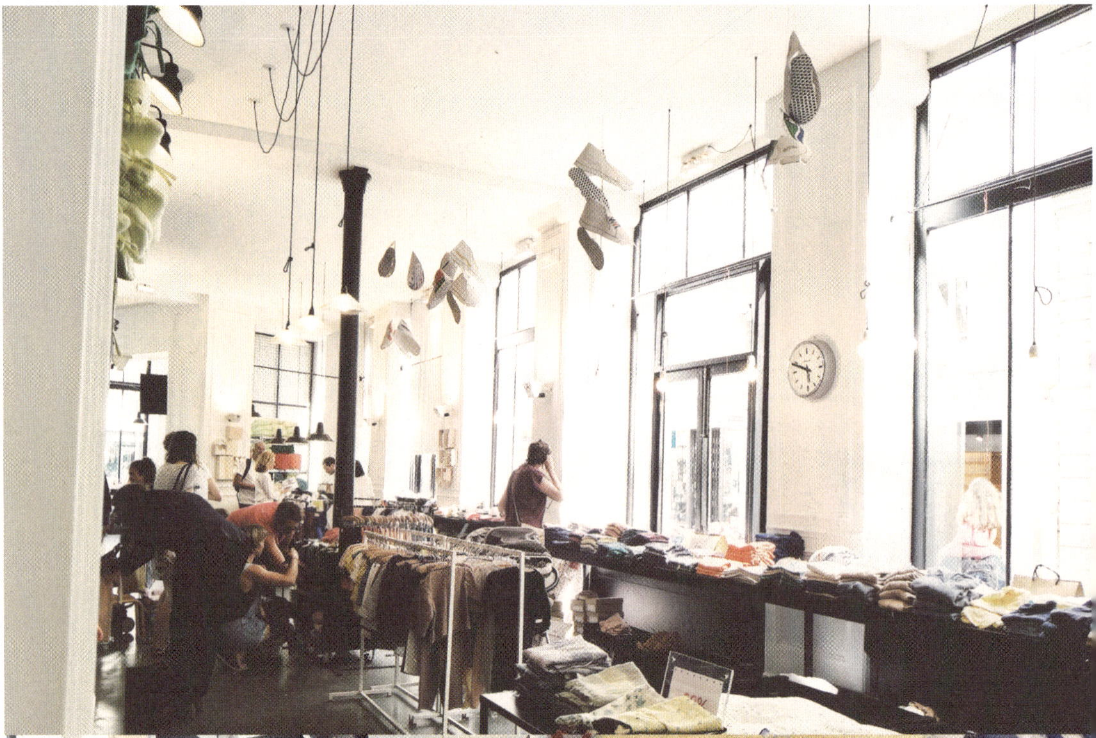

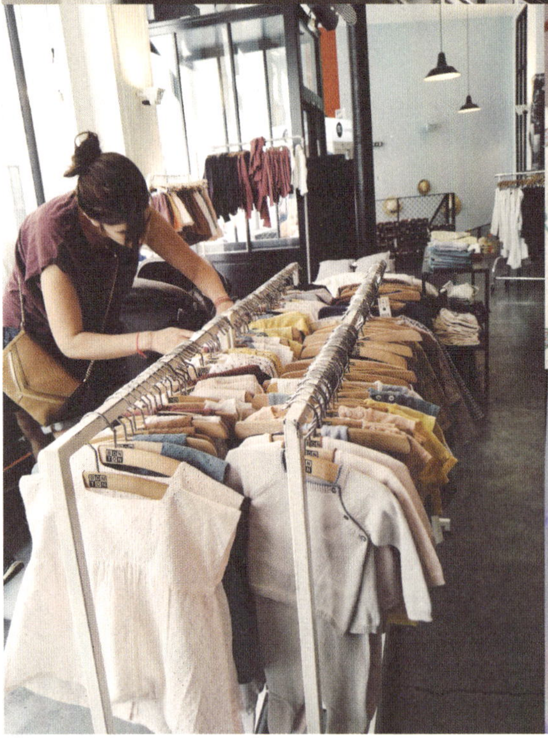

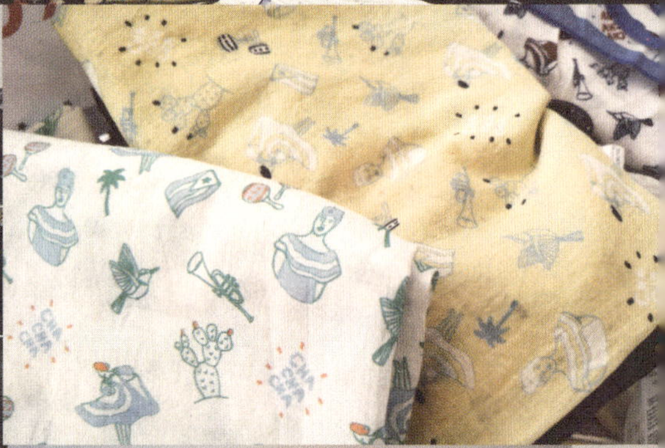

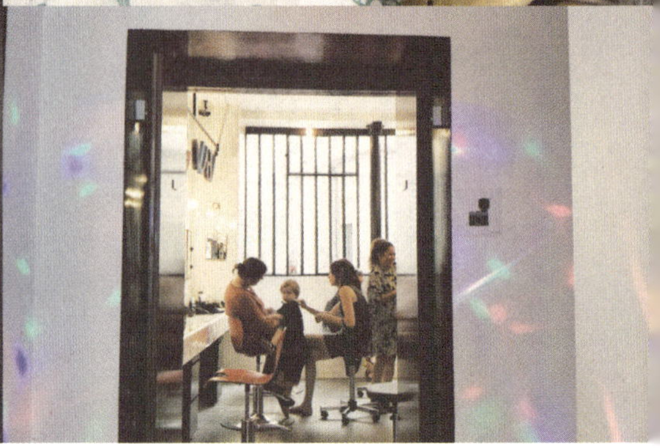

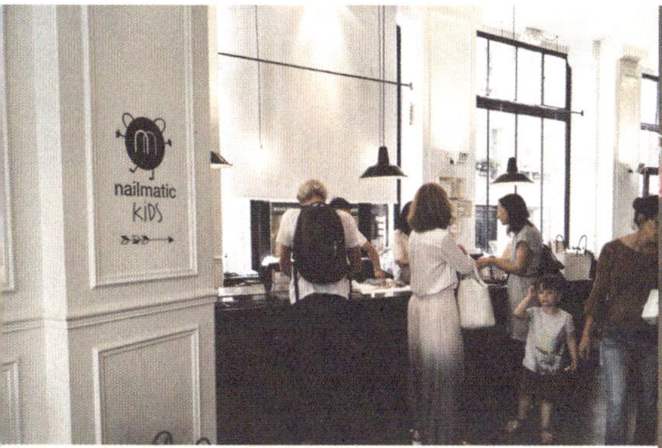
nailmatic
KIDS

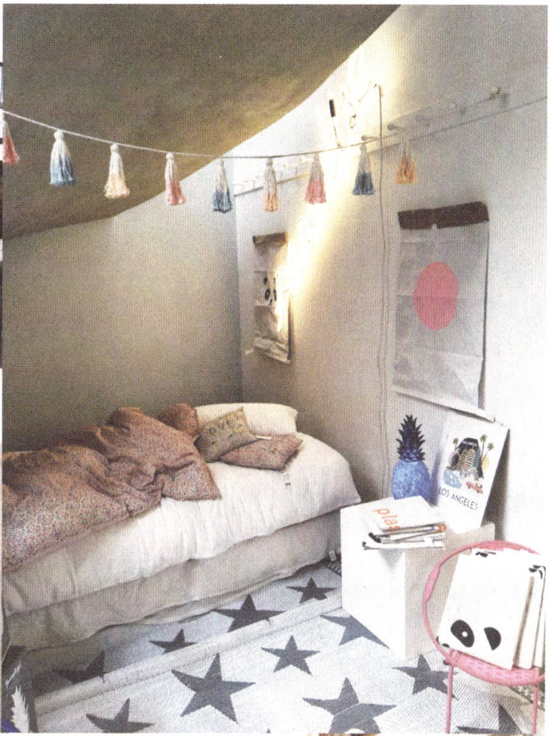
LOS ANGELES

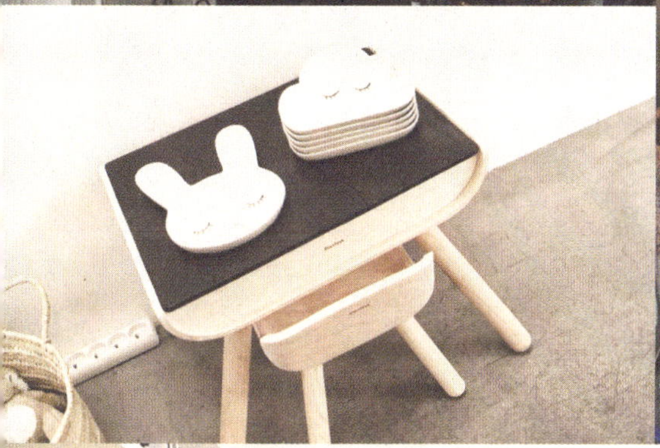

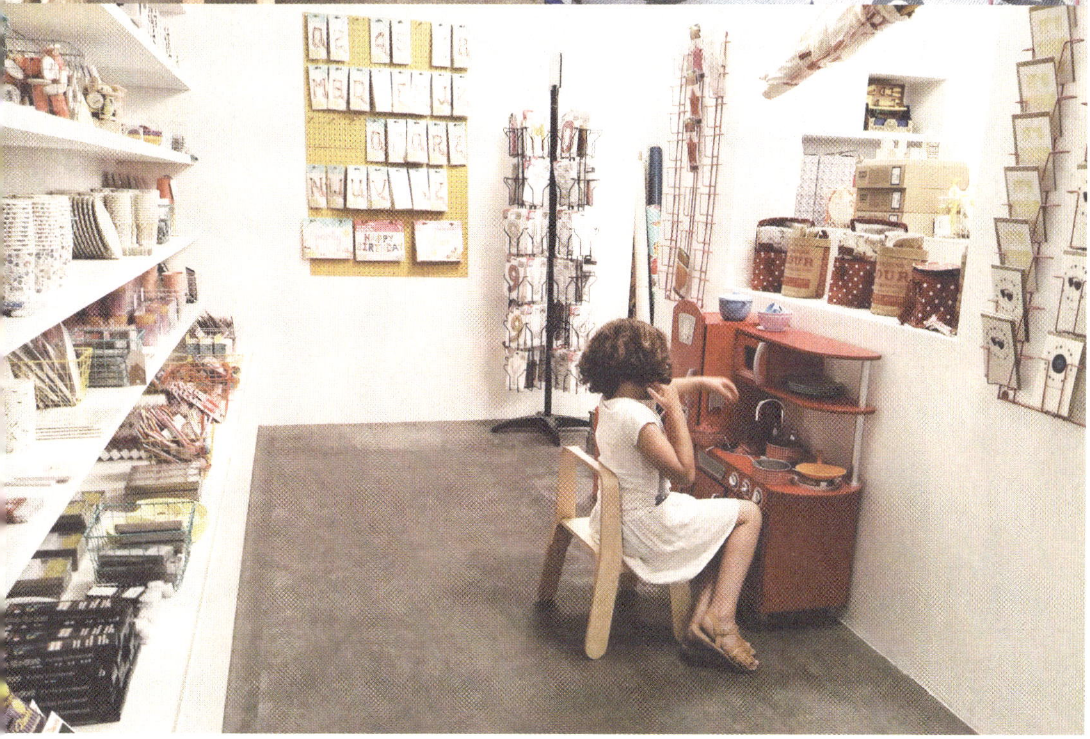
HAPPY BIRTHDAY

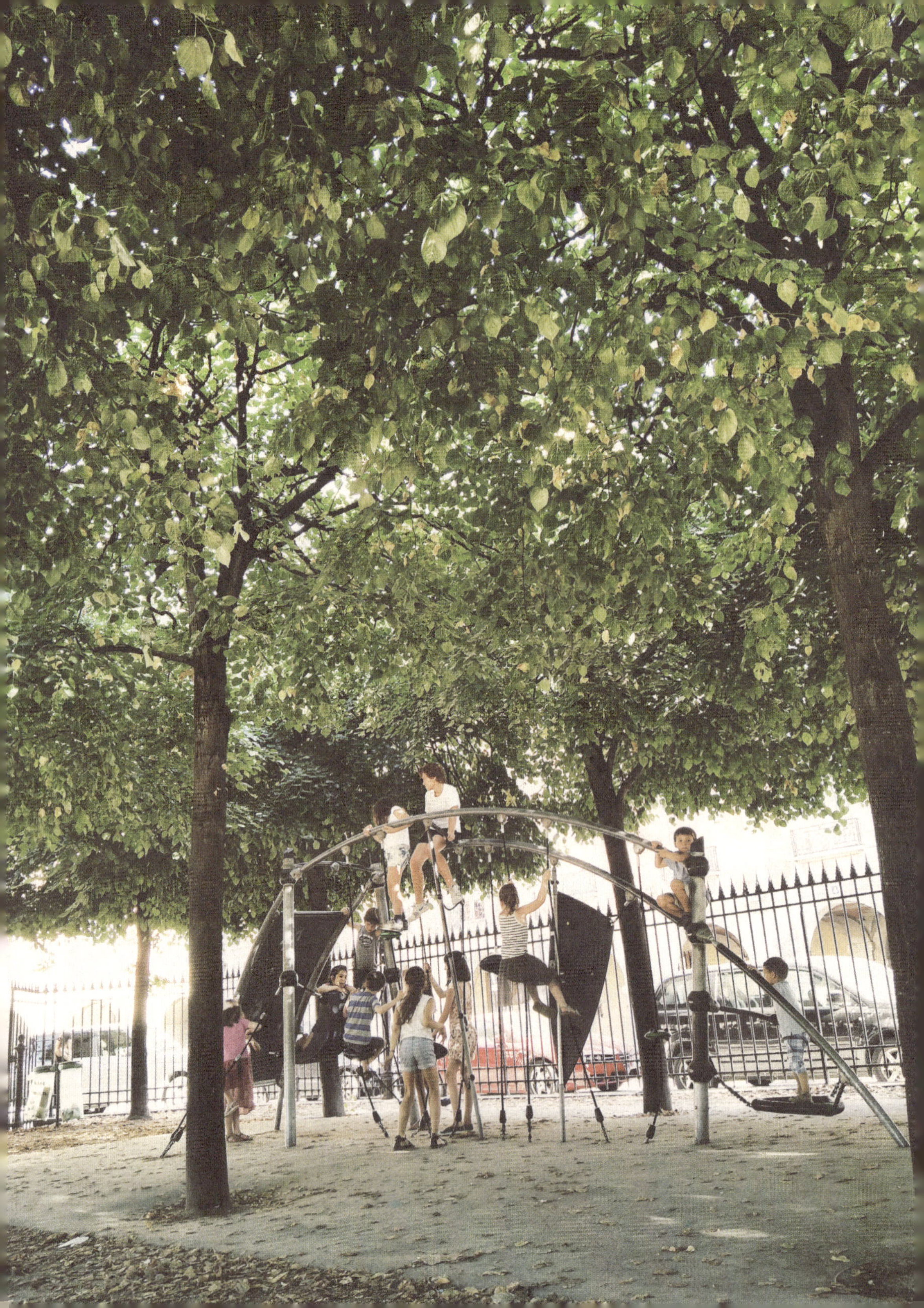

16:30
孚日广场 (Place des Vosges)

漫步逛完玛黑街区的设计小店，大概走 10 分钟，穿过层层的光影门廊，就到了法国巴黎最古老的孚日广场。广场东南角还有大文豪雨果的故居！古老的建筑在四周围绕成方形，正中心的小喷水池是视觉中心，旁边则是超大的树荫，树荫下的沙地是儿童游戏区。小孩在游戏区攀爬，青年在草地上晒太阳，成对的老人也坐在椅子上手牵着手，各年龄层都在这里享受悠闲气氛。可以在广场边的小天使（Amorino）买一支有名的花朵冰淇淋，和小孩一起慢慢消磨时光。

Place des Vosges, 75004 Paris, France
全年无休

Freundschaft

Annett

14
寻找生命中珍贵的友谊

Country ———————— City
德国 **柏林**

👤 Fabian 工程师
👤 Annett 家庭咨询专员
🧍 Sofe 9 岁 🧍 Augus 5 岁

我小时候很害羞,学龄时期在学校非常寂寞。那时候,常常因为母亲工作的关系,被迫一直转学。每到一所新学校,班上同学早就互相认识,有自己的友谊圈,我很难加入,天生害羞的个性,更是雪上加霜,导致高中之前学校生活非常惨淡,我也很寂寞。直到高中我遇见一辈子的挚友,一切都改观了!挚友是同班同学,她并没有做什么特别伟大的事情,就只是接纳原来的我,从不曾要我改变,这让我很有安全感。我清楚地知道她是站在我这边的,渐渐地开始对周遭人、事、物敞开心胸。今年是我们认识的第 20 年,昨天是她的生日,在她家举办小小派对,只有我们俩和各自的孩子,下厨做意大利面,吃蛋糕,孩子们在一起玩。我们真的很亲密,学生时期,在学校整天相处,回家了还会打电话给对方,也会写信给对方,现在也一样,电话可以讲一整天。

—— Annett

离开英国、西班牙,紧接着是十天九夜的邮轮旅行,绕着波罗的海航行,让我们省去提着行李的舟车劳顿之苦。第一次邮轮旅行不仅顺利完成北欧各国采访,每天吃饱睡好,还能欣赏壮阔的海上风景。从丹麦的哥本哈根港口启航,第一站停靠位于德国东北部非常有名的避暑胜地瓦勒慕（Warnemünde），早上七点停靠，晚上十点启航。从这里去柏林，来回就要六个小时，由于当天停靠、当天启航，我们必须赶在启航前半小时回到瓦勒慕,时间压力让德国之行变得特别有趣。

瓦勒慕起源于 1200 年，是原东德的小港口，波罗的海著名避暑胜地，现今是北欧、俄罗斯航线邮轮的德国停靠港。波罗的海著名避暑胜地的共同特色就是暑假非常凉快，在最炙热的七八月盛夏，许多欧洲城市热得快中暑，但瓦勒慕的气温只有二十几度。我们抵达那天，正是七月，天空微微飘着小雨，穿着薄外套就可以。听说另一个吸引大量德国人来这避暑的原因，就是那一大片又细又白的沙滩，可惜我们行程安排紧张，无缘一睹小镇风情及沙滩。

还好，火车站离港口只要五分钟路程，我们搭乘德铁（DB）到罗斯托克（Rostock）转车到柏林的布赫区（Buch），前往北欧第一个采访家庭 Annett&Fabian。三个小时的路程，穿越德国北部，沿途森林绵延，就像令人熟悉的德国制造商品一样，强调实用至上，外形利落到令人惊叹。在时间压力下，一路紧盯车厢内看不懂的德文 LED 讯息面板，相互确认停靠站数，生怕坐错车。

在柏林出生长大的 Annett 曾任护理治疗师，主要是照顾身心有残疾的各年龄层患者，工作时间冗长，怀孕后便辞去工作，来到目前任职的劳工福利会（AWO）担任家庭咨询专员，负责协助、回答家长育儿大小问题。AWO 是德国六大免费福利协会之一，在德国有许多分会，Annett 服务的柏林分会，主要为儿童、青少年、成年人、家庭和老年人提供多元化和全面的社会服务。当天工作临时调度，Annett 必须去值班，我们也才有机会一睹协会风貌。

走进 AWO 柏林分会，仿佛到朋友家做客，脱下室外鞋放进鞋柜，穿上主人准备的拖鞋。窗明几净的客厅、缤纷的儿童游戏区、功能齐全的小厨房、简单的办公室，非常有家的感觉。今天就要在小厨房烤"柠檬蛋糕"，但显然工具不足，Annett 一边往协会门口走去，一边

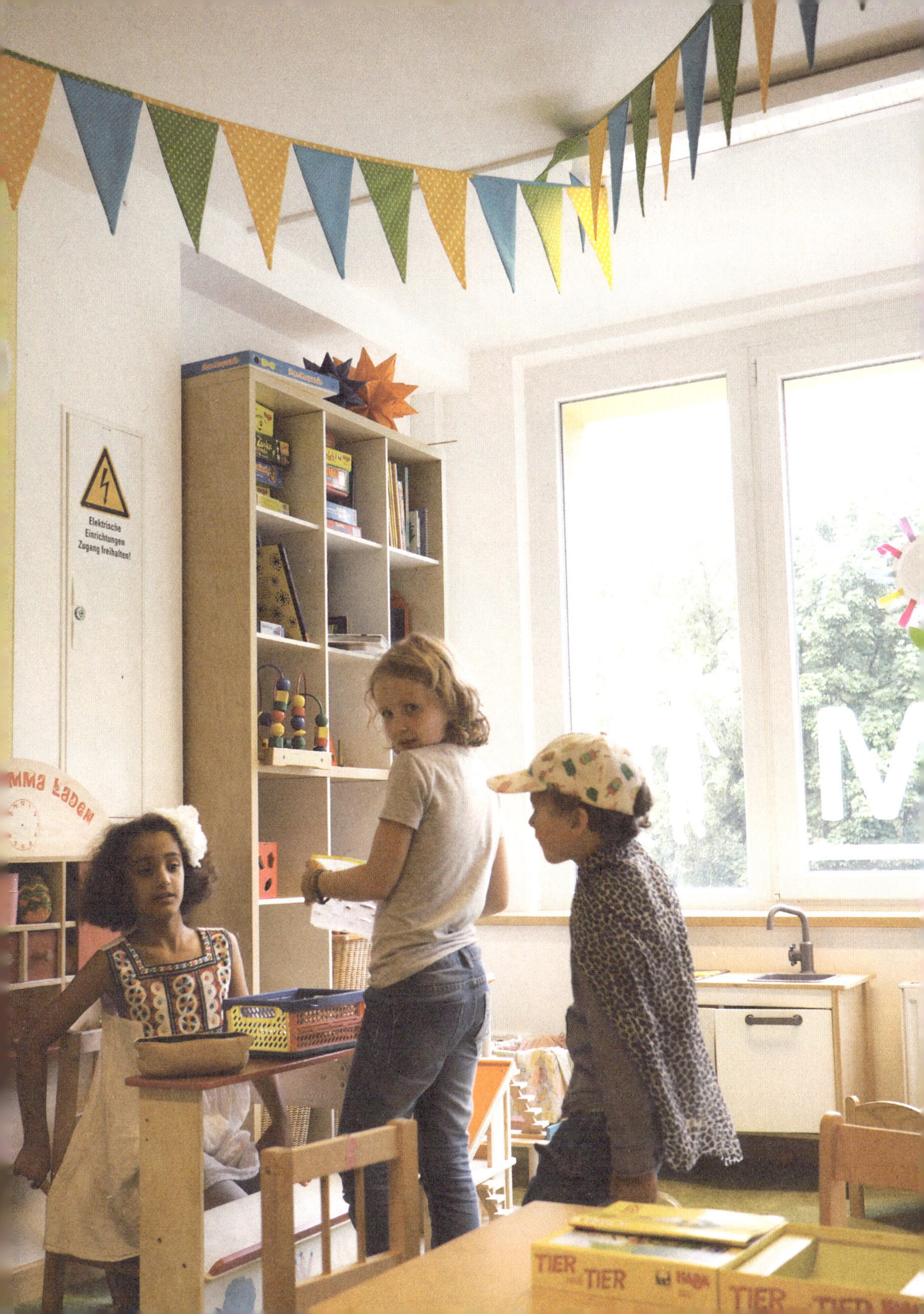
Elektrische
Einrichtungen
Zugang freihalten!
TIER
TIER

介绍环境："协会同层楼的另一旁，有一个大厨房，我们会固定开设亲子烹饪课程，让住附近的家长带着孩子一起免费参加，所以工具很多很齐全。协会这栋大楼的其他楼层还有许多为民众服务的国家机构，这个厨房大家都可以使用。"

原本个性害羞的Annett，是如何转变成现在乐于帮助人，敞开心胸去接纳来自世界各地的人，甚至愿意接受素未谋面的我们，大方分享她的人生故事与对孩子的教养态度的呢？

经营生命里值得珍惜的友谊

小时候因妈妈工作的关系常常搬家，一次又一次地转学到新学校，大家都已自成团体，就只有她落单。个性内向害羞，不太爱说话，也导致小学时非常孤独，日子很惨淡。后来碰到一位画画老师，知道如何和她对话、沟通，发现她喜欢画画，也习惯通过画来表达自己的想法，便鼓励她画画，后来她在初中、高中时常常参加画展。让她印象深刻的是，有一位老师跟她说："你妈妈的名字是Sebrina对吧？"她点头惊讶地看着老师。"我是你妈妈的数学老师，你们有同一张脸，但你妈妈和同学总是不停地说话！"

小学遇到懂她的画画老师，并未让她完全改变，她还是那个喜欢在画画里找出口的孩子。一切的转变在高中时期，她遇见一辈子的挚友，她的同班同学。大家总是希望她改变，别再害羞，挚友却不是。"她只是接纳我原来的样子，这就让我非常有安全感，渐渐有自信，心房也慢慢打开，有勇气展现自我。因为我知道她永远站在我这边，支持着我。"所以，她和先生Fabian期许两位孩子在未来能够好好经营友情，朋友不用多，但一定要有支持、理解自己的挚友。

梦想，绝不放弃

母亲 Sabrina，在 17 岁时生下她，总是把"永不放弃"（Never give up）挂在嘴上，即使 17 岁有了孩子，她还是去上学，然后在一年后结婚，那时柏林围墙还在。在那个年代，住在东柏林的女孩怀孕就得结婚是当时的社会氛围。母亲并未因为有了孩子就放弃梦想，在 Annett 之后，短短四年内添了两个儿子，她仍持续着热爱的护士工作。"我妈妈很有活力，总是精力充沛，是很坚强的女性；爸爸高大强壮，但个性柔软，话不多。"个性互补的双亲，在 Annett 10 岁时分开了。

一直把母亲的坚强看在眼里的她，职业选择和母亲很相似。母亲是护士，她是护理治疗师，都是给予生命脆弱的人们身体和心灵的看护，这份工作很不简单。"我喜欢与人接触。其实身心灵有残疾与障碍的人，他们的心灵非常纯粹。与他们相处，不是只有我在帮助他们，我也从他们身上获得、感受许多生命的意义。"她期许自己能像母亲一样，带给孩子正面的影响，努力追寻梦想。

思想开明，接纳新事物

"我们是沙发客（couch surfer），接受许多不同的人到我们家，学到非常多东西，当你跟人相处时，你会从他们身上获得许多东西，这是一种沟通。"从内向害羞到现在开放表达的她，是通过一次次与不同国家的人相处改变的，这也是她和先生希望带给孩子的体验，夫妻俩希望孩子未来能拥有开明的思想，不必有最棒的工作，但拥有开阔的心胸，成为更好的人。Annett 认为，唯有接受他人，你才能了解对方，并从他们身上获得知识。

AWO 欢迎世界各地的人，协助外国人解决在德国居住上的问题，通过交流，让他们更快地适应当地生活。但有些外国人还是会拒绝接受他们的协助。当天现场就有一对从战乱国家到德国寻求政治庇护的母女，Annett 特别要求我们不要拍摄她们。"我的孩子在这里交到许多朋友，今天女儿 Sofe 的朋友就要回国了，所以她们在庭院合照，互相道别。"

了解、接纳自我，享受人生

夫妻俩对于孩子的教养理念是一致的，希望孩子成为思想开明的人，并拥有毕生难得的挚友。"我自己也觉得很不可思议，和 Fabian 的观念居然如此相同。"而且更重要的是，他们之间相处没有压力，能够接受对方的不同。"也许我们都是冷静的人。我不希望他改变，他也是。身为他的伴侣，孩子的母亲，就是去接受他们原来的样子，同时告诉自己，不是什么事都要照我的方法去做。"她期待孩子也能够接纳自己原本的样子，不要害怕。

Annett 希望孩子了解自己，懂得如何生活，好好享受快乐童年。那怎么做才能享受生活，如何才能展开双臂拥抱万物呢？第一步就是必须了解自己，知道自己想做什么，然后主动追寻。第二步是拥有自己选择生活，而不是被生活选择的觉察力。能够意识到，我想拥有怎样的生活，而不是把工作错认为生活，学习并不是为了获得一份工作，不要有"我必须去工作"的想法，因为工作只是生活的一小部分。

柠檬蛋糕一出炉，满室甜腻香气，孩子们雀跃兴奋，一人一大块，刚出炉的蛋糕热腾腾，吃起来特别美味、特别温暖。小时候妈妈很忙，没有和 Annett 一起做过美食。但她喜欢做美食，柠檬蛋糕是他们家常常做的甜点，有时自己做，有时孩子会帮忙，孩子爱吃甜的，这款蛋糕特别受欢迎。Annett 每周都会在 AWO 和大家一起做饭，而协会的人来自世界各地，所以 Annett 和孩子们常常吃到不同国家的菜肴，自然而然就把世界带到生活里了。

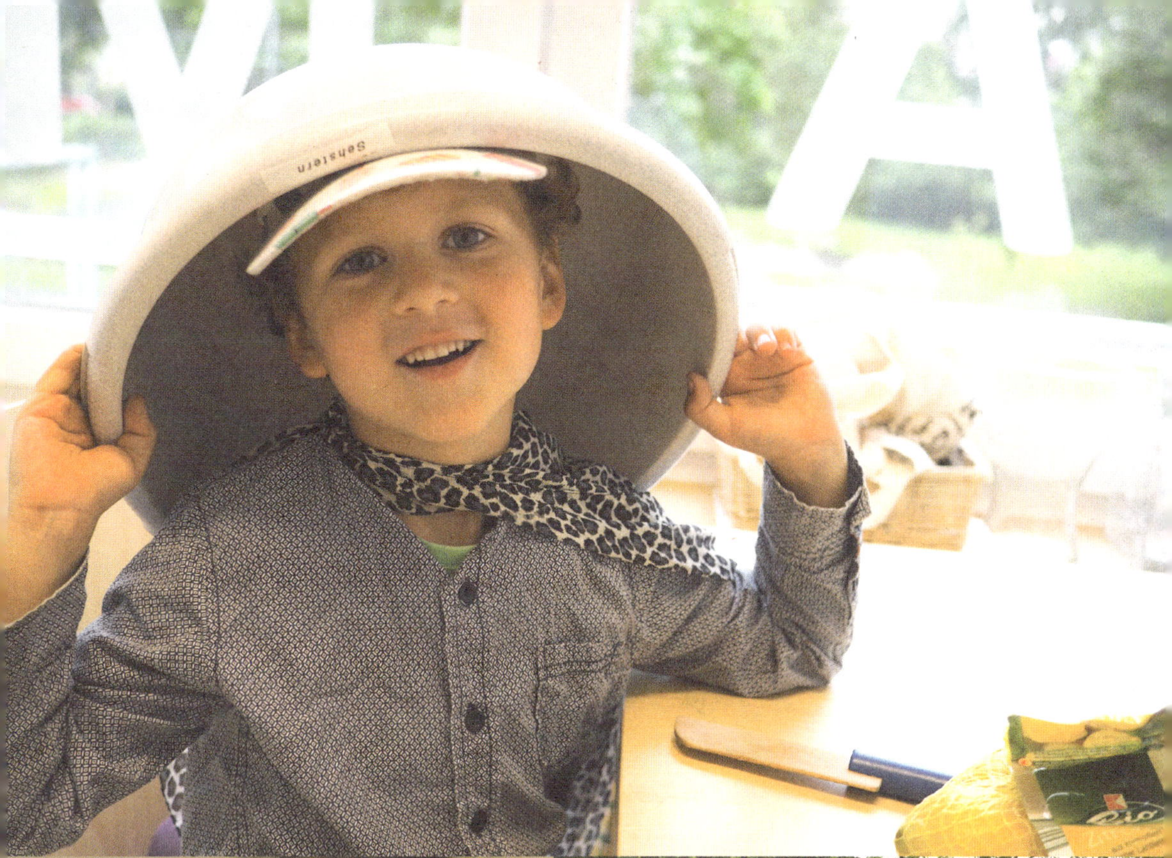

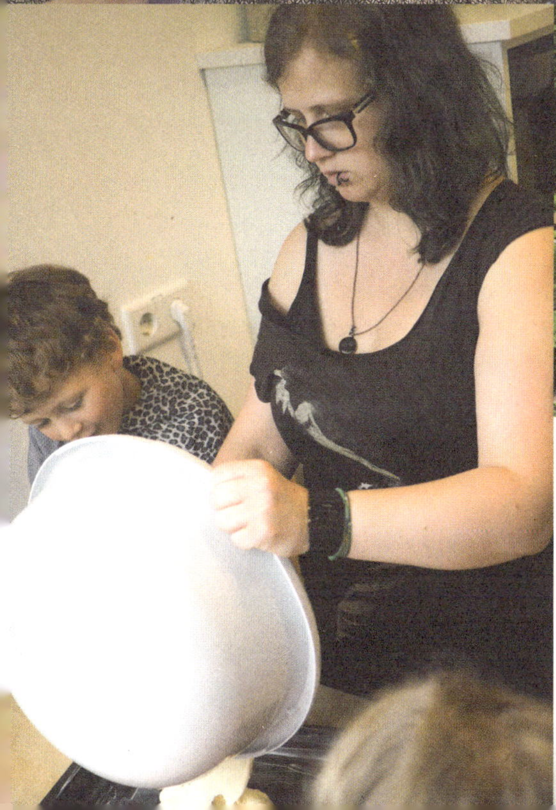

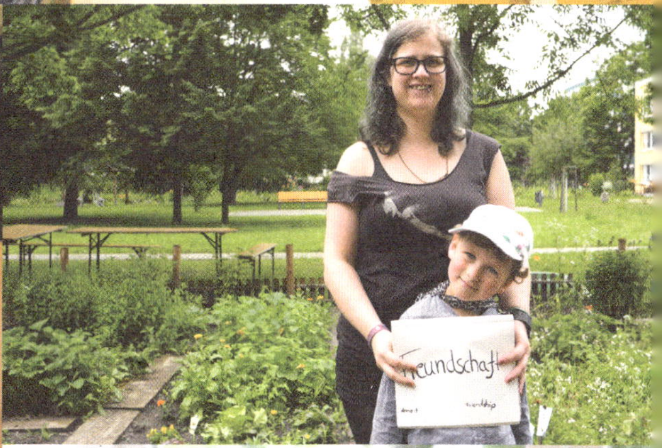
Freundschaft

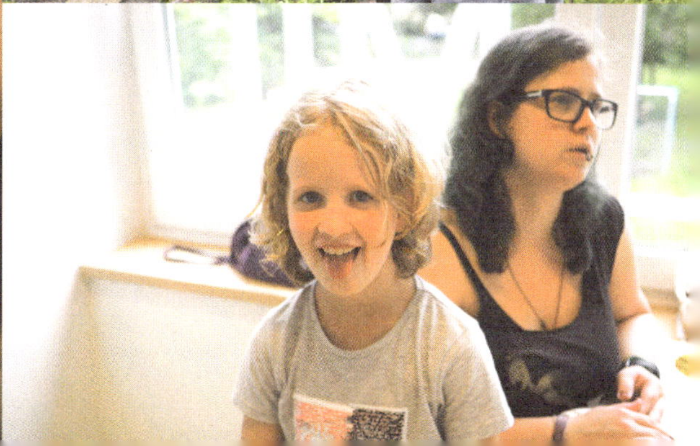

柠檬蛋糕

材料

无盐奶油 300 克（室温）
低筋面粉 350 克
砂糖 200 克
鸡蛋 6 个
柠檬 3 个
糖粉 少许

做法

1. 烤箱预热 10 分钟。
2. 烤盘涂上一层稍厚奶油，方便脱模。
3. 鸡蛋和无盐奶油的温度要常温，面粉要过筛。两个柠檬榨汁，另一个去柠檬皮。
4. 无盐奶油先打散，之后加入砂糖、柠檬汁拌均匀。拌均匀后，鸡蛋要分多次加入，避免油水分离。
5. 把鸡蛋都加进去后，搅拌到表面亮亮的，再加入低筋面粉拌匀到没有面粉颗粒，表面一样亮亮的。
6. 用刮刀把面糊倒入涂上奶油的烤盘，送进烤箱，以 175℃烤 25 分钟即可。
7. 蛋糕出炉后，可依个人喜好撒上糖粉。

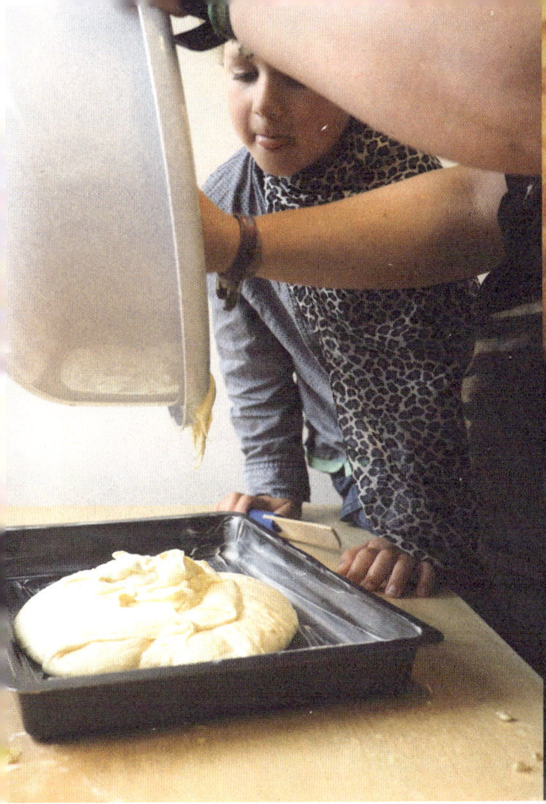
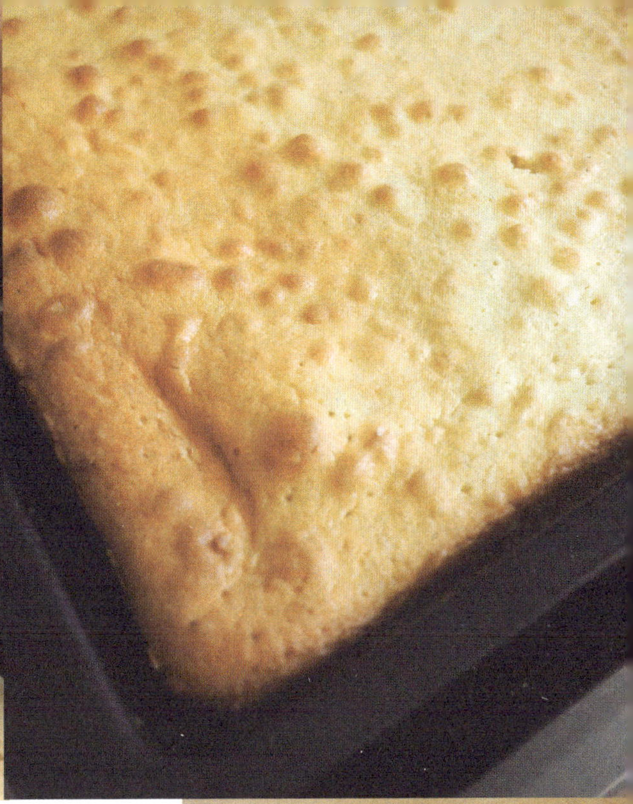
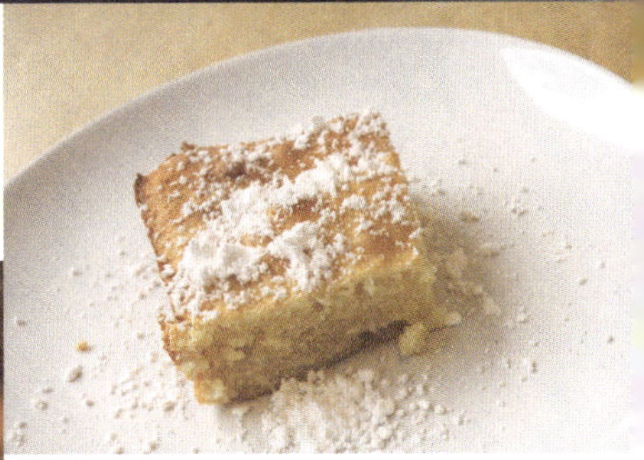
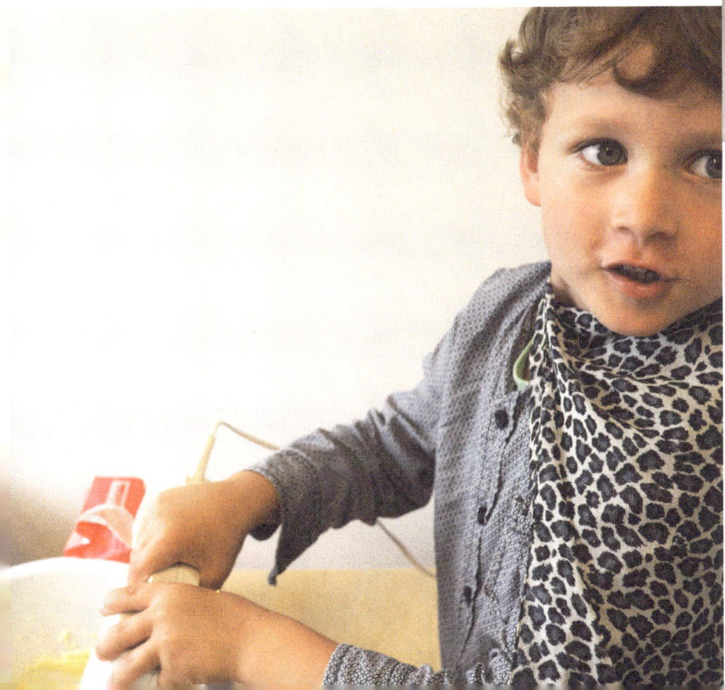

Follow
  Your
Heart

⑮ 陪伴孩子，诚实对话

Country　　　　　　　　　City
瑞士　　　　　　　　　浪游中

👤 Xavier 建筑绘图师／摄影师 37 岁
👤 Celine 登山向导／作家 35 岁
🧍 Nayla 4 岁　🧍 Newborn 婴儿

　　就算是大人也不完全了解世界上的所有事情，有时孩子的理解比我们还要好，尤其在情绪方面。孩子可以感受到情绪，当大人有情绪时，如果告诉孩子"我还好"，你是在对她说谎，同时在教导她欺骗自己。当孩子有情绪时，我们不知道她的感受，所以要问孩子发生的过程，而不是对她的情绪反应做更大的情绪反应，如果那样，那你才是真的像孩子。我们不用教孩子什么事，我们应该和他们诚实对话，在我们有情绪的时候，告诉孩子发生了什么事，而不是装作什么事都没有。

— Celine

　　身怀六甲的 Celine 骑着单车领在前头，4 岁的 Nalya 装备齐全地骑着小单车跟着，Xavier 则骑着拖着 Nalya 座驾的单车压阵，出发前往野餐的地点，跟在他们一家后方，亲眼看到全家出动的装备，佩服与羡慕之情再次涌现。来自瑞士的 Xavier 和 Celine 夫妇，从 2010 年起便从瑞士骑单车到地球的另一端——新西兰。他们穿越欧亚大陆，拜访无数个国家，经历各种极端天气及沙漠、高原等地形，甚至也进入战乱频繁的国家，即使初期怀着 Nalya，仍持续单车之旅。到了 Celine 怀孕 7 个月时，他们飞到马来西亚槟城，3 个月后 Nayla 诞生，在槟城休息 5 个月后，买了单车、旅行用的婴儿推车，布置得非常舒适后，又继续出发。

他们带着 Nayla 往北骑进泰国、柬埔寨，再往北穿越老挝进入中国云南，到了厦门坐船到台湾，在 2014 年完成环岛。之后在夏天抵达澳洲，穿越 1200 千米的纳拉伯平原，在 2015 年 4 月终于抵达新西兰南岛，环岛一圈后，完成耗时 5 年的单车旅行计划。Xavier 和 Celine 的路线在地球上看起来，是一个联结欧洲和亚洲的无穷大符号，他们称为"∞无限之心"。2017 年春天，他们再度回到将其视为第二个家的台湾，与友人相聚，短暂停留后，再度前往槟城待产，迎接第二个孩子。当我们问"第二个孩子出生后，还会继续旅程吗？"夫妻俩的答案是肯定的，Xavier 理所当然地说："这已经不是旅程，而是我们的生活方式。"

我们好奇是什么原因，让夫妻俩开始这趟单车壮游，最后成为他们的生活方式。本身是人类学家，又具有登山导游资格的 Celine，一直对这世界充满好奇，她说"好好探索、观看这世界，认识更多朋友"就是她开始浪游的原因；而身为建筑绘图师，天生具有冒险灵魂的 Xavier，在一次自助旅行中，认识一位单车环欧骑士，从那时开始便决定有一天必定要用这种方式探索世界。刚开始两人只是志同道合，结伴完成这项计划的同好，但在旅途中，意识到彼此就是对方的终身伴侣，决定共组家庭。他们很享受这样的浪游生活。"单车旅行很悠闲自在，单车可以停在我们想停的地方，而且相较其他环游世界的方式便宜很多。"Celine 如此说道。

而 6 个月大就跟着父母一起游历世界的 Nayla，夫妻俩又是如何教养她的？面对不同的文化、环境、语言与人民，他们是如何带领这小小孩探索世界的呢？

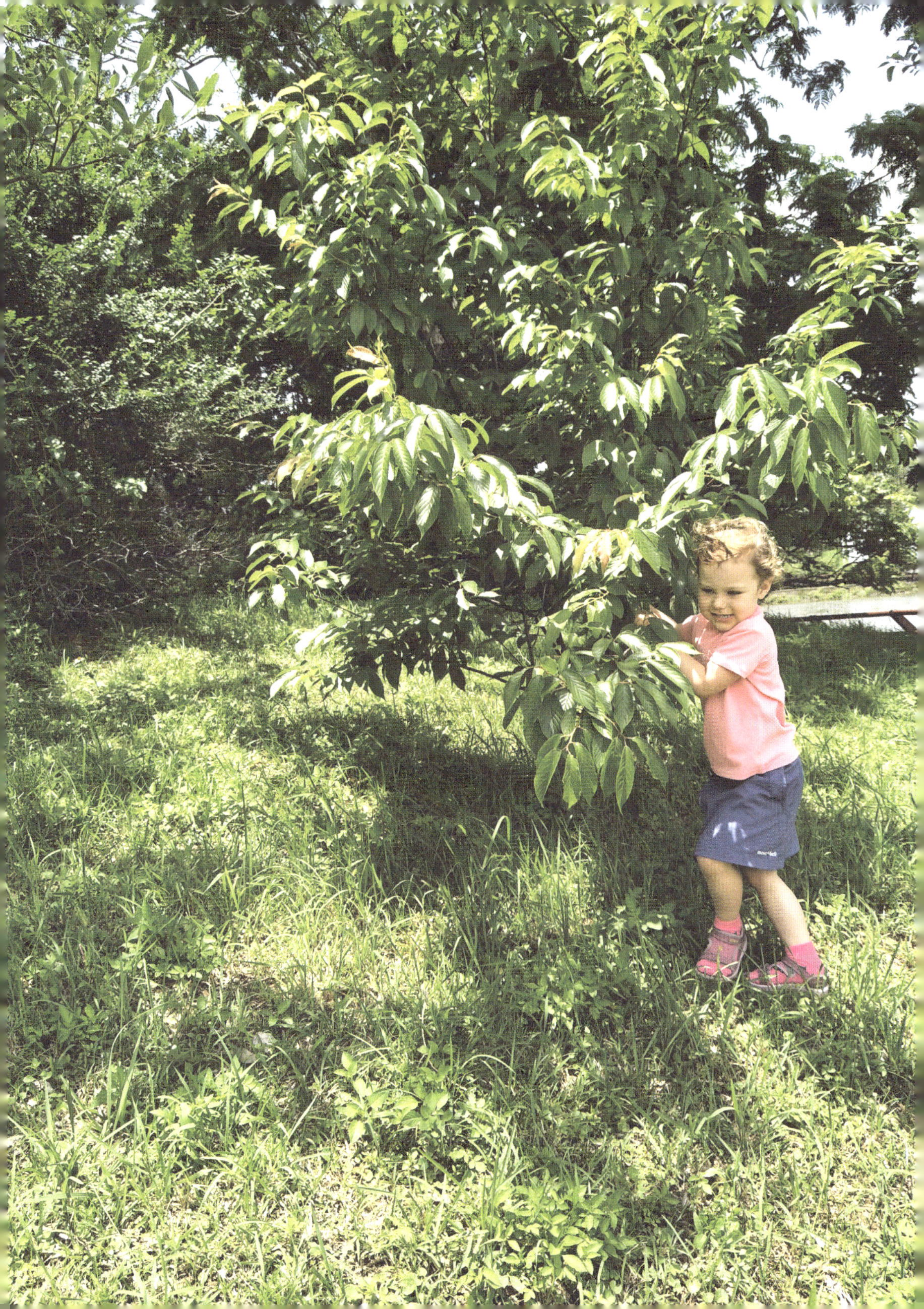

小孩能感受到各种情绪，要陪伴她了解情绪

孩子的情绪来得快，去得也快。情绪来时，许多家长常常一筹莫展，碰到这个问题，他们认为引导孩子认识情绪是很重要的。Nayla 6 个月大就跟着父母一起浪游世界，二加一的旅途，是他们一起学习、一起探索、一起获得的过程。Celine 说："我们不是在教导她，而是协助她成为更好的人。"不教导的原因在于，与其把孩子限制在某个境地，不如让她超越，因为世界上有太多事物，父母也未必能够好好教导孩子，因此从旁协助，用一起成长、一起找出答案的方式，陪伴着她。

当 Nayla 发脾气时，他们并不会制止她哭泣、大叫，他们认为当孩子有情绪时，其实是在反映某个问题、担忧某件事或是因无法表达而受到困扰，所以他们会等待她情绪过去，陪她聊天，协助她理清困扰她的是什么事，了解现在的情绪是什么。譬如：有时带她去见朋友，回家常带回不同情绪，这些情绪不知道是如何发生的。可能是太兴奋，也可能是受到惊吓，让她表现出不稳定的情绪反应，此时，与其对她吼叫，不如等待，问她为什么生气。她会回答我们"不是，我不是生气，我是难过"。这时她就会懂得，发生的那件事带给她来了什么情绪。

小孩不是问题制造者，而是问题传达者

Nayla 出生后，夫妻俩通过各种渠道寻找最适合他们需求的方式教养她。花较多的时间倾听孩子的想法，尽全力引导 Nayla 认识自己的内心，从而建立自信。两人的教养态度大多一致，但难免有分歧，即便如此，他们也清楚知道"对方这么做都是为了 Nayla"，有了这样的共识，再针对歧异处多多沟通彼此的想法。比如：他们有各自的方法对待 Nayla，双方便很有默契地不介入，让各自和女儿把事情解决。他们必须找出解决方法，让三个人的关系达到和谐。

俗语说"有赢家，就有输家"，Celine 认为，在他们家如果用上

这句话，就表示有两个输家。他们试着不体罚孩子，通过体罚来让孩子听话，看似大人赢了，但说到底全都是输家。Celine 直言，当 Nayla 情绪不稳，或很难沟通时，通常表示"在某个地方，某个问题正在发生"，当她要做一件可能造成危险或不能做的事时，他们会先告诉她做此事的后果，所以她事前就知道结果，给她选择的空间。譬如她不想洗澡，Celine 会问她："那你想要吃饭前，还是吃饭后洗澡呢？"给她自己选择，问题就不存在了。在他们的观念里，孩子绝对不是问题的本身，而是在反映某个问题，而那个问题是大人应该要协助孩子找出来的。

不要只说"不行"，要说"原因"

访问前阅读夫妻俩的网站，有一篇文章引起我们的注意，就是 Nayla 误食有毒植物。情况是当天 Nayla 想要一片大叶子，但手拿不住就用嘴巴咬，并不是她想吃，还好那植物只是不适合当食物，会让嘴巴发麻，所以没有太大问题。"那天 Nayla 问一个路过的大人，可不可以，那个大人跟她说'这不是好主意，不要做'。"但如果是他们，则会说："也许这不是好植物，你不知道它是不是好的，所以不要放进嘴巴。"平常在教导孩子时都会说明原因，解释为什么，但那天 Nayla 从大人那得到的答案，只有不行，没有为什么不能放进嘴巴的理由，所以她想也许放进嘴巴也没关系。

如果只跟孩子说"不要"，而没解释为什么，她可能会试着去做，但其实任何人都会如此，Celine 举例，请我们现在"不要去想有着黄色斑点的大长颈鹿"会如何，没错，我们的脑袋正在想着长颈鹿。

"这就证明，即使我们告诉自己不要去想某件事，但我们就是会去想。但庆幸的是，我们已经是成年人，知道可以去想，但不要去做。"但对小孩而言，跟他们说"不要做"，他们当然会去做。绝对不要说

"不"，因为小孩会去做，每个人都会去做。想想长颈鹿这个例子，大家就懂了。

浪游生活，一家人几乎是以天地为家，不论是寒冬的下雪，还是沙漠的酷热，各种极端气候都面对过，所以当我们问起推荐台湾家长可以带孩子去的地方时，他们毫不犹豫地说"户外"。就像今天一家三口，在公园树荫下铺张野餐垫，架上露营用的炉子，夫妻俩准备食材，Nayla到处走，在湖边看鸭子，在树下捡叶子，在花丛中找昆虫，有新发现就迫不及待地跑回父母身边述说着。"当我们在户外时，根本不需要玩具，Nayla总是会找到玩的方法。"Nayla一两岁时，会跟在身边看着，3岁开始慢慢放手，让她自己探索，他们认为不让孩子尝试自己玩，你永远不知道他是不是可以。也许有些家长会觉得你坐在那什么都没做，但Celine说："错，你坐在那，是告诉孩子你相信他。"这对孩子是多大的支持力量！

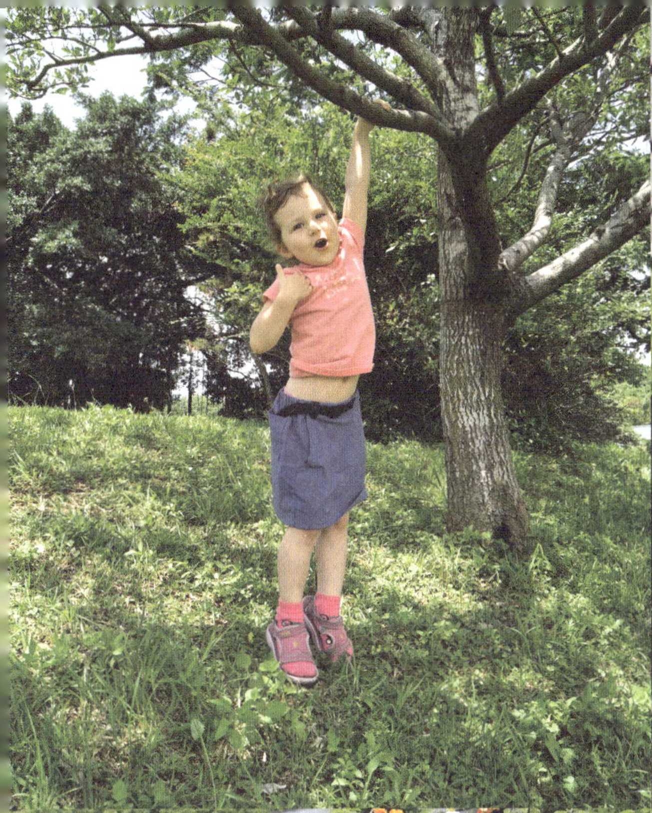
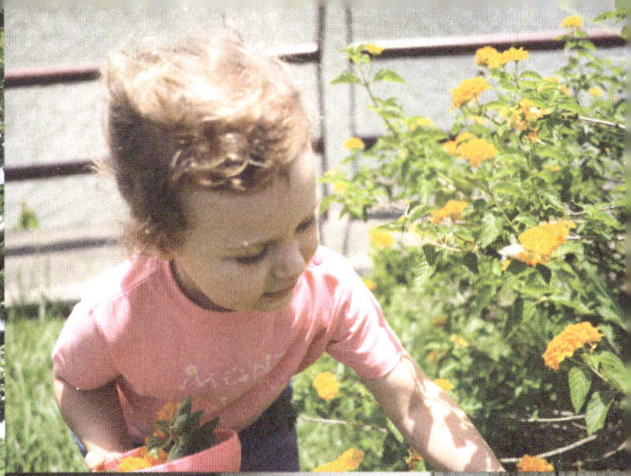
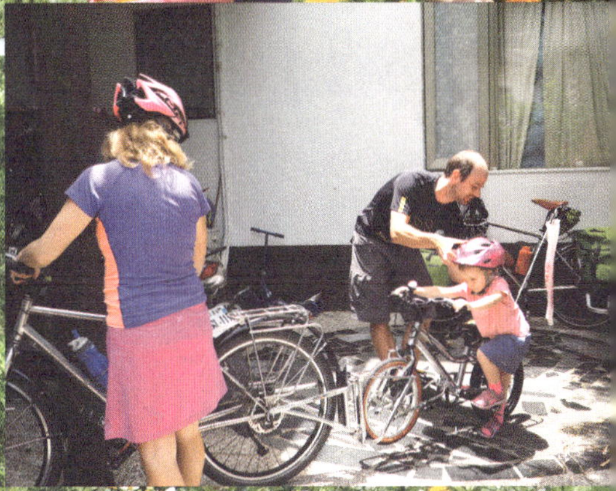
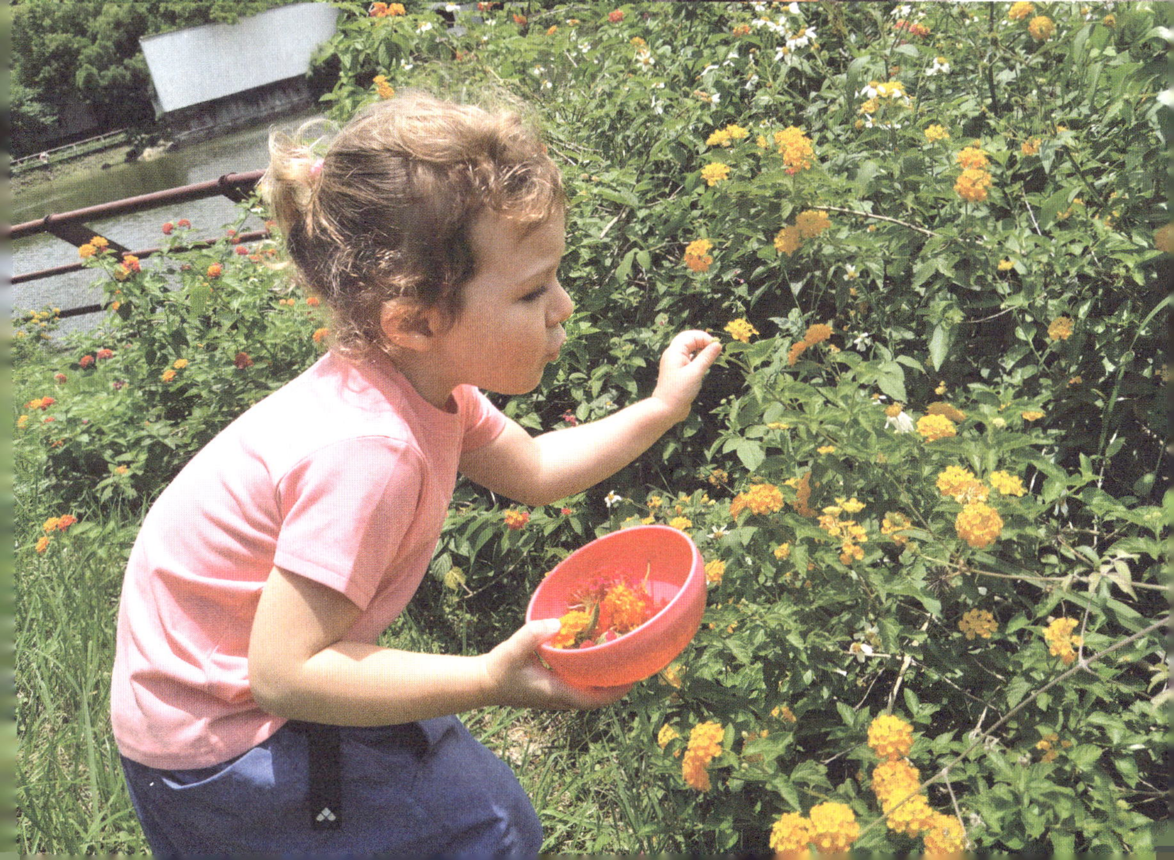

家庭食谱

鸡肉咖喱藜麦饭

材料

鸡胸肉 400 克
嫩竹笋 1 根
洋葱 1 个
西红柿 3 个
绿花椰菜 1 棵
白米 1.5 杯
红藜麦 50 克
咖喱粉 20～30 克
意式香料 适量
盐 少许

做法

1. 将加了红藜麦的米粒放进高压锅,先稍微煮滚后,确保盖好锅盖焖煮,很快就可以吃饭,省时又省钱。
2. 在等藜麦煮熟时,准备咖喱。先清洗绿花椰菜,切成一口大小。
3. 将绿花椰菜放入滚水中烫 2 分钟,捞起放凉,备用。
4. 清洗西红柿,切成一口大小,备用。
5. 鸡胸肉切块;竹笋切片,约 0.3 厘米;洋葱切粗丝,备用。
6. 起热锅,加入 1 大匙油(约 15 克),放入洋葱、竹笋,炒熟,再加入鸡胸肉一起拌炒至鸡肉半熟。
7. 加入咖喱粉、意式香料、盐,和锅内食材一起拌炒至食材上色,香气飘出,最后加 1 小杯水(约 50 毫升),盖上锅盖,小火焖煮 10～15 分钟。
8. 将藜麦饭淋上鸡肉咖喱,放上绿花椰菜、西红柿,一道快速又美味的野餐菜肴就完成了。

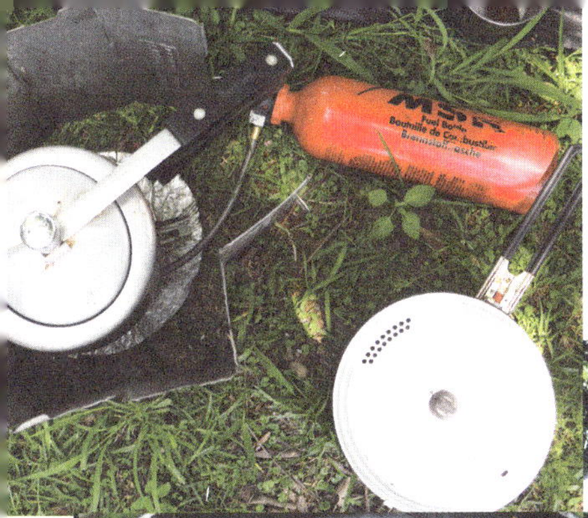

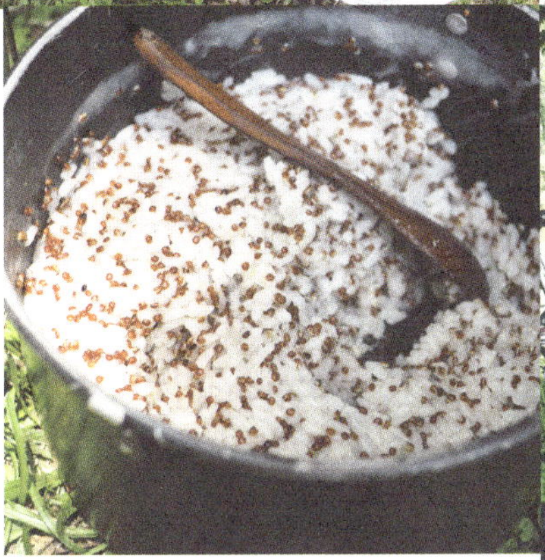

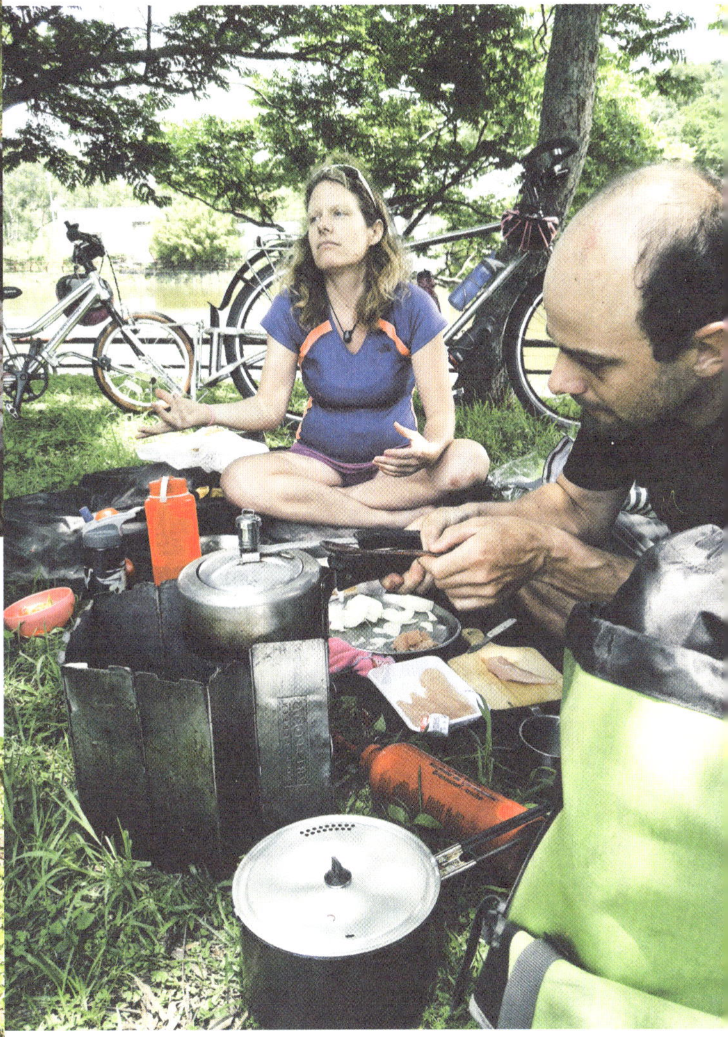

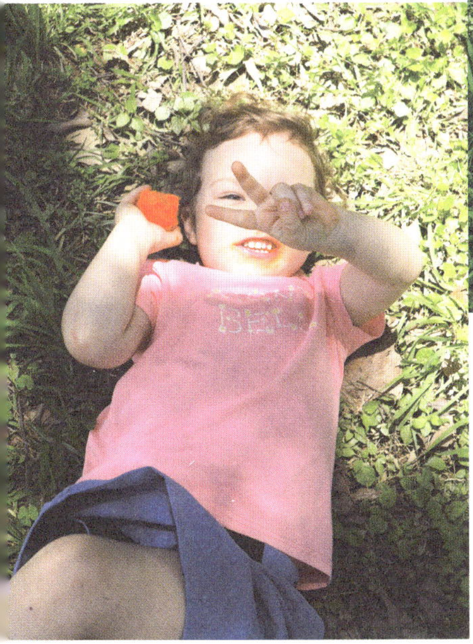

blib
gwanderig

Iris

⑯ 探索世界，永远保持好奇心

Country　　　　　　　City
瑞士　　　　　　　　琉森

👤 Claudio 工程师 40 岁
👤 Iris 采购 39 岁
👤 Chanel 5 岁

我跟家人一起旅行，体验过不同国家的文化和生活，接触过许多家庭，有些人并不是很幸运地可以住在很好的国家，但他们依然尊重不同意见……父母对我的教养重点就是"尊重"。不论是小时候和爸妈一起旅行，或是成家后随着先生移居不同的国家，旅行带给我很多东西，无论是当地的文化还是人民。我希望孩子能够拥有开放的心态，去接纳、尊重不同的意见，并好好体验这世界。

—— Iris

波光粼粼的湖畔，穿着蓝白泳裤，有着灰白发色的老先生腰杆直挺地站在帆船上，手握长桨缓慢地左一下、右一下划破水面；绿草如茵的公园，穿着彰显特色泳装泳裤的老老少少错落地躺着，霸占公园所有树荫的清凉。全身光溜溜的孩童嬉闹地从我们面前跑过，无惧地跃入琉森湖（Lake Lucerne），完全不把湖边的天鹅与水鸟放在眼里，人和动物和谐共享消暑湖水，也为这座湖添上风景。这一天是周四，虽说是平日，但湖里和湖畔公园有许多当地人享受夏日阳光，陪着我们散步的 Iris 说："夏天对我们很重要，很多家长会请长假陪伴孩子过暑假，不是安排旅行，就是跟孩子

177

一起休息、玩耍。"

在欧洲，夏季就是众人大迁徙的季节，家家户户都在度假，不是远渡重洋，就是去度假小屋（Summer House）。也因此，走在琉森湖畔小径上，可以听到不同国家的语言，法语、西语、德语、意语、甚至是汉语。离我们有段距离骑着滑板车的 Chanel 回头大喊："我要先去前面啦！"戴着粉红色安全帽的身影越来越小，直到消失在转弯处，原本和我们聊着天的 Iris 立刻迈开步伐往前追去。当我们赶上时，只见 Iris 弯身对 Chanel 低语几句，Chanel 点点头继续往前滑，偶尔停下来采摘路边花朵，蹲下身捡拾掉落路旁的叶子，不知是否是刻意的，距离就一直保持在我们看得见她、她也看得见我们的地方。

Iris 从孩提时期就因为父母关系游历许多国家，婚前婚后一心追求事业发展，活跃于职场，却在女儿出生后选择成为全职妈妈，又因为先生 Claudio 工作关系，先后迁居美国纽约和中国台北。从女儿出生至今，在不同国家、城市、文化中教养孩子，开朗乐观、喜爱旅行的 Iris 和 Claudio，是如何教养女儿的呢？

这样的坚持值得吗？

孩子的个性父母最清楚。有着顽强意志的 Chanel，让她们母女俩经常讨论事情应该如何做，用谁的方法做，当然有时候也无法有共识，两人情绪都很激动，此时，她们会先让自己冷静，之后再讨论。"常常我已经盘算规划好，今天要做 A，再做 B……但 Chanel 却要先做 C，尤其是什么时候去学校这件事，她常会坚持某个时间才要到学校，完全超出我的计划范围。但我会想没关系，就放轻松吧！什么时候做什么事，或者几点去学校，也不是那么重要。"

Iris 认为在教养孩子过程中每位家长都会有个目标，但当和孩子意见相左时，必须问问自己，为了这个目标，这样的坚持值得吗？毕

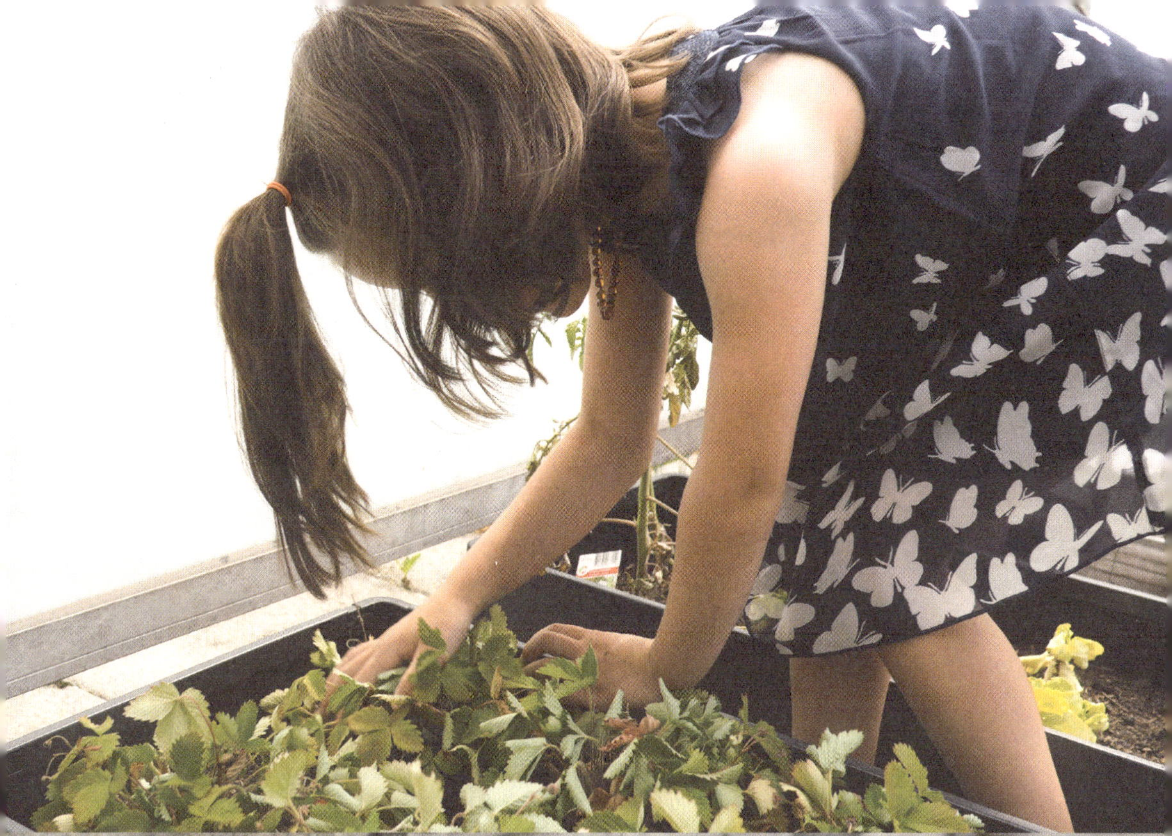

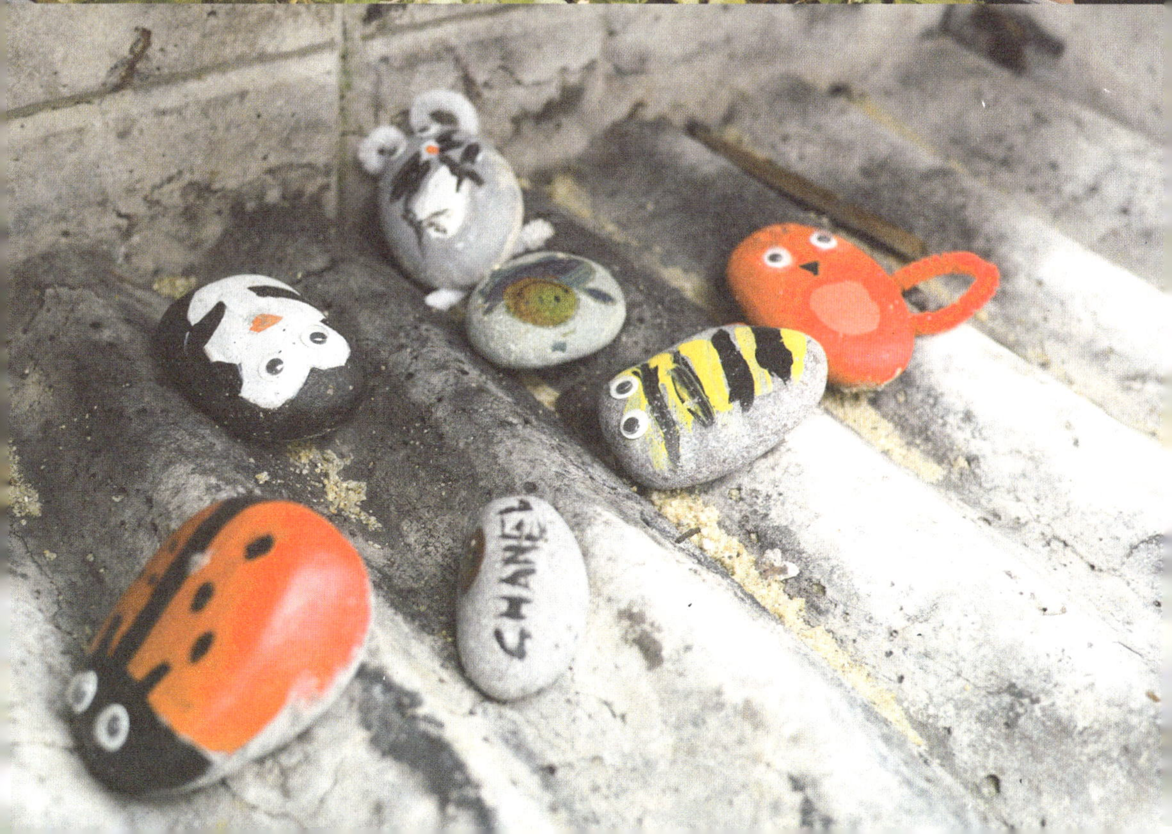
CHANEL

blib gwondenig

竟家长是家长，孩子是孩子，家长有家长的方法，孩子却有他们想要的，大人与小孩在处理事情的方法和逻辑上必定会有不同。时常停下来想想，他们一定要照我们的方法吗？为了这个目标付出这样的代价值得吗？难道不能用孩子的方法试试看吗？

孩子专属的玩耍时间和空间

Iris 知道中国台湾有各式各样的课后班，甚至幼儿园也有许多才艺课程，她觉得不可思议，但也能理解这是中国台湾的普遍现象。当我们问到会怎么规划孩子的课后时间时，她说："在瑞士，我们（家长）不会规划孩子的课后时间！"幼儿园下课后，孩子会去找朋友玩，轮流去敲对方家的门问："你在家吗？可以跟我玩吗？"孩子会骑单车或滑板车，去附近公园找玩伴，在瑞士这是普遍现象。

在瑞士，许多家长会帮孩子创造自我的时间，让他们自己玩耍，而不是把他们的时间全都规划安排好。当然会有一些生活时间表，比如上床睡觉、吃饭洗澡……但基本会留给孩子与自己相处的时间。更棒的是，在瑞士，如果不是住在大城市，而是住在城镇小区，生活环境对孩子非常友善，孩子可以独自出门，去找朋友，或去公园玩。

拥有美好快乐的童年

许多中国台湾家长会因为孩子进入求学阶段，为了帮助他们适应新环境开始调整生活时刻表，除了最基本的作息，还会安排课后活动，譬如：课后托管班、才艺课、语言学习、潜能开发等。即使回到瑞士 Chanel 进入幼儿园就读，夫妻俩的教养价值观还是不变，在学校能好好遵守学校生活规范与礼节，下课后尽情玩耍。玩耍在这年纪比学习更重要，不必时时刻刻都在学习，希望她享受孩子独一无二、快乐的童年时光。

认同"学习并非只在学校教育，而是体现在生活里"的观念，但能落实的人有多少呢？Iris 双亲就是通过一次又一次的旅行，让她遇见不同的人、体验不同的文化，进而理解互相尊重的重要，所以他们也带 Chanel 到处旅行，去发掘、感受这个世界，来丰富她的童年。

英文学习持续下去

瑞士全国面积只有 4 万多平方千米，人口 700 多万，却有德法意和列支罗曼语 4 种官方语言，在这样的背景下，瑞士是名副其实的"多民族聚居的国家"。Iris 一家人居住的琉森位于德语区，一家人沟通当然是用德语，但对语言感兴趣的 Iris 不只会说德语，法语、英语也难不倒她。移居中国台湾时女儿 3 岁，很幸运因为台湾学制关系可以上幼儿园，夫妻俩特别选择全美语幼儿园，而非欧洲学校幼儿园，就是希望女儿能够多点时间接触、学习英语，与不同年龄、国籍的孩子玩在一起，建立起自己的小小社交圈，这对身为独子的她来说非常重要。一口流利的英文让 Iris 和 Claudio 能够体验不同的文化，认识来自世界各地的人，这些美好、特别的经验夫妻俩期许 Chanel 也能够拥有。

找到自己想做的事

具备国际观，对任何事都采取开放积极态度的 Iris，期许 Chanel 能够拥有开阔的胸襟，所以夫妻俩带着她到处旅行，体验、亲近不同文化和种族，尝试各式各样的活动，把旅行变成一种生活，而生活就是一趟身历其境的学习旅程。在这些旅程里，Chanel 找到了属于自己的应对世界的态度与自己做事的方法，在遇到问题、困难时，都可以找到方法解决。Iris 最担心孩子在未来不知道自己想做什么，所以他们就像人生旅程里的导游，在女儿好奇心最旺盛的年纪，带着她去探索任何可能的未来之路，但不会限制她，希望她能找到自己的方法，去努力完成自己人生想做的事。他们送给女儿的祝福话语是"永远保持好奇心"，这让我们想起爱因斯坦说过的，"我没有特别的才能，只有强烈的好奇心。永远保持好奇心的人是永远进步的人"。

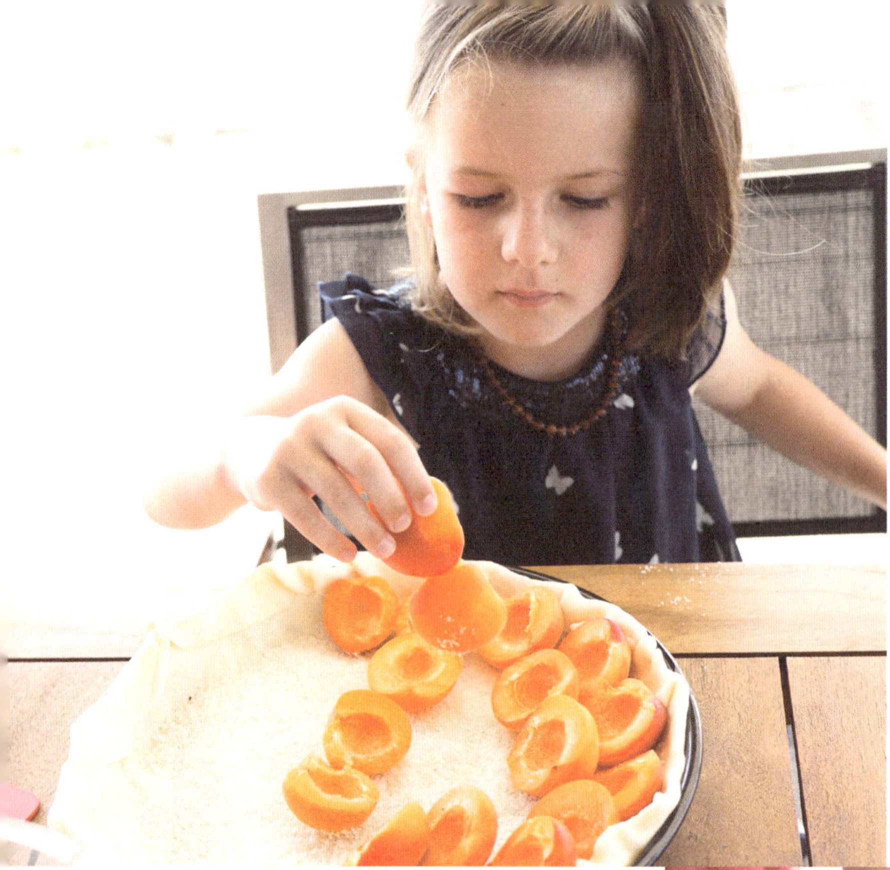

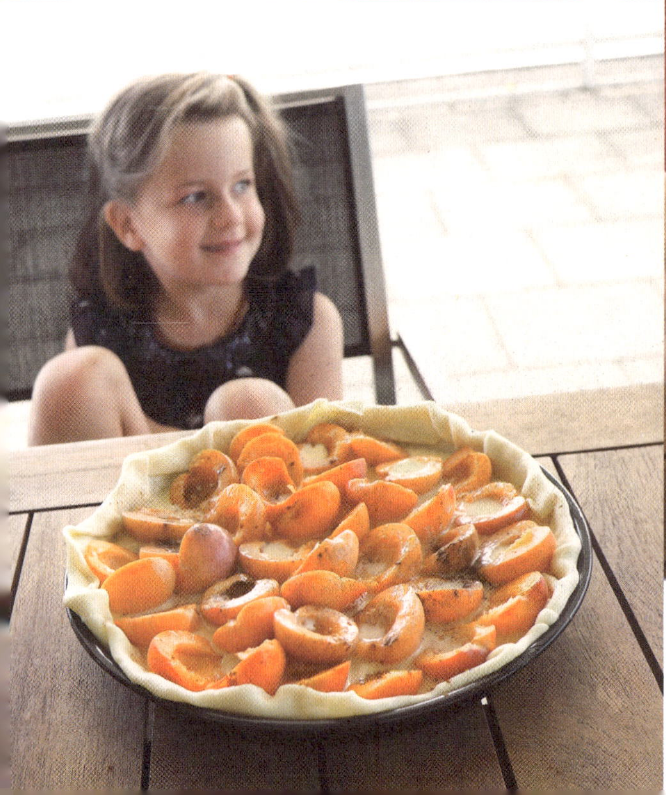
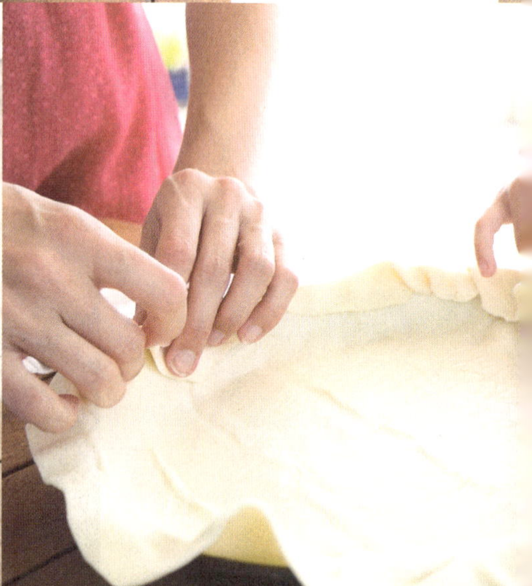

杏桃派

家庭食谱

材料

原味塔皮 8 寸 1 个

内馅
杏桃¹ 8～10 颗
蛋黄 3～4 个（约 40 克）
细砂糖 40 克
无盐奶油 30 克
鲜奶油 70 克
柠檬汁 10 毫升
低筋面粉 50 克
蛋白 60 克

① 杏桃是欧洲夏季盛产的水果之一，在此是用新鲜杏桃，但在中国台湾杏桃不常见，可以到超市购买杏桃罐头。

做法

1. 奶油置于室温软化，备用。
2. 蛋黄、细砂糖搅拌至糖融化，颜色变白。
3. 软化的奶油倒入步骤 2 的液体中拌匀，接着慢慢加入鲜奶油拌匀，再加入柠檬汁拌匀，最后加入低筋面粉搅拌均匀，蛋奶糊即完成。
4. 蛋白稍微打发，分次加入细砂糖打至干性发泡，倒入蛋奶糊中拌匀。
5. 塔皮放入塔模内，并用叉子在塔皮上戳出密密的小洞。（用叉子戳洞，是在烘烤时让里面的空气出来，塔皮才不会变形）
6. 塔皮内排入切成块状的杏桃，倒入内馅刮平，放入烤箱。
7. 温度上火 180℃、下火 200℃烤约 15 分钟后取出，摆上其余的杏桃，再进烤箱烤约 15 分钟，直到上色，触摸馅料出现弹性即可。

沿途景点

瑞士琉森湖

Lucerne, Switzerland

　　瑞士境内大小湖泊有 4000 多个，美丽的湖光山色带动旅游业。我们造访的琉森湖（Lucerne Lake）位于瑞士中部，湖泊面积大约 114 平方千米，是瑞士境内第四大湖泊，四周有知名的山岭胜地瑞吉山（Rigi Mountain）、皮拉图斯山（Pilatus Mountain）左右环抱，形状非常不规则，也是瑞士风景最优美的湖泊。而依傍着湖泊的琉森市（Lucerne），则有"湖畔巴黎"美称。

　　友人 Iris 把车停在琉森湖畔的瑞士交通博物馆前，这个交通博物馆是欧洲最大、内容最广博的移动设备博物馆。参观馆内需要购买门票，原价是 30CHF（瑞士法郎），因为没有带着孩子一起，我们就没有入内参观，但 Iris 说，馆内有一架真正的飞机，还有很厉害的仿真飞行器，孩子可以像走入真的驾驶舱，体验开飞机的乐趣。另外，瑞士的火车很厉害，馆内的铁路博物馆面积最大，展览品也最多。

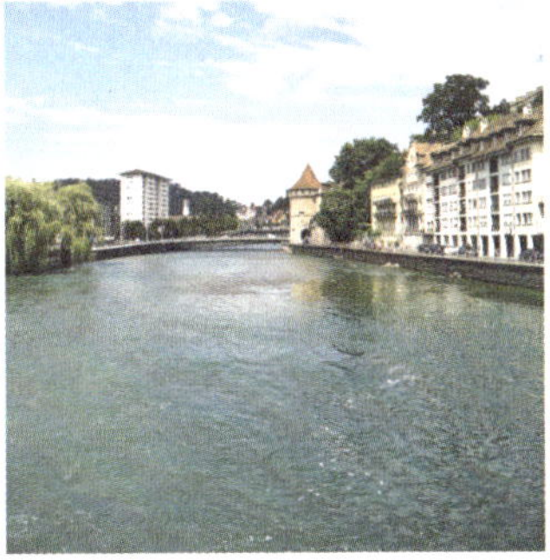
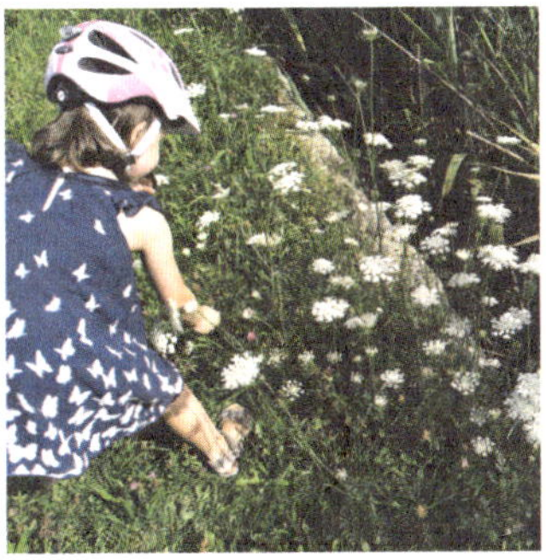
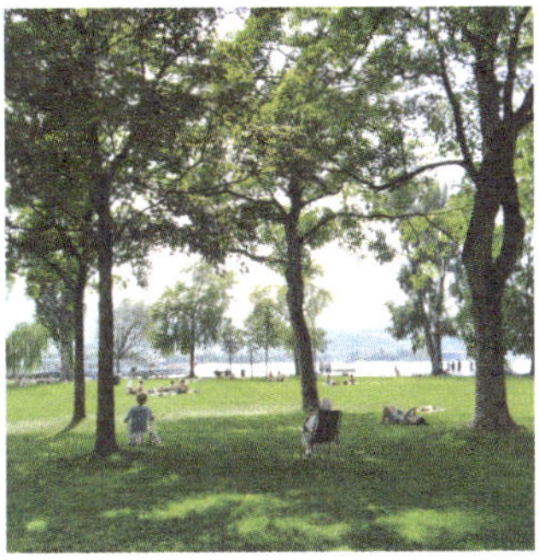
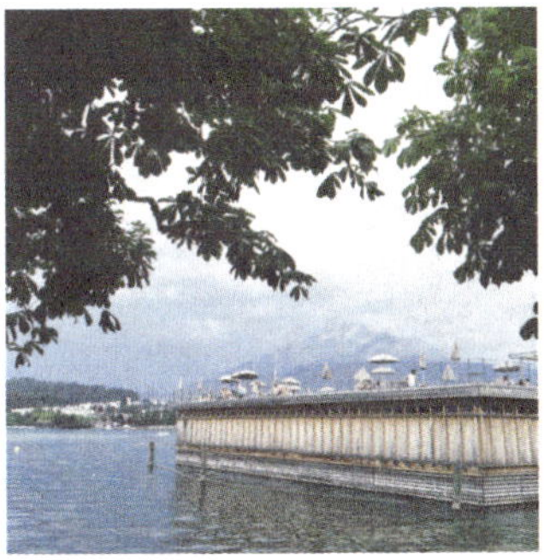
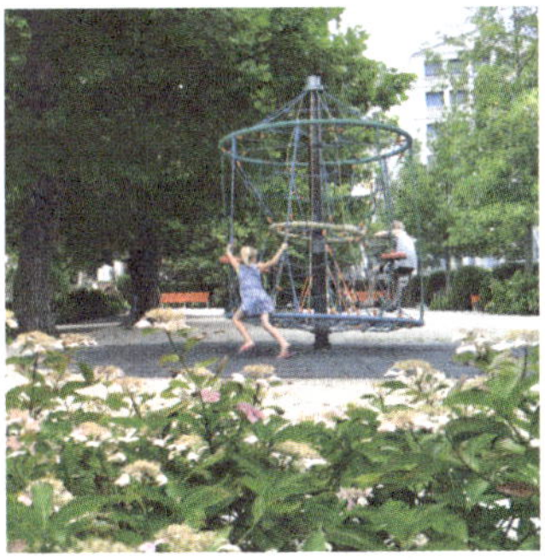
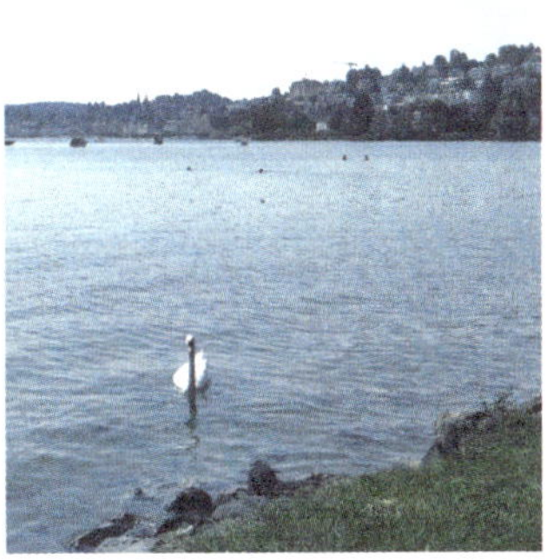
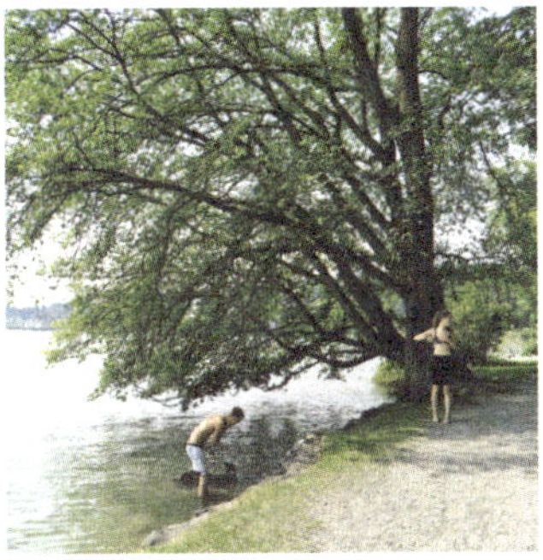
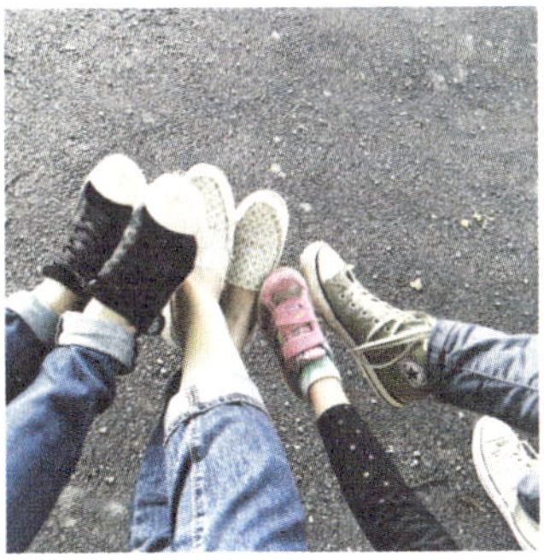
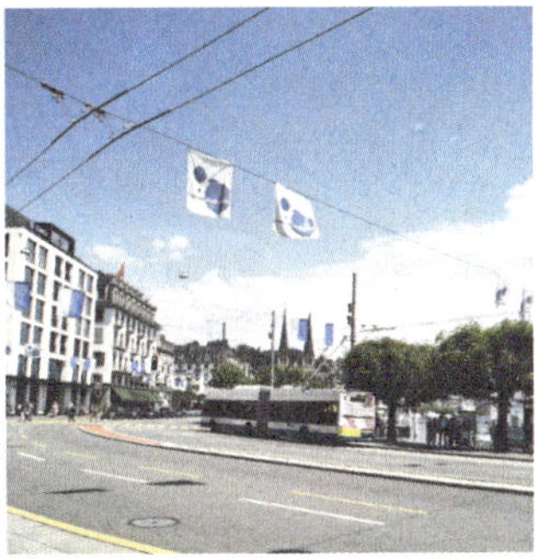

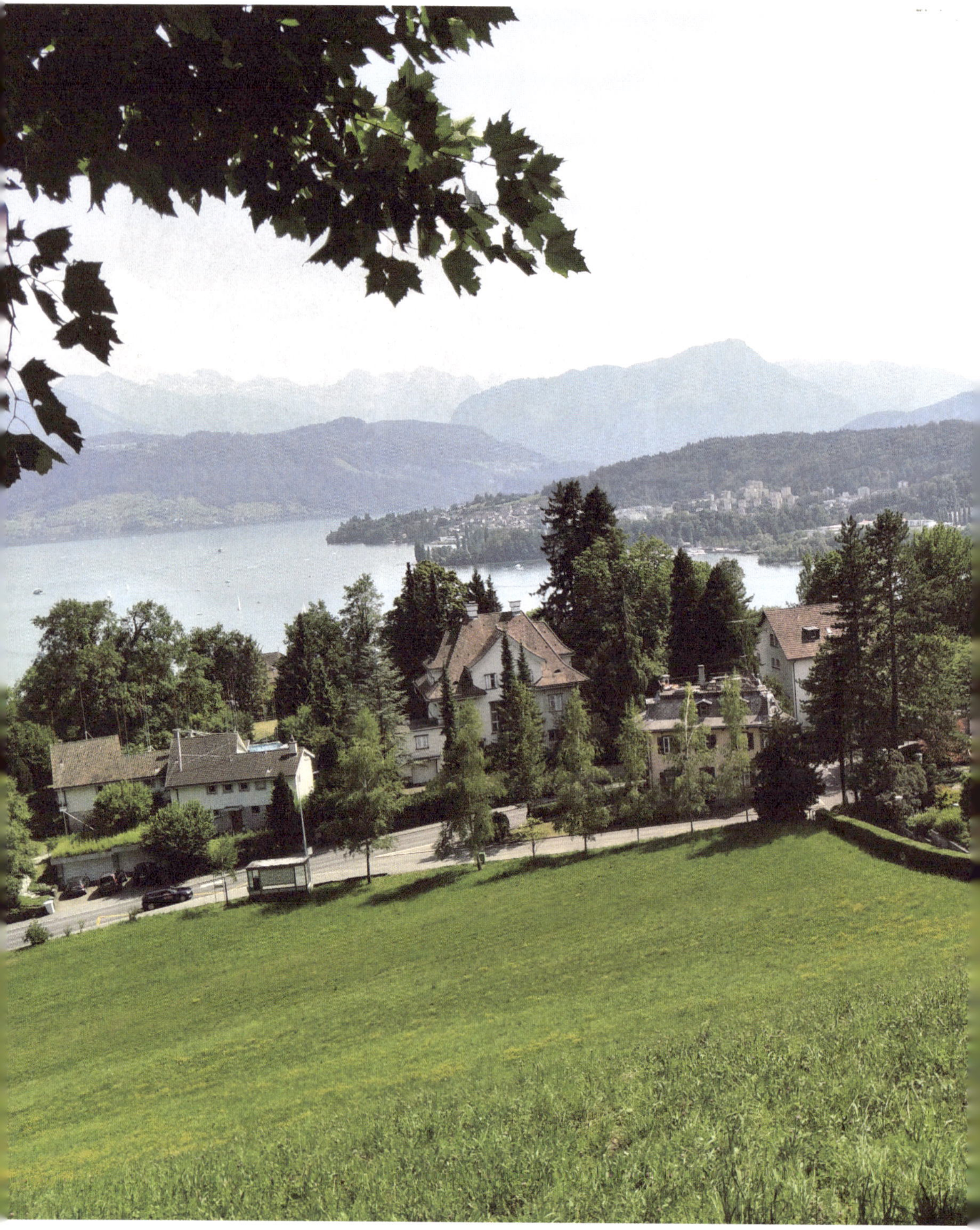

夏季的琉森湖，好像只有两种人，一种是在湖畔草地上晒着日光浴的人，另一种就是在湖里与天鹅、野鸭戏水的人。为什么有这种感觉？因为绕着湖畔的小径走到卡贝尔桥（Kapellbrücke）之前，像我们这样散步的人真的很少，不论老少，大家都穿着泳装，一个个往湖里走去。我们好像很特殊，但享受着舒适气候，壮阔山景，湖水波光粼粼，才不在乎自己为什么没穿着泳装，跟着一起下水、晒太阳。琉森湖畔的公园，一年四季都是免费的，但也有收费区，该区特别以铁网围起，铁网后可看见沙滩排球场、游乐场等设施，也可以进入琉森湖玩水。如果介意孩子戏水后的身体清洁或在草地上打滚弄得一身脏，可以考虑付费场地，只有付费场地提供盥洗服务，免费的场地则没有。

Lucerne Lake

Lucerne, Switzerland
全年无休

Läb
dini
Träum!

Jasmin

⑰ 活出你的梦想！

Country ——————— City
瑞士　　　　　　　琉森

👤 Marco 房地产代理商 40 岁
👤 Jasmin 护理师 38 岁
🧒 5 岁　🧒 3 岁半

　　　　我生活在不幸福的家庭，在我 10 岁时父母离异，但他们依然是朋友，为了我而合作，提供任何我需要的东西。我从他们身上学到，即使不相爱，没有婚姻关系，也能朝同一个"目标"努力前进，而我父母的共同目标便是给我最好的生活。如果当初他们没有小孩，也许就各走各的路，但他们没有，一切都是为了我，我觉得这很棒。即使我的家庭不是大家所谓的幸福家庭，但因为他们的付出，我依然感受到满满的爱。
　　　　　　　　　　　　　　　　　　—— Jasmin

　　Jasmin 住在瑞士德语区，在医院小儿科担任护理师，与从事房地产事业的 Marco 结婚多年，育有一对美丽、健康、活泼的儿女，大女儿 5 岁，小儿子 3 岁半。我们到访时间在周间近午时，Marco 已经去上班，而 Jasmin 因为瑞士的育儿政策，一星期只需上班两天，我们因此幸运地认识了这可爱的一家人。两个孩子的嬉笑声回荡在整个空间，相互追逐的小身影，金色发梢飞扬，像极灿烂的阳光，闪闪发亮。

　　瑞士夏季日间气温在 18℃～ 28℃，宜人舒适，这都要归功于境内 4000 多个大大小小的湖泊，带来丰富水汽，有助于调节温度，也因水汽充沛常有午后雷阵雨。

夏日阳光在中北欧是很珍贵的，本想在阳台做菜，恣意享受难得的阳光，但想到正午的阳光炙热，于是作罢！Jasmin 招呼着在阳台玩耍的孩子进厨房，孩子们听到要开始做菜，兴奋得大声欢呼，因为表演时间到了，之前妈妈和阿姨们忙着聊天，让他们等得有点久。

没关系，每个人都有自己的喜好

瑞士人习惯在午餐或晚餐吃冷食，标准的冷食就是生火腿、干酪，配上面包，准备起来很轻松优雅，加上在瑞士准备晚餐并非全靠老婆，老公进厨房很稀松平常，这无疑让忙碌整天的全职妈妈有更好的心情与家人共进晚餐。Jasmin 和孩子们一起做的"培根西洋梨佐芥末奶油烤吐司"，不是冷食，但准备起来像冷食一样简单快速，却又热乎乎的。

小姐弟圆润的小手将培根卷在剖半的西洋梨上，再放上抹了奶油芥末酱的吐司，当他们开心地表示培根卷完了时，我们看着烤盘上的半成品，发现一颗西洋梨光滑滑地躺在吐司上，就好奇地询问原因，Jasmin 用德语告诉女儿我们的疑问，一听完妈妈的话，她害羞地看着我们微笑："女儿不喜欢吃培根，所以那一份是她的！"面对孩子不吃的食物，在尝试过后，如果真的不喜欢没关系，还有其他替代食物，但 Jasmin 会希望孩子至少尝试过再决定喜不喜欢。

体谅带来对"不同"的理解

"养儿方知父母恩"是许多成为父母的人常说的一句话，但对 Jasmin 而言，她是养儿方知父母"心"，这个心，不仅是对自己双亲，还对全天下父母。Jasmin 说成为母亲后最大的改变就是懂得同理与体谅病童父母与家属的心情，因为职业关系，她每天要面对生病的孩子与家长，当然还有令人鼻酸难过的情节，她以往无法真正同理体谅病童父母的心情，但有了女儿后，一切都改观了，只要想象女儿住院，

就让她寝食难安、焦虑惶恐，孩子让她懂得什么是真正的"体谅"。

这个改变让 Jasmin 教养两个孩子，与先生意见相左时，能够站在对方立场想，事情发生当下，不干涉且支持对方的做法，事后当孩子不在时，再讨论这样的方法是否适合，有没有更好的处理方式。毕竟现在的孩子很聪明，知道和爸爸相处与和妈妈相处是不同的。但

Jasmin认为夫妻教养的大方向还是要一致，但爸爸有爸爸的方法，妈妈有妈妈的方法。"如果爸爸和妈妈一模一样，那就一点也不好玩了！"Jasmin说，总要让孩子有开小差的时候。

底线与界限，来自孩子的挑战

提到教养孩子碰到的困难，最让他们伤脑筋的就是孩子总是不断测试自己的能力界限与父母底线。尤其5岁女儿活泼好动，好奇心强，喜爱提问，正是心理发展最迅速的阶段；而3岁的儿子正处在四肢发展期，需要通过许多肢体活动来帮助手脚力量以及协调性的建立。处于不同发展阶段的两个孩子，他们唯一相同的地方就是拥有无穷的体力。

他们爬高爬低、跳上跳下，展现体力，与人互动，扮演不同角色，从过程中习得与人相处的态度界限。生活里发生的无数大小事都是孩子的一个学习过程，同时也意味着挑战她和丈夫的底线。"他们一定要这样，孩子要找到他们的方法和路，所以会去尝试，试试看底线与界限在哪儿，这对他们很重要！"夫妻俩认为让孩子尽量尝试是非常重要的，然后在过程中适时让孩子明了家庭与父母的底线。

玩乐是孩子建立社交网络的机会

Jasmin说："让孩子去找朋友玩，这是他们在没有父母的帮助下，自己建立社交网络的机会。"但在中国台湾，让孩子自己出门找朋友玩的家长越来越少，而在游乐场更是处处可见家长寸步不离地跟在孩子身旁，也有两三个大人盯着一个孩子的情况，全程警戒，总是担心他们摔着、碰着，或是遇到不怀好意的大人或孩子。在游乐场最常听见的就是警告或提醒的话语："不要跑那么快！""不要爬那么高！""停下来！""小心跌倒！"鼓励、称赞的话倒是很少听到。

在瑞士的游乐场，孩子们独自跑来跑去，一个人玩耍，或三三两两互相追逐，还有家长一个人带着三四个孩子，一到游乐场孩子们就像脱缰的烈马，奔向自己喜爱的设施，而家长们就悠闲地坐在一旁长椅上聊天、看书，有的更是躺在稍远的草坪上晒太阳，偶见家长陪同，多是陪伴步伐蹒跚的幼童的。Jasmin 认为玩乐时间对孩子非常重要，孩子可以通过游戏获得许多宝贵经验，这有助于他们身体机能、协调性的发展，在这个过程中他们还能学习如何与自己相处，自我满足，初步建立社交技巧，大人应该放手，尽量不要介入，让孩子独立完成。

勇敢挑战，活出你的梦想

双亲对她的教养重点，在于决定要做的事就"尽最大努力去做"（Do your best）。对于她想做的事，双亲相信她有能力做得到，以正向态度鼓励她尽全力去做，就算结果不如预期，也没关系，因为已经尽力，日后回想起来也没有遗憾。双亲就是希望她追求自己的梦想，不要留下任何遗憾。

人能够过着自己梦想的生活，堪称是世上最幸福的事。Jasmin 对孩子未来的期许是他们能够成为独立自主、勇敢无惧的人，活出自己的梦想，面对任何事都无所畏惧，用自己的方式处理事情，更重要的是尽力去做，不留遗憾，就像当初父母对她非常信任一样。

访问刚开始时，当我们问到原生家庭与父母对她的教养态度如何时，Jasmin 第一句话就说："我们不是幸福家庭！"这句话触动身为母亲的我们，深感原生家庭对孩子的影响真是非常深远。一般人对幸福家庭的观念就是屋子里住着"爸爸、妈妈、孩子"，仿佛完美黄金三角，缺一不可。与她聊过后，我们不禁思考，也许幸福家庭不应该局限于住在同一屋檐下的形式化存在，而应该将它重新定义，幸福家庭是三颗心在一起，互相尊重、体谅，用行动、言语把爱表现出来。

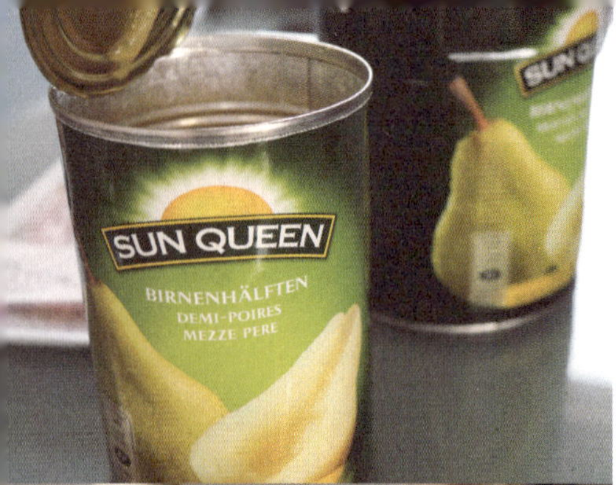
SUN QUEEN
BIRNENHÄLFTEN
DEMI-POIRES
MEZZE PERE

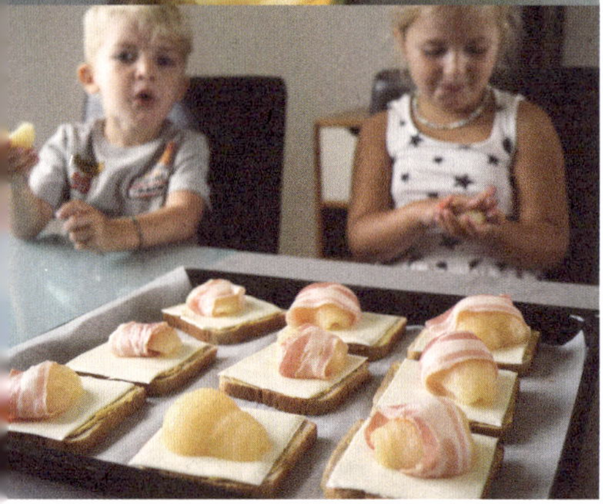

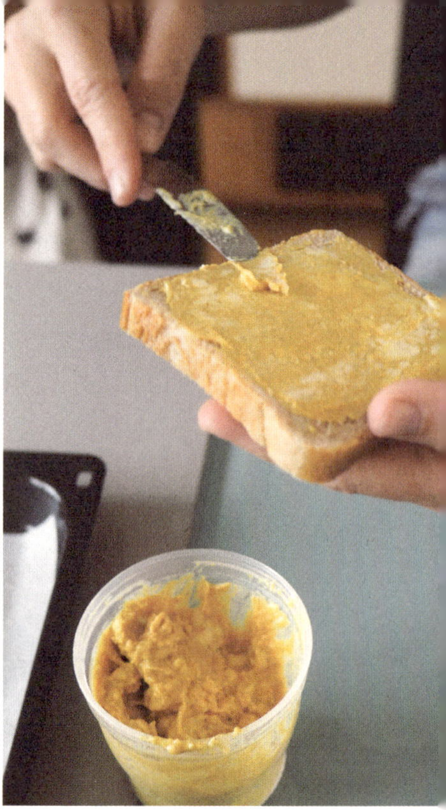

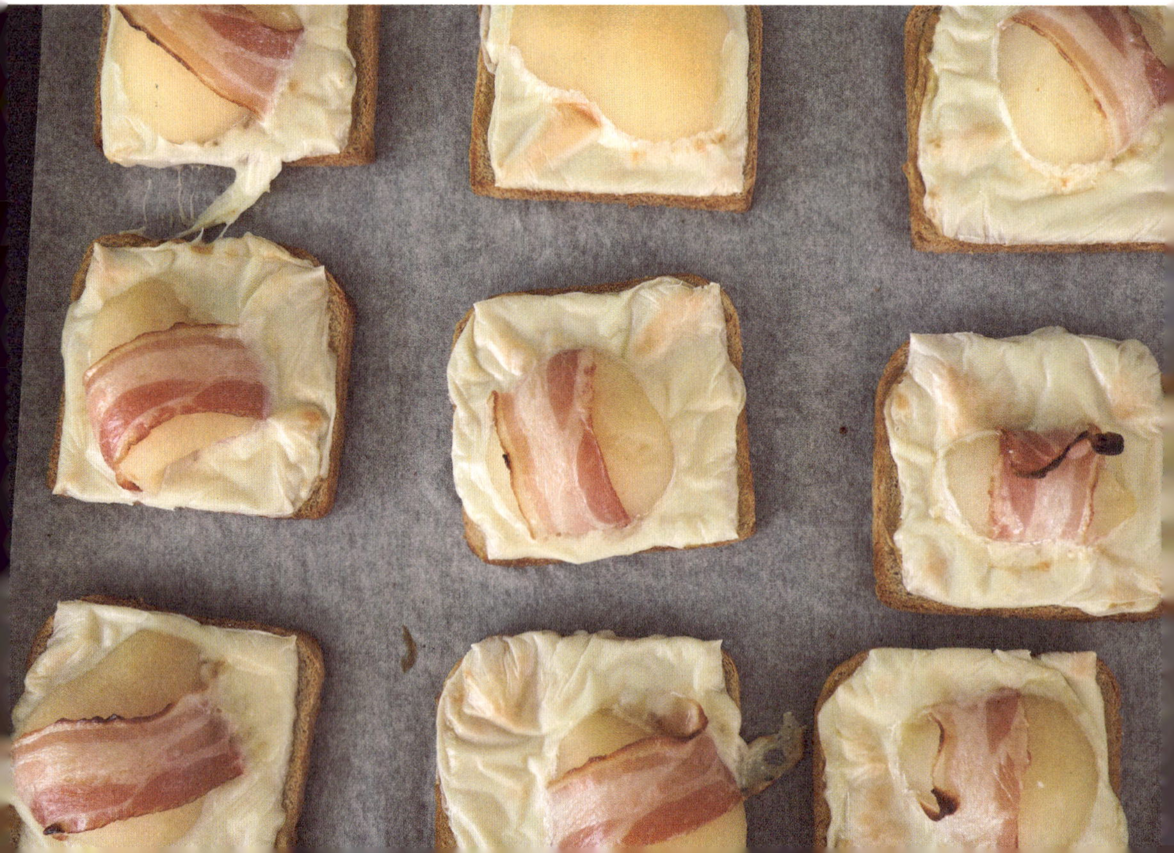

家庭食谱

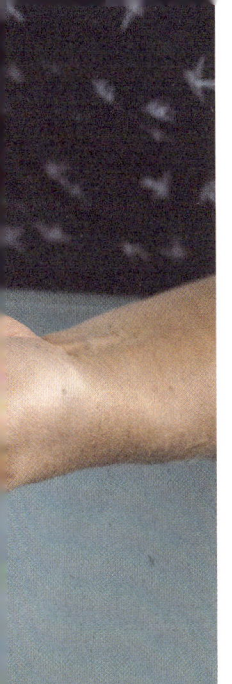

培根西洋梨佐芥末奶油烤吐司

材料（6人份）

西洋梨罐头 1罐
培根 8～9片
干酪片 8～9片
吐司 8～9片

芥末奶油抹酱

黄芥末（无颗粒） 约40～50克
奶油 约10～15克

做法

1. 烤箱调至160℃，预热10分钟。
2. 黄芥末、奶油均匀混合，做成黄芥末奶油抹酱，比例约3：1。
3. 吐司均匀地涂抹黄芥末奶油酱，放上一片干酪片。
4. 打开罐头，取出西洋梨，尽量沥干汤汁，取一条培根圈卷西洋梨。培根依个人喜好添加。
5. 卷上培根的西洋梨放在步骤3的吐司上，送进烤箱烘烤5～8分钟便完成。

MIRAR SIEMPRE LA
PARTE POSITIVA
DE LAS COSAS

ALEGRÍA NÚRIA.V.
         ELOI.B.

⑱ 阳光洒进向阳处的家

Country — 西班牙
City — 格拉诺列尔斯

👤 Eloi Burriel 环境工程师 38 岁
👤 Núria Vila 平面设计师 38 岁
👦 Oriol 4 岁 👧 Ona 2 岁

> 阳光不是不在，只是要你换个方向，这样就不会有过不去的关卡。
>
> —— Núria Vila

晚上九点，我们走过圣琼大道（Passeig De Sant Joan）的带状公园，和西班牙友人到 Tapas 餐馆喝酒。吃着撒了辣椒粉的水煮章鱼（Pulpo a la Gallega），聊着绕过半个地球的亲子访谈计划。没有开冷气的盛夏，窝在这里就像条没拧干的毛巾滴着水，想着台北不过几平方米就开了三台冷气的家，朋友笑说，地球变暖都是我们害的。

闷热和着字母拼成的英语，我们谈笑着听到了12点的钟声，才因为明日的访谈不得不离开。我不习惯亲脸颊，只好故意用拥抱收尾。友人指着那里，要我们沿着石头小巷走回饭店，"路上都是人，不用担心！"夜晚被街灯闪闪照亮，泛着微微的紫色，仿佛地上才是星空，外墙上靠着斜腿抽烟的三两人群，人声鼎沸，这里是巴塞罗那。

隔日，跳上开往东北方的火车，离开夜晚比白日更疯狂的市中心，来到格拉诺列尔斯（Granollers）访问

Núria 家的两大两小。短短不到 30 分钟的车程就到了"另一次元"。空荡的街道，车像停在路上的玩具。身边经过的孩子，张大眼睛看着黄皮肤的我们，好像我们来自火星。

打开手机上的地图，但强烈的日光让手机屏幕几乎变成黑色，我们像落单的两只蚂蚁，和自己的影子在真空玻璃球里被太阳烤着。如果不是和儿子在阳台浇水的 Eloi 叫住我们，或许我们还会继续迷路。抬头望向露台，太阳好刺眼，于是用手挡了一下。他拿着浇花瓶朝我们大喊："Bianco 吗？"并向我们招着手。

进到他们独栋三层楼的房子里，是气泡水的感觉，若没有打开瓶盖走进去，绝对不会知道里面竟暗藏磅礴生机！白色、光线与空气在用心布置的跃层间窜动，还有绿色植物点缀，和刚刚外头厚重的炙热氛围大不相同，充满生命力。4 岁的 Oriol 讲着我们听不懂的西班牙语，跳着带我们参观他的房间、最喜欢的种着果树的阳台、妈妈的工作室、爸爸的计算机桌。每个人都有自己的在家里的位置，包括两岁的翘着发尾的妹妹 Ona，笑着想要钻进地上的一个大纸箱子里。

心之所在，是家

看着墙上布置的照片，我们捉摸许久。除了晒娃，还有乡下家里的农场、戴着叔叔手作面具亲吻的结婚照，以及其他家人的照片。和中国台湾从前的四合院很像，亲戚都住在一起。虽然嘈杂，但那种亲密感伴随着他们长大。

Eloi 童年时身边时常围绕着叔伯堂姐弟，每天放学后丢掉书包就与朋友结伴在自家游泳池玩水、骑脚踏车或是捉弄动物，算是被自然养大的孩子，和农田野草十分亲近，这也是他选择当环境工程师的原因。

原本已拿到条件优渥的正职工作，但 Eloi 想着如果因为赚钱而

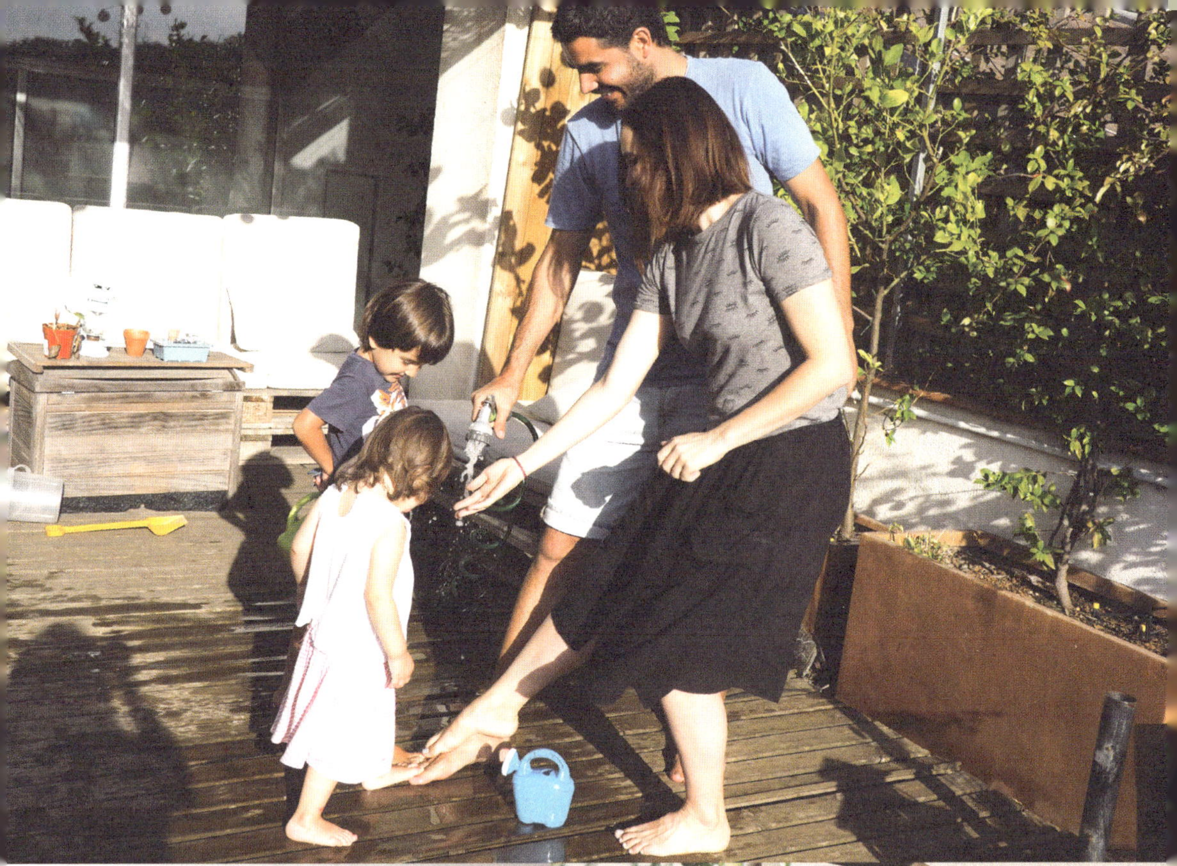

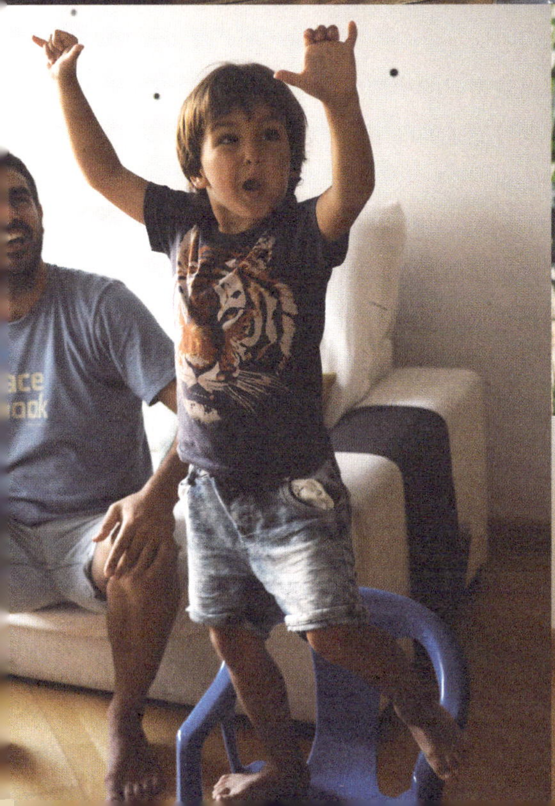

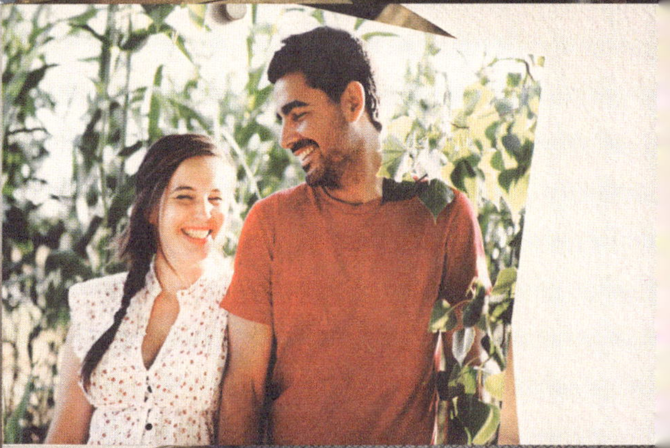

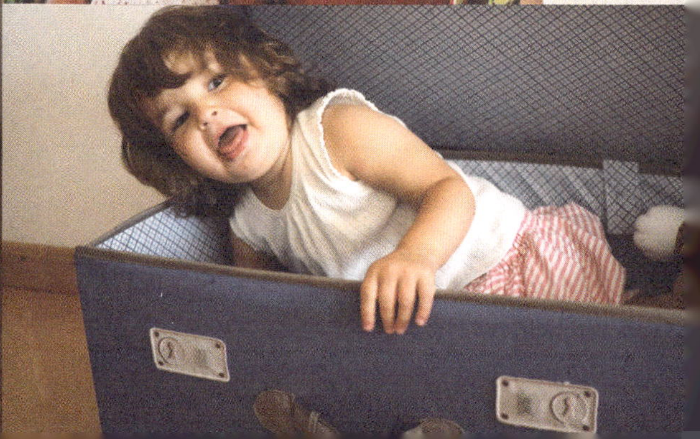

全心扑在工作上，忽略了孩子的成长，那也不是他想要的。"现在小孩需要我们，我们就该陪在身边，家庭关系对我来说比赚钱更重要。"于是，顺着心的方向，决定与身为平面设计师的老婆 Núria 一起在家工作，用自由接案的方式生活。说到这里，Núria 指着电灯开关旁的一张贴纸说，这是她把老公节能的概念变成设计，两个人一起合作推出的系列作品。他们想办法将环保且自由的方式，落实在工作与生活上。甚至为设计案特别找到环保油墨或易分解的纸张。虽然收入没有公司职员稳定，但他们可以陪着小孩一起长大。也因为这样的关系，他们才居住到离市中心有一段距离的小镇，用比较少的钱住大一点的房子，将生活质量顾好，孩子玩耍起来也比"蛋黄区"放心一些。"只要用心做点改变，兼顾工作与孩子这难题，是绝对可以解决的。"

小孩在家里没有一天不是吵吵闹闹的，但家长还是十分享受与孩子的相处时光，觉得这就是现阶段该有的生活样貌，乐在其中。什么时候，什么身份，就做什么事。但是，在陪伴孩子的同时，也没有忘记自己原来的样子。

"在和朋友的聚会里，大家常常总是只谈论自己的小孩。那自己呢？好像都忘了自己是谁，甚至老公也忘了老婆原来的样子了！如果我们就只是小孩的爸妈而已，这是非常可惜的事。"

就像跷跷板，在家庭关系里，我们不只身为爸妈，也该保留自己。当然会因为孩子放弃喜欢的某些活动，没办法像单身时潇洒地去印度自助旅行或是办家庭聚会，但她很坚持和老公轮流享有放空的时间。Núria 会去跳热爱的非洲舞，而 Eloi 则会和朋友踢场足球、喝个啤酒。"放弃一些，但别全部丢掉。"时时刻刻都把自己绷紧的话，不但自己会消失如人鱼泡沫，而且自己也不是伴侣认识的自己了，这样很容易失去感觉，生活只剩下柴米油盐。

家庭的组成，不是只有亲子关系，也有伴侣关系。请和小孩分一半的自己就好。如果自己不快乐，伴侣也会满是压力，这样小孩就更不会开心。稳定的基石或许和家庭教育同等重要。

巧妙的平衡，也落实在对小孩的教养态度上

　　Núria 提到，不要以为西班牙的学校都很松散自由，其实每个国家都一样，有各种各样的父母。身边也有很多朋友把孩子丢到强调课业的私立学校，从幼儿园开始就练习写字，一堆作业。也有很多连踢个足球都要战战兢兢把小孩操练到王牌的爸爸。踢踢球当运动或游戏可以，但如果只是一味地比较和看重结果，让竞争超过乐趣那就本末倒置了。现在 Oriol 和 Ona 年纪还小，在幼儿园阶段选择的是以玩乐为主的学校，希望他们能开心，从玩里面"培养"出兴趣，这样就够了。

请记得面向阳光

　　Eloi 说自己和老婆都是乐观的人，所以积极是家里很重要的态度。"有问题，就会有解决的办法，不要放弃。"要栽种出健康的树，阳光很重要，虽然有光就会有影子，但记得面对向阳的地方。桌上一个装有半杯水的杯子，有人说只剩半杯，有人却说还有半杯水耶！单单心态上的不同，就可以让事情往不同的方向走。希望小孩可以永远看到事情的积极面。即使有挫折、困难，也要面对、解决，不要逃避。"阳光不是不在，只是要你换个方向，这样就不会有过不去的关卡。"

　　连植物都知道要张开叶片，让自己利用阳光进行光合作用。虽然两个孩子都还小，但希望他们永远记得，不管发生什么事，家人都会陪在他们身边。夫妻俩会坦诚自己的感觉，甚至是对小孩，睡前都会聊聊天。希望孩子即使到了成家立业的年纪，也还可以和自己谈心拥抱，"张开自己，家人就是太阳"。

　　二楼露台种满了高高低低的植物,仔细看竟然还有太阳能发电板。Núria 用手机播放了喜欢的非洲舞曲，跟着轻轻摇摆，儿子、女儿就同她一起手舞足蹈起来。Eloi 拿着水管故意洒水打着拍子，水珠在阳光的照耀下，也闪耀着一起跳舞。

在我们面前的这家人，和此时斜斜洒在天台木地板上的阳光一样，暖暖的。

○ 家庭食谱

家传西班牙烘蛋

材料

洋葱 1个
蛋 6个
马铃薯 5块
盐 适量
橄榄油 适量

做法

1. 马铃薯削皮，洗一洗晾干。
2. 将马铃薯切成薄片后，用橄榄油煎焦黄，倒进海碗里。
3. 洋葱切丝，放到锅里煎到金黄，倒进刚刚装马铃薯的海碗混合，待凉。
4. 另拿一个碗打蛋，搅拌均匀后倒进海碗里，和洋葱、马铃薯轻轻搅拌混合，再加点盐。
5. 取一深煎锅倒点橄榄油，锅微微热后倒入步骤4的食材。
6. 用中大火煎约4分钟，拿大盘子小心反扣，倒出烘蛋。这里请先看看蛋有没有凝固，如果还没凝固，就再继续煎一下。
7. 反面再煎4分钟，即可上桌。

西红柿酱汁面包

材料

法国面包 1个
西红柿 2~3个
初榨橄榄油 适量
盐 适量

做法

1. 将面包切片。
2. 将西红柿洗净,切半,并直接放在面包上。
3. 淋上初榨橄榄油,并撒上盐。
4. 和烘蛋一起享用吧!

207

vend aldrig ryggen til eventyr!

Sebrina Boustier

Vær Kunstnerisk

Rasmus Boustier

⑲ 灌溉孩子，让他们长成自己的样子

Country —————————— City
丹麦　　　　　　哥本哈根

👤 Rasmus　教师　35 岁
👤 Sebrina　教师兼插画师　38 岁
👦 8 岁　👦 5 岁

在我 9 岁的时候，母亲脑部病变，无法再照顾我们，我和兄弟姐妹被带到儿童之家，但我永远记得她说的话。母亲告诉我，生而为人的第一信条是动物优先，再来是小孩，最后才是成人！我们应该先照顾动物，然后是孩子，最后才是成人。在这样的秩序里，动物，我不太了解，也无法与它们沟通，更无法感应到它们；孩子，我爱孩子，每个孩子都很听话，他们是哲学家，对于问题总是有很棒的答案；成人，我对他们也没有特别的感觉，所以我选择当老师，照顾孩子。母亲还告诉我，人诞生于这个世界，就已经是完整个体，身为教育者或家长，第一个规则就是，你不能改变一个人。如果你试图改变一个人，就像是罪犯犯罪一样，对那人的伤害非常深，最终会毁掉你想改变的那个人。面对孩子，不管他们说什么、做什么，这是他们自己的事情，你能做的是帮助、倾听，并做他们的后盾。如果他们来请求你的帮助，你就帮助他，但要让他们自己改变。

—— Sebrina

Sebrina 和 Ramus 在哥本哈根担任小学教师，不只以父母身份和我们分享教养孩子的态度，也以教师的身份从专业角度分享教育孩子时碰到的问题。身兼插画家的 Sebrina 在学校教美术、丹麦文学、宗教信仰科目；出身

老师家庭的Ramus在特教学校带患自闭症的大孩子（七至九年级），授课科目有科学、丹麦语、文学、历史。当我们聊到中国台湾小学教育普遍仍以考试来判断孩子是否学习良好时，他们也表示近年丹麦政府教育政策也略有改变，希望学校给予孩子多点测验或考试。年轻一代的教师并不乐见此现况，认为原有的教学方式，带领孩子走入大自然，以五感亲身体验学习比坐在教室考试更重要。

"测验、考试，就好像把文学、思想硬生生地放进他们脑袋，这么做的用意仅仅是让孩子变得有竞争力，那其实是在摧毁孩子。孩子就像动物一样，必须通过五感去体会什么是危险、美好……这是存在这世上人类的生物本能。"Sebrina举例，雨后现身的蜗牛，每个孩子都会把它捡起来，摸摸看，闻闻看，然后问："这是什么，黏黏的？"他们脑袋正在想这件事。有一天下雨了，孩子说："好奇怪，为什么到处都在下雨？"他们开始思考、串联、推敲，原来蜗牛身上的黏液需要水，水来自雨，所以下雨天，蜗牛就跑出来了。孩子自己教会自己，教育不是只有在教室里，教育存在于任何地方。

拥有一对个性迥异的儿女，他们直言两个孩子虽然是他们的混合体，但同时也是完全不同的完整个体，从他们幼儿时期就看得出来，女儿就像小大人一样，非常沉稳、安静，做事有条不紊；儿子则像野生动物，一刻也闲不下来，跑来跑去。"对家长是很棒的教育过程，也是了解人类的好机会，只要通过观察研究孩子。"Ramus附和："养育孩子对大人是很好的学习课程，孩子在一个月时就已经拥有自己的性格，所以你不可能改变，只能接受，并帮助他们到达那里。"

从他们的谈话中，我们体会到两个人的生活经历对他们身为父母、教师有着深刻影响。为什么害怕死亡的Sebrina送给孩子的一句话是"永不畏惧冒险"？在成为父亲之前灵魂躁动不安的Ramus，何以在孩子出生后变成居家好男人？他们教养孩子的态度是什么？又碰到何种困难呢？

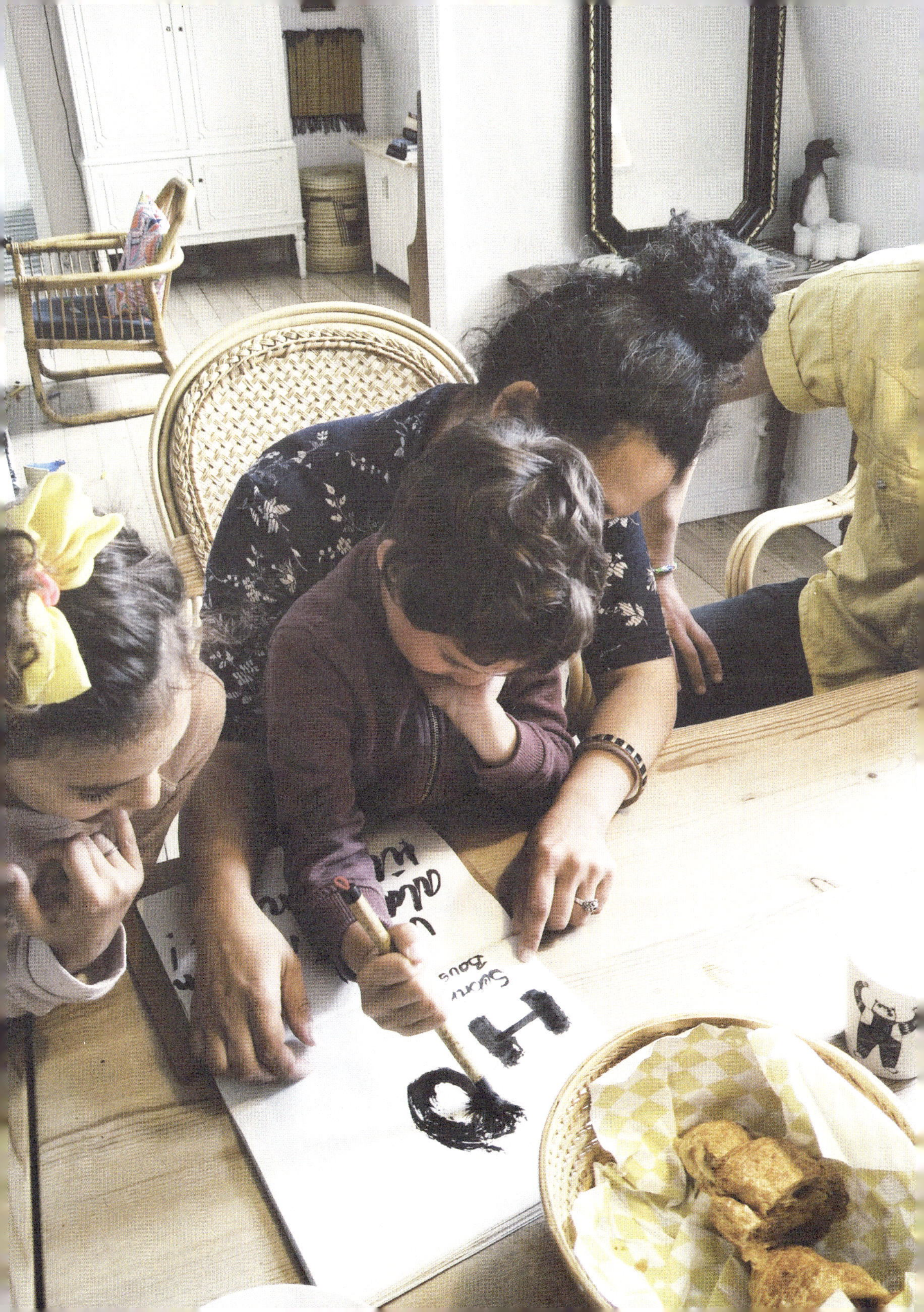

没有拥有很多，但绝对没有少

住进儿童之家是Sebrina的人生转折点。Sebrina 9岁时，奶奶去世，妈妈生病，她和兄弟姐妹被警察带到儿童之家。那时的她，因为家里很穷，环境不好，身上有很多跳蚤，她第一眼看到儿童之家时，感觉那儿就像是一座巨大的城堡。"我泡在浴缸里，儿童之家的阿姨把我清洗干净，把跳蚤从我头发里洗掉。我现在还记得，全身上下只穿着贴身衣物，包裹浴巾，坐在我的新床、新房间，闻起来有香皂的味道。"她告诉自己："绝对不要再回到贫穷的生活中，要待在这里，待在有香皂气味的地方。"这是她和自己的约定"待在没有拥有很多，但绝对没有少"的生活状态里。

与自己的约定，她知道无法一个人完成，但她想的是"我的命运是属于我的"，自己必须要坚强，也为现在拥有的而开心。从那刻起她就像受到幸运女神的眷顾，在儿童之家，孩子们不仅互相友爱，也受到社工的悉心照顾。"儿童之家的社工是教育家，知道自己在做什么，当你忧伤难过时，会得到拥抱与安慰，你永远不会孤单。这真的很棒！"到现在，Sebrina还是和他们密切往来，儿女都和他们很熟，儿童之家的人还会帮忙照顾两个孩子。"在我毕业的时候，他们带着花束为我祝贺，就像真的兄弟姐妹，也像真的父母。"

因为快乐，因为生活在发光

Sebrina怀孕，是Ramus人生的转折点。成为父亲前，他的心智一直非常躁动，无法静下来，总是在想一些人生的大问题，"我要成为什么，要怎么过生活"……好像狮子关在笼子里。某天Ramus正准备和朋友前往英国旅游，Sebrina却告诉他自己怀孕的消息，"我需要去消化这件事"，他便踏上旅途，在离去的火车上他也将妻子怀孕一事告诉双亲。在旅途中，他意识到自己要成为父亲，像是生活开始有了意义，有了目标，他也有了责任。然后，到现在他觉得这一切都是值得的，而且他过得很快乐。

Ramus 那时 26 岁，这年纪当爸爸在丹麦来说有点太年轻，所以才需要时间消化。"旅途结束后，他带回来一件婴儿衣服，一副他准备好的样子。"Ramus 个性阳刚，两个人在交往时，Sebrina 从未见过他脆弱的一面，"当他回来时，他哭了，彻底地哭了。我从没看过他哭"。只见 Ramus 羞涩地微笑着说："因为快乐，因为生活在发光。我有一个可以安定下来的地方了。这就是为什么我不会想念以前随时有派对的生活，现在的生活比较像我追求的。"

永不畏惧冒险

也许经历了太多死亡，爷爷、奶奶、父亲、弟弟相继去世，Sebrina 常常会想到死亡，但在没有孩子之前，她对于死亡一点也不在意，认为"生命长短不重要"，重点是好好享受人生与生活。但现在，她非常害怕死亡，因为女儿和儿子需要她。有时她还会为了自己不在的时光做准备，这是非常疯狂的，以前很享受人生，现在却变得非常脆弱，因为孩子需要她。"成为妈妈以后确保自己活着变得很重要，一切都是为了他们，并不是因为我想要更多活着的日子。"

Sebrina 对死亡的恐惧、害怕并未到草木皆兵的程度，孩子对她是第一重要的。和丈夫第一次约会时，她就对他说："我不会生小孩！除非我碰到有好的双亲、有正确的人生价值的男人，让我觉得我生完孩子后，即使死亡，仍可安心把孩子托付给他，这样我才会生孩子。"现在她有两个要照顾的人，心灵上也找到可以依靠的伴侣。她希望孩子能够寻找有趣的生活，打开创造之门，并与人相遇，勇敢去冒险，譬如：遇见发型奇特、造型特殊的人不应害怕，也不要觉得他们有问题，应该觉得有趣，为什么他们要这样呢？拥有渴望知道他们故事的好奇心。

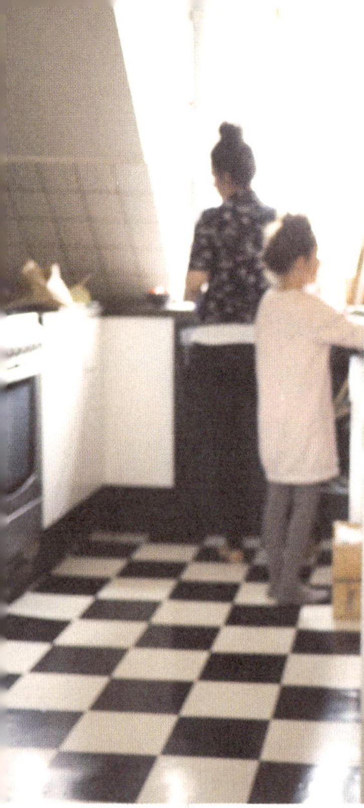
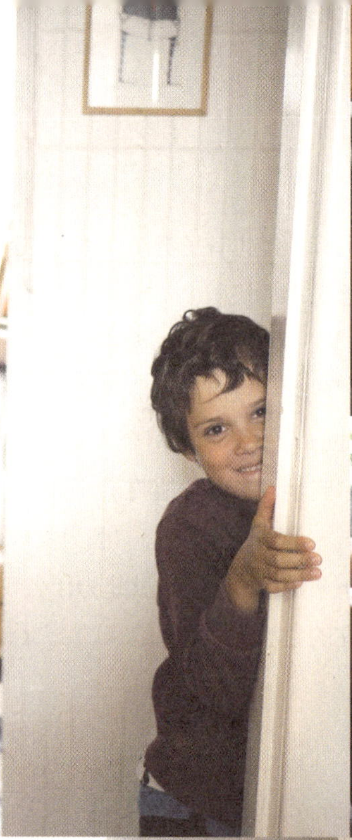
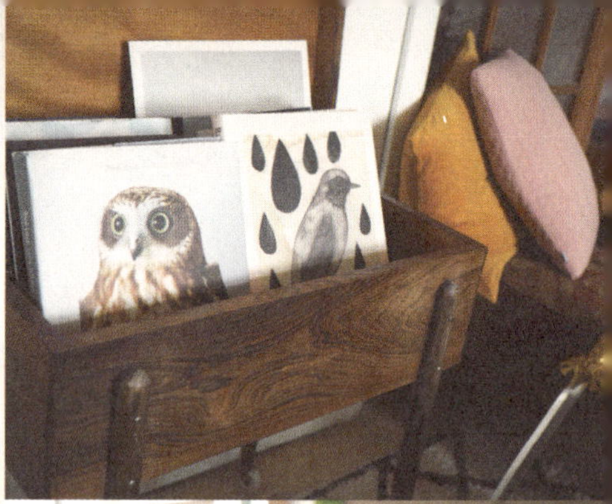
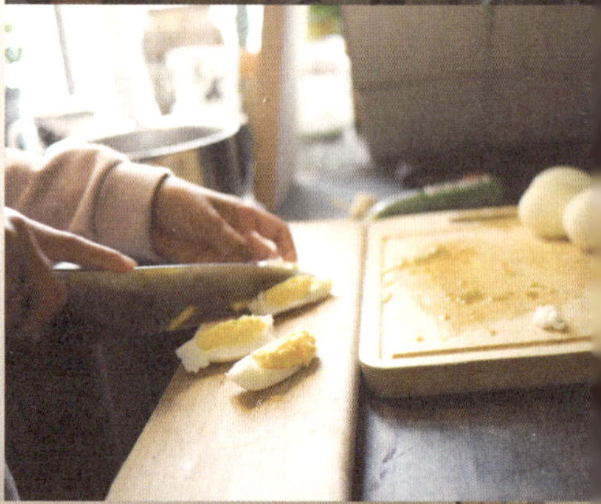
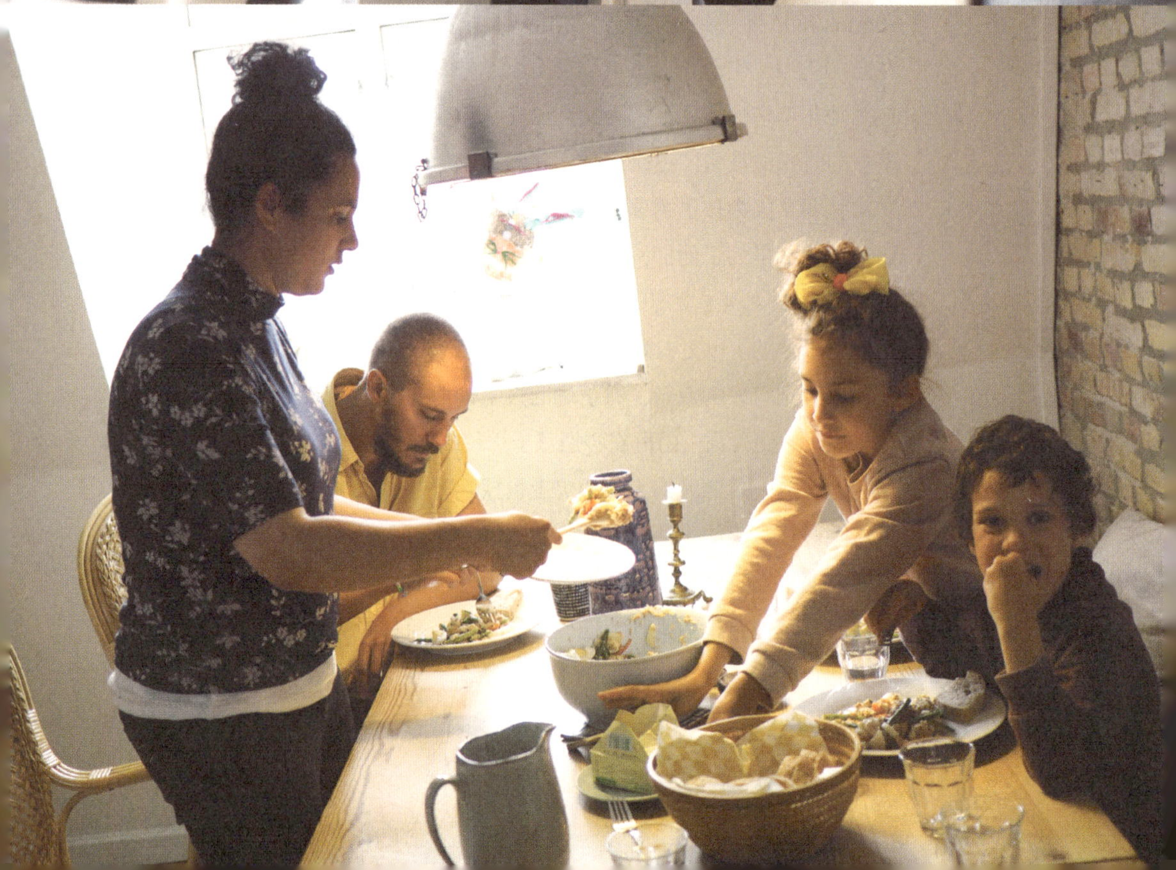

清楚的界限，一样的原则

在教养两个孩子的问题上，夫妻俩并没有碰到太多问题，两个孩子个性非常随和，Sebrina 认为和孩子沟通时，他们夫妻让孩子清楚地知道，他们的规则是什么，以及他们是怎样的人。譬如：两个孩子做了他们不喜欢的事，他们会让孩子知道他们的界限在哪里，这对孩子也会比较轻松。也许就是夫妻从孩子还小时，就直截了当地说明规则，所以两个孩子能够接受"不"这个答案，而不会歇斯底里。好比去玩具店，他们会看，不会要求买。Sebrina 每次都跟他们先说"我们只是看看"，他们都能接受，也不曾主动要求。

夫妻俩在规则上的态度是一致的，"我们是队友，要与另外一队对抗，这很重要。而且每次对抗，都必须获胜，这也很重要"。他们不讳言，夫妻规则一致对孩子是好的，他们更容易学会遵守规则。虽然规则相同，Ramus 说："但我们还是很不同的，我们不是两个妈妈。在教养态度上，我们则是相同的。"两个人说"不行"时，Sebrina 会很委婉地说："不行，你不可以这么做。"，但他会直接说："不行！"让孩子知道，夫妻俩的"不行"，声调虽不同，但一样要遵守。

访问接近尾声时，小男孩挨着 Sebrina 说着我们听不懂的丹麦语，原来儿子觉得有点无聊想去骑单车，想出去。"我们在海边有个夏日度假小屋，非常小，有花园。为了和你们碰面，我们昨天才回家。"如果没有回家，他们现在这个时候就在度假小屋外面散步、玩耍。"我们想一家人一起做些事时，会去海边度假小屋、游乐场，我们家附近就有游乐场，儿子喜欢在那看房子，看看建筑物，骑脚踏车。只要天气好，我们总是去海边度假小屋，只有我们。"

ROE 14

家庭食谱

多彩多姿的鲔鱼色拉

材料

马铃薯 1～2 块

小黄瓜 2～3 根

四季豆 少许

小西红柿 少许

腌橄榄 少许

鸡蛋 5 个

鲔鱼罐头 1 罐

莫扎瑞拉干酪 1 块

美乃滋 适量

龙蒿 少许

做法

1. 马铃薯削皮，然后切片，放入滚水中煮 10～15 分钟，放凉备用。
2. 四季豆切段，放入滚水中煮 5 分钟。捞起放凉，备用。
3. 将鸡蛋放入滚水中煮 10 分钟，捞起放入冷水，待温度变凉，剥壳，切块，备用。
4. 小黄瓜滚刀切块，备用；小西红柿对切，备用；莫扎瑞拉干酪，切小块，备用。
5. 将上述做好的食材放入大色拉盆，加入鲔鱼罐头、美乃滋、腌橄榄，轻轻搅拌均匀，最后撒上少许龙蒿，就可以上桌享用。

沿途景点

哥本哈根
瓦埃勒市集

Copenhagen, Denmark

  Ramus 推荐我们一定要去逛逛离家不远的瓦埃勒市集（Torvehallerne KBH）。它位于 Nørreport 车站附近，这市集贩卖质量最好的美食和新鲜食物，将近60多处摊位，从新鲜鱼类到肉类，一应俱全。不仅有丹麦本土的美食，也有来自欧洲各地的特色菜肴，有些小摊位还提供新鲜啤酒供大家小酌一番。"丹麦希望把这市集打造成像西班牙巴塞罗那食品市场（Mercat de la Boqueria）那样，成果很好。"

  目前哥本哈根最大最好的菜市场就是瓦埃勒市集，每周吸引6万以上人潮。市集由两栋玻璃屋组成，一栋专门贩卖"生鲜食材"，另一栋则是以"食品、饮料"为主，而在两栋建筑物中间，则有蔬果、鲜花、小吃摊位。"许多摊贩都是对食物有高度热忱的专业人士，有几个摊位还得过奖。"因此，这个市集是丹麦人选购高质量食材的好地方，也是好友小聚的好场所，难怪小小的咖啡馆里，香气满溢，座无虚席。

  不仅有新鲜食材、美味佳肴吸引人，还有一两处贩卖餐具的摊位，也令我们驻足许久，各式锅具和厨用小器皿，都令人爱不释手，可惜，我们的旅途还很长，无法带它们东奔西跑。而市集外设置的脚踏车停放处，一台挨着一台停放的单车，也让我们感受到丹麦人健康的生活方式，难怪一路上车辆不多，行人个个身形曼妙。

219

KØDBILEN
Gratis levering i hele Danmark
WWW.KODBILEN.DK
ÅBENT
ALLE DAGE

Torvehallerne KBH

Frederiksborggade 21,1360 Copenhagen, Denmark
周一至周四 10:00—19:00
周五 10:00—20:00
周六 10:00—18:00
周日 11:00—17:00

做你自己的主人
汪淑美

Ni är bäst!

Torbjörn

⑳ 做自己的主人

Country: 瑞典
City: 雅各布斯贝里（耶尔费拉市）

Torbjorn Karlsson　工程师　48岁
汪淑美　幼教老师　45岁
14岁　12岁

我已经成年，晚上和朋友去迪斯科跳舞。很晚回家，一到家发现父亲在一楼等我，才进家门，话都还来不及说，他一个巴掌就打过来，当场我就跌倒在地。母亲听到声音下楼，赶紧把我扶起来，大声斥责父亲"你是起疯（闽南语）"。父亲打的那个巴掌，让我脑震荡……我觉得台湾早期的家庭教育就是"你没有在我的要求范围里，这样就是不对的"。在这样的成长环境中，我没有感受到真正的关心。

——汪淑美

住在瑞典15年，从事幼儿教育的淑美姐和老公Torbjorn（以下称Tobbe）育有两位子女。出生在中国台南传统大家庭的她，从小到大父母对她的教养方式，就像早前大多数中国台湾家长的观念：第一，男大当婚，女大当嫁。男生娶妻生子，扛起一家重责大任；女生嫁为人妇，操持家务，安分守己。第二，不跟孩子沟通（说明）原则。只要孩子没在父母要求的范围之内，就是暴怒、打骂，这造成孩子的恐慌，让孩子不知怎么做才是对的。

在"你没有在我的要求范围里，这样就是不对的"的教养方式、大家庭吵吵闹闹的日常下成长，淑美姐极

力想逃脱。高中毕业时，家里经济状况不错，她主动要求父母让她去国外念书，但家里长辈舍不得，觉得女孩子不必出人头地。于是她开始认真工作，希望早早经济独立，同时提升外语能力，靠一己之力离开不喜欢的环境。在瑞典和老公一起建立家庭，老公总是用温和、积极、正面的态度对待她与孩子，她告诉自己，绝对不能让孩子感受不到真正的关心，除了用行动表达关心和爱，她也会说出来，所以到现在女儿还会抱着她撒娇："妈妈，你是最好最好的。"她期待孩子未来能够做自己的主人。那要如何教养孩子，才能达到呢？

说明原则，不要让孩子予取予求

不管是买东西，还是玩游戏等，常有孩子因为事不如己愿，而在地上打滚耍赖，有的爸妈在一旁等待孩子宣泄情绪，有的爸妈好言相劝尽力安抚孩子，也有些父母发顿脾气甩头就走，孩子哭哭啼啼追着……不论在瑞典或中国台湾都会发生。就拿买玩具来说，台湾父母可能会不好意思告诉孩子今天不能买，或是没有预算，淑美姐说一定要和孩子说清楚，他们是可以遵守的。她自己就是这么做的，所以现在两个孩子买东西都会先看价格，有较好的金钱观念。

有一次在瑞典幼儿园，一个小男孩放学，不愿意穿外套，坐在地上赖着不走，妈妈等了大概30分钟，后来受不了了，请淑美姐帮忙，淑美姐对小男孩说："你怎么还在这里，淑美要下班了耶！你不想走，那我把钥匙给你，你住在这里好了？"结果孩子回答："我才不要！"起身不到3分钟就穿好衣服，牵着妈妈的手走了。淑美认为会有这样的情况，就是父母没有让孩子知道"原则""底线"在哪里。所以一定要跟孩子清楚说明，并不能因为他们是孩子，大人就要迁就他们。

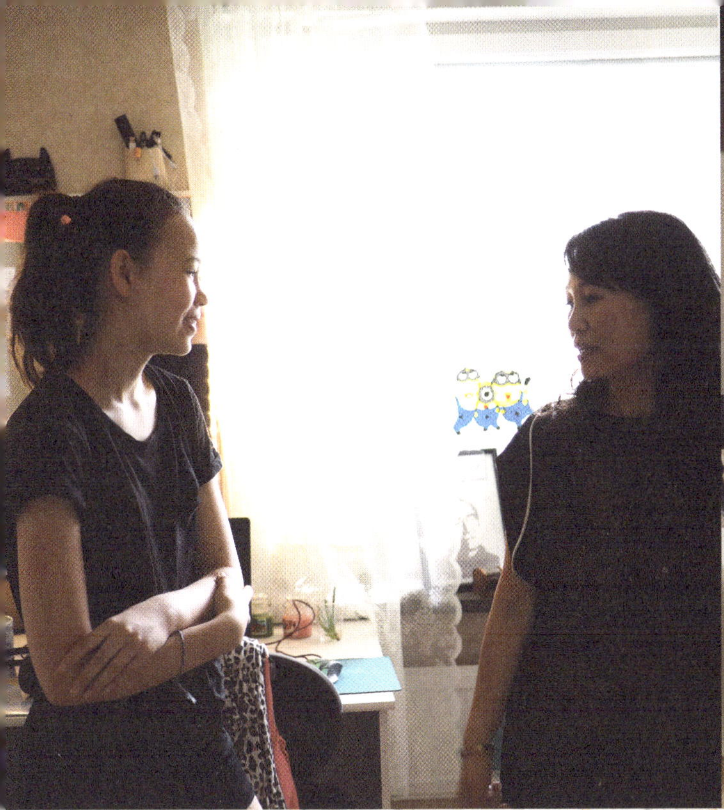

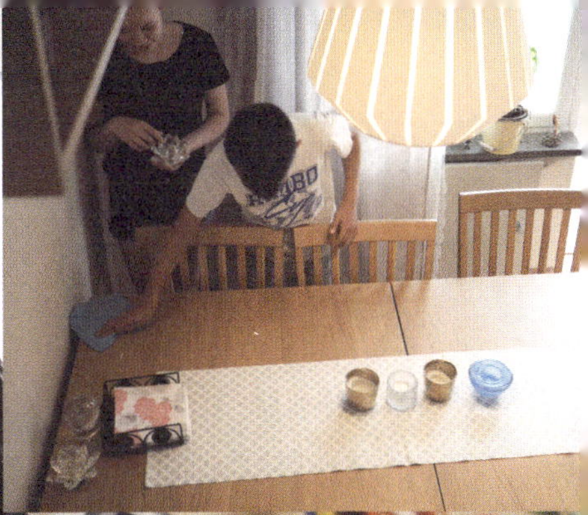

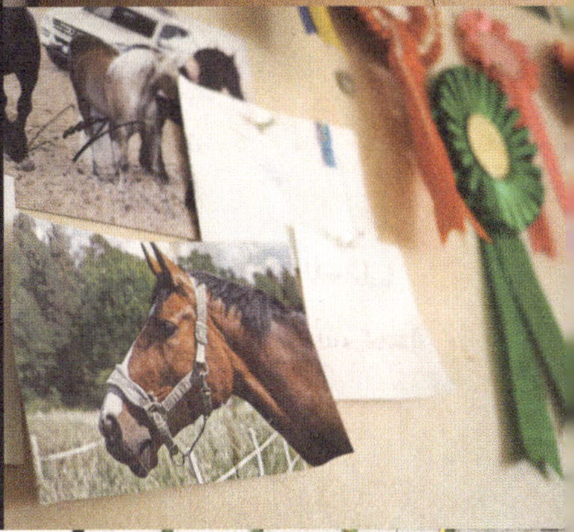

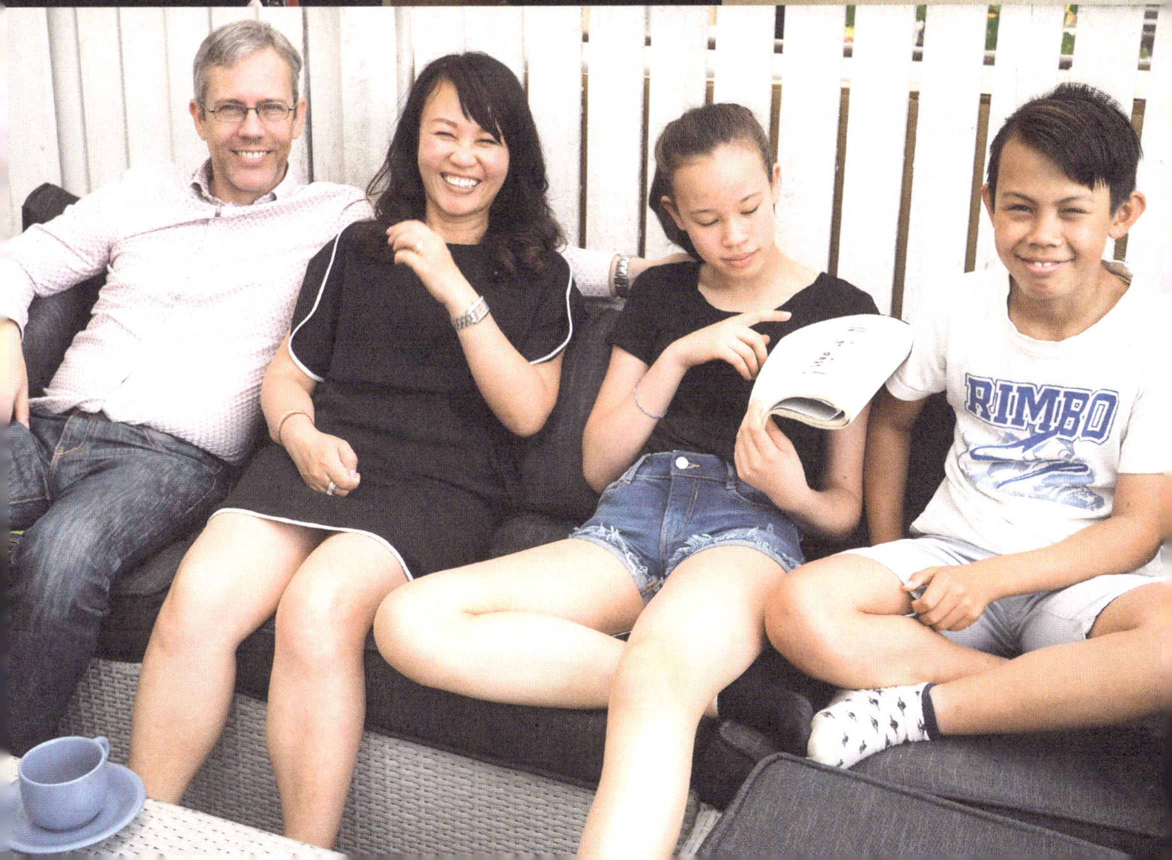
RIMBO

自我提升,比去嫉妒别人更快乐

淑美二十出头时就在台湾担任私立幼儿园老师,看尽人生百态。在那个年代,能读私立幼儿园的家庭都算富裕家庭,但她发现许多家庭过得不幸福、不快乐。追根究底,台湾人太爱比较,所以过得不快乐,"别人开保时捷很好,但我不需要,我有现在这个家庭,我很快乐"。与其花时间去嫉妒别人,不如想想如何提升自己,除了对自己有帮助,也更快乐。

Tobbe 认为,对待孩子,与其去打压他们、让他们遵照大人的做法去做,还不如帮助孩子提升自信。父母用协助的方式,每件事情先让孩子想应该如何做,再和他们讨论,"这么做好吗?""其实孩子都有足够的智慧,做出正确的决定,我们千万不要以为孩子小就不会思考。"不过,Tobbe 也表示,工作一天下来很累,其实直接叫孩子照自己的意思做是最快的,所以要做到从旁协助孩子成长真的不容易。

说到做到,身教比言教重要

说到做到,是淑美姐做事的原则,也是希望孩子能够达到的目标。这代表一个人的信任和信用,譬如我今天和你有约,那我一定会到,除非临时有事,但我也必定会事先通知你。"小孩答应我要整理房间,我就会问什么时候,他说等一下,我就会再问等一下是多久。拖很久,我会生气。"

"我给他们我的信用。"你有信用,代表你对自己负责,有责任感。至于信任,除了父母说到做到,让孩子信任你,做父母的也要能做到信任孩子。Tobbe 也认同,有责任感在做人处事上非常重要。你信用好,别人就会尊重你。当你对自己负责时,你也会对别人负责,人缘自然也比较好。

不只夫妻互相尊重，孩子也是

在教养孩子上，淑美和 Tobbe 会先协调好，互相尊重对方的决定，譬如 Tobbe 对孩子说"不"，淑美姐也一定支持这决定；还有他在训斥孩子时，她就不会插手，但会问发生什么事。淑美姐原则比较多，所以比较常扮"黑脸"，但这种情况也不常有。"我们互相尊重，小孩也会尊重我们。"

两个孩子都是青少年了，如果要跟同学出去吃饭，也会先打电话回家问可不可以去；甚至连吃冰淇淋这种小事，也会问淑美姐可不可以吃，她自己都觉得很好笑。淑美姐控制他们不要每天吃冰淇淋，结果到现在，孩子还是会习惯问她，这就是互相尊重。

在瑞典，父母不能打小孩，如果被发现父母打小孩，孩子会立刻被社会局带走。瑞典政府确保孩子安全、健康成长的政策执行得非常谨慎，对于孩子间的霸凌问题也非常重视，孩子上小学时，学校每天会让大家在广场集合，花 10 分钟时间和孩子们讨论霸凌问题。淑美想到小时候，因为不想剪头发，被妈妈用衣架打得全身是伤，这在瑞典是绝对不可能发生的。她幽默地说："也许是中国台湾环境太过拥挤、太热的关系，大家脾气都不太好。在瑞典，地广人稀，天气又冷，人们真的很少发脾气。"

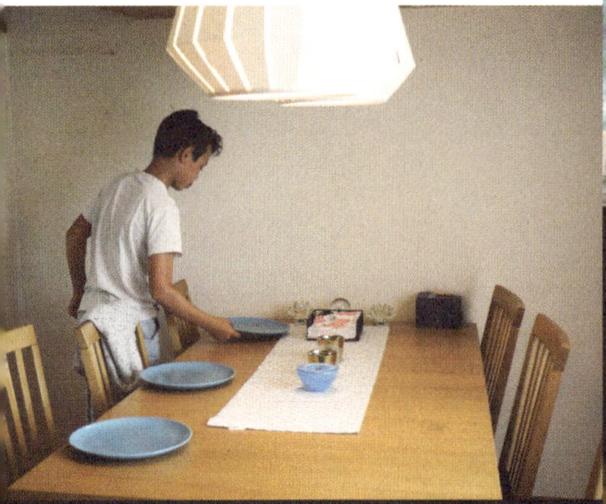

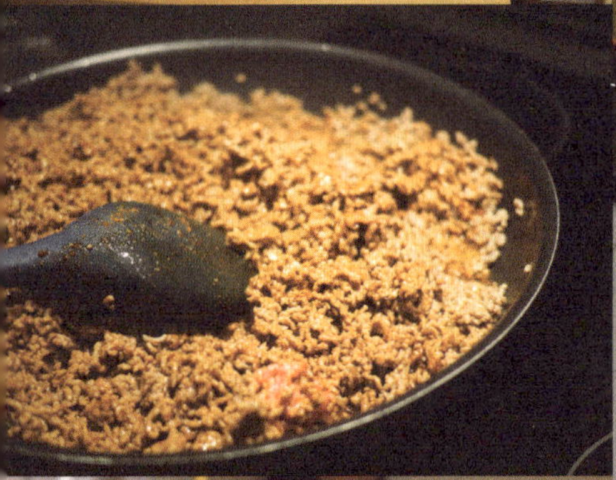

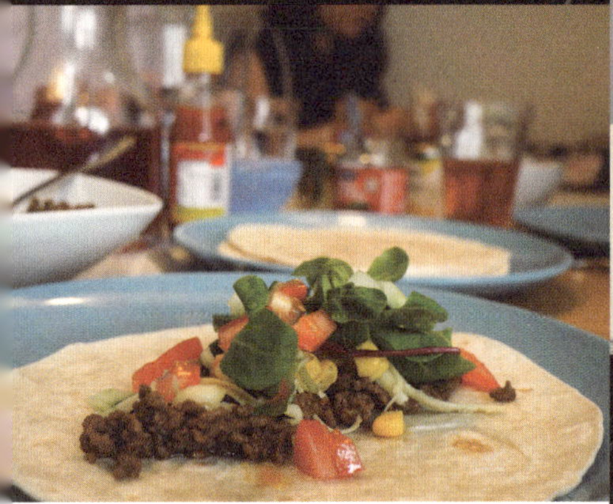

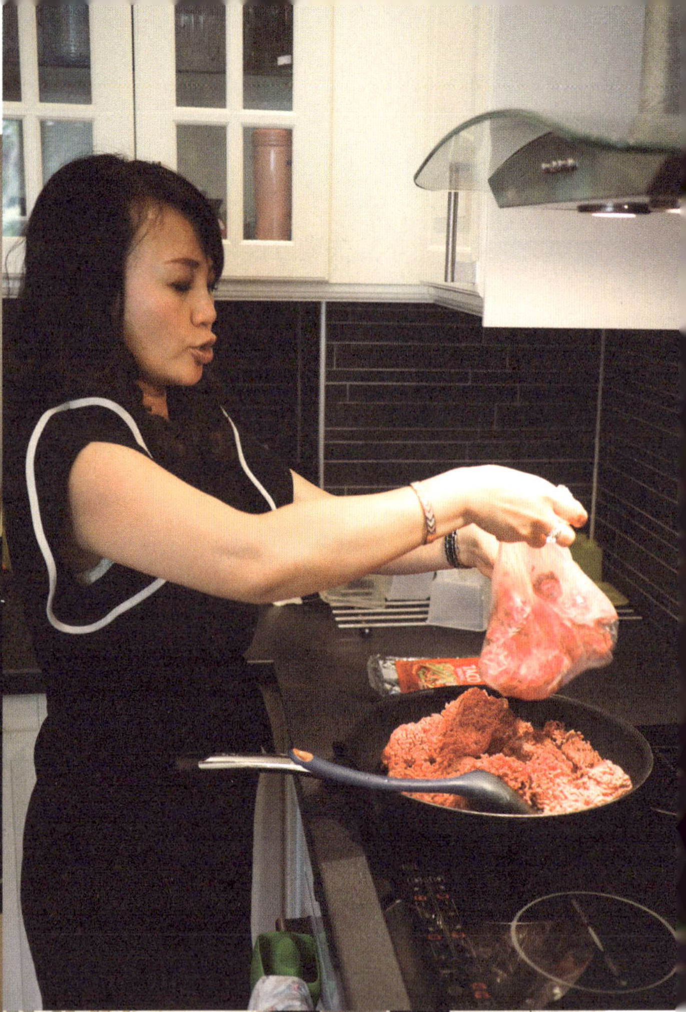

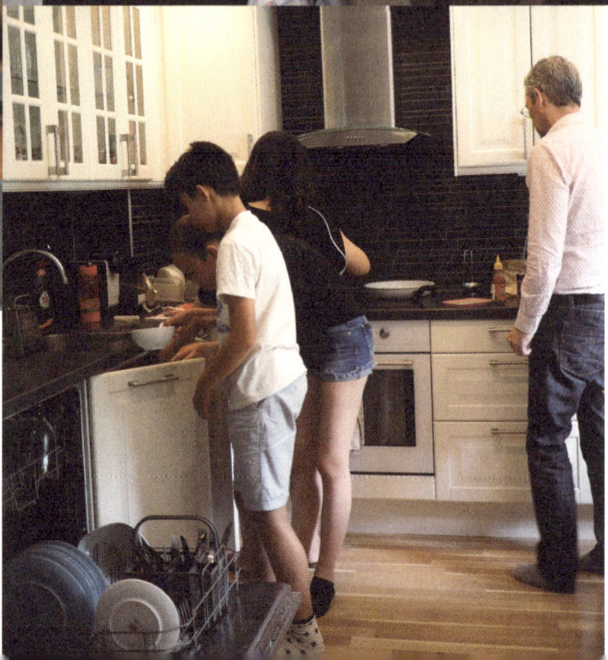

淑美姐说墨西哥卷在瑞典很受青少年喜爱,所以家里常常吃。

家庭食谱

牛肉墨西哥卷

材料

面皮 数片
牛绞肉 500 克
调味粉 1 包
奶酪丝 适量
生菜 半颗

莎莎酱

洋葱 半个
西红柿 2 个
柠檬 半个
橄榄油 1 大匙
黑胡椒粒 2 小匙
盐 1 小匙
香菜末 1 大匙

自选配料

玉米、小黄瓜

莎莎酱做法

洋葱切碎,尽量切小块。柠檬挤汁,西红柿挖出籽切块,与黑胡椒粒、盐、香菜末混合。

材料做法

1. 生菜切丝,备用。手撕生菜也可。
2. 热锅,加点橄榄油,炒香牛绞肉至七八分熟,放入调味粉后拌匀入味,然后捞起。
3. 面皮稍微用平底锅煎过,表皮出现微微焦黄。

墨西哥卷做法

取一煎过的面皮,加入牛肉馅,放入莎莎酱和奶酪丝,再搭配玉米、小黄瓜,把包满美味内馅的面皮卷起来或对折,这就是符合自己口味喜好的美味牛肉墨西哥卷。

Buď spokojen ♡

Nedej se!

Zuzana

Alex Bolti

NA ZDRAVÍ!

Vojta

㉑ 给孩子强壮的根和翅膀

Country　　　　　　　　City
捷克　　　　　　　　布拉格

👤 Aleš　房地产开发商　46 岁
👤 Zuzana　经理　39 岁
👦 Berenika　5 岁　👦 Jan Karel　1 岁半

> 母亲耳提面命"你现在做的事，全是为了你自己"。母亲从来不会因为我考试成绩不好处罚、责骂我，只会对我说"你读书，是为了你自己"。这句话成为我认真学习的动力。我从小就知道，自己做的每件事，都是为了自己，不是别人，所以我才能心无旁骛地持续做下去。
>
> —— Zuzana

布拉格，一个充满神秘魅力的城市，除了是《变形记》的作者卡夫卡一生居住的地方，对这城市最鲜明的记忆，就是大学时代，歌手蔡依林唱的《布拉格广场》，歌名引起当时年轻人对这城市的遐想，其成为我们这一代人向往的国度与城市，要去歌词里的广场寻找青春爱恋的意义。如今来到旧城广场，阴霾天气，天文钟被巨大的施工帆布围绕，无缘一睹风采，说不清楚的忧郁，搭配广场四周宛如童话般的建筑，刹那间，青春、爱恋、浪漫全回来了。

走过无情雨飘落的查理士桥，这座东欧最古老的石桥，连接着布拉格的城堡区和老城区，没有带伞的我们，仗着刚找回来的青春傲气恣意地漫步。下着雨的城堡区，观光人潮好像随着缓缓流入下水道的雨水一样消失了，

空无人烟的巷弄、斑驳的古老建筑、湿答答的石砌街道，一瞬间我们仿佛走进时光隧道，但在我们钻出巷弄时，头顶上错综复杂的电车电缆线、眼前驶过的满载乘客的电车，一下子又把我们带回现实，提醒着我们，这里是 2017 年夏天的布拉格。

住在布拉格的 Aleš 和 Zuzana，育有一儿一女，女儿 5 岁（在捷克 6 岁就要上小学）；儿子 1 岁半，正值人生第一个叛逆期——学步期。除了两个可爱美丽的儿女，家里还有四个毛小孩：三只世界上最大的猫——缅因猫，一只从动物之家领养的米克斯狗。采访当天，夫妻俩多年的好友 Vgta 先生带着一大篮蓝莓和 3 岁女儿加入，一起制作美食。原来 Zuzana 是通过 Vgta 介绍才接受我们的采访，另一方面 Vgta 则是从他所属的捷克扶轮社（Rotary）知道我们，这真是非常难得的缘分。非常感谢 Vgta 和扶轮社的帮助。

今天要做的菜肴是 Zuzana 小时候和外婆最常做的有着特别回忆的蓝莓蛋糕。"每当夏天闻到蓝莓香气，就好像回到孩提时，和外婆一起在厨房的光景。"小时候，因为母亲有一只眼睛视力不太好，所以很少下厨，但外婆是烘焙高手，常常带着她一起做美食，尤其是糕点类。疼爱她的外婆，每隔两天就会烤蛋糕或点心给大家吃。Zuzana 眼睛发亮地笑着说："到了圣诞节，我们家会有 20～30 种圣诞点心可以吃！"Vgta 今天带来的蓝莓是捷克特有的野生品种，颗粒比较小，又酸又甜，非常适合做蓝莓蛋糕。

伴随着孩子童言童语的嬉闹声，蓝莓蛋糕终于送进烤箱，孩子们跑去游戏房玩耍。Aleš 和 Zuzana 开始准备前菜与主菜，两个人分工合作，一边做菜，一边和我们聊天，更是热情邀请我们啜饮地道的捷克啤酒。许多人认为欧洲的啤酒大国是德国，但其实捷克才是真正的啤酒王国，当地啤酒种类达 70 多种，而且捷克人不论男女都喜爱喝啤酒，2022 年，捷克每人年均啤酒消耗量居世界之冠，拥有"世界最爱喝啤酒的国家"称号。"小时候，我们会提着装啤酒的酒壶去小

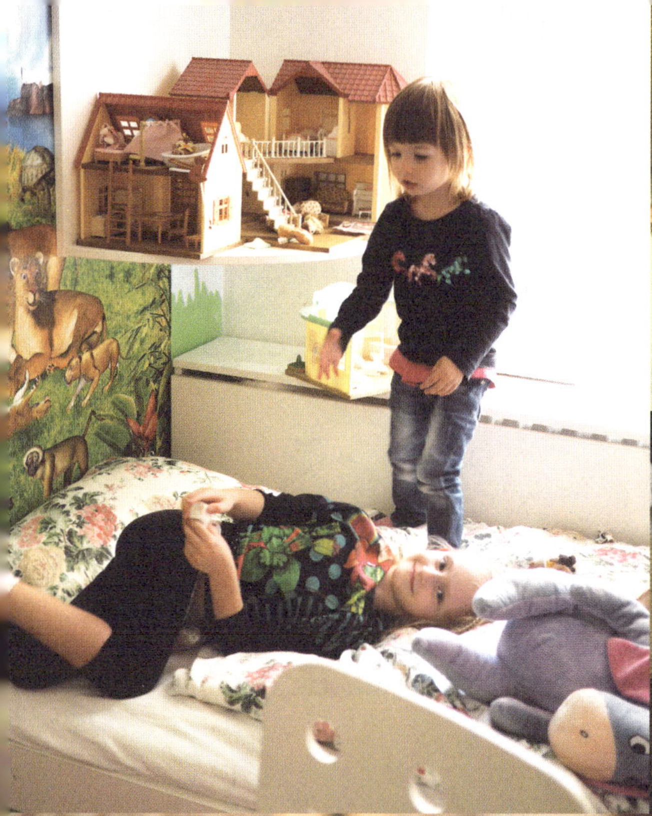
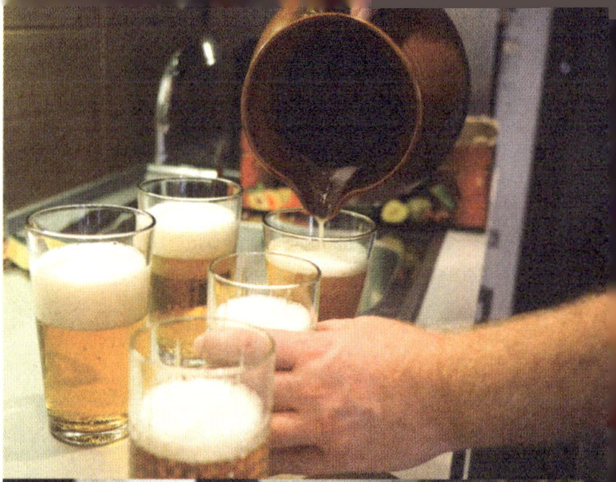
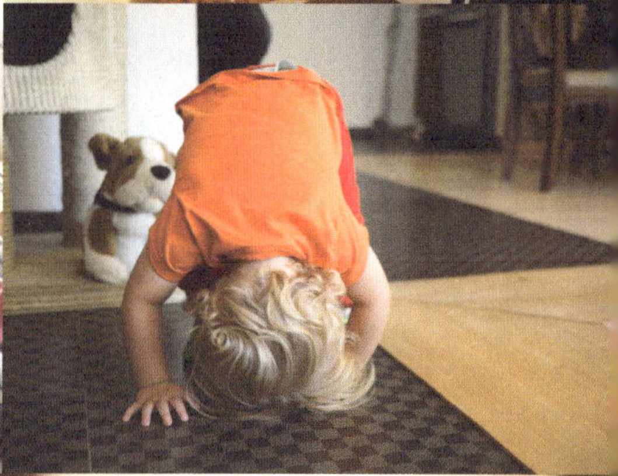
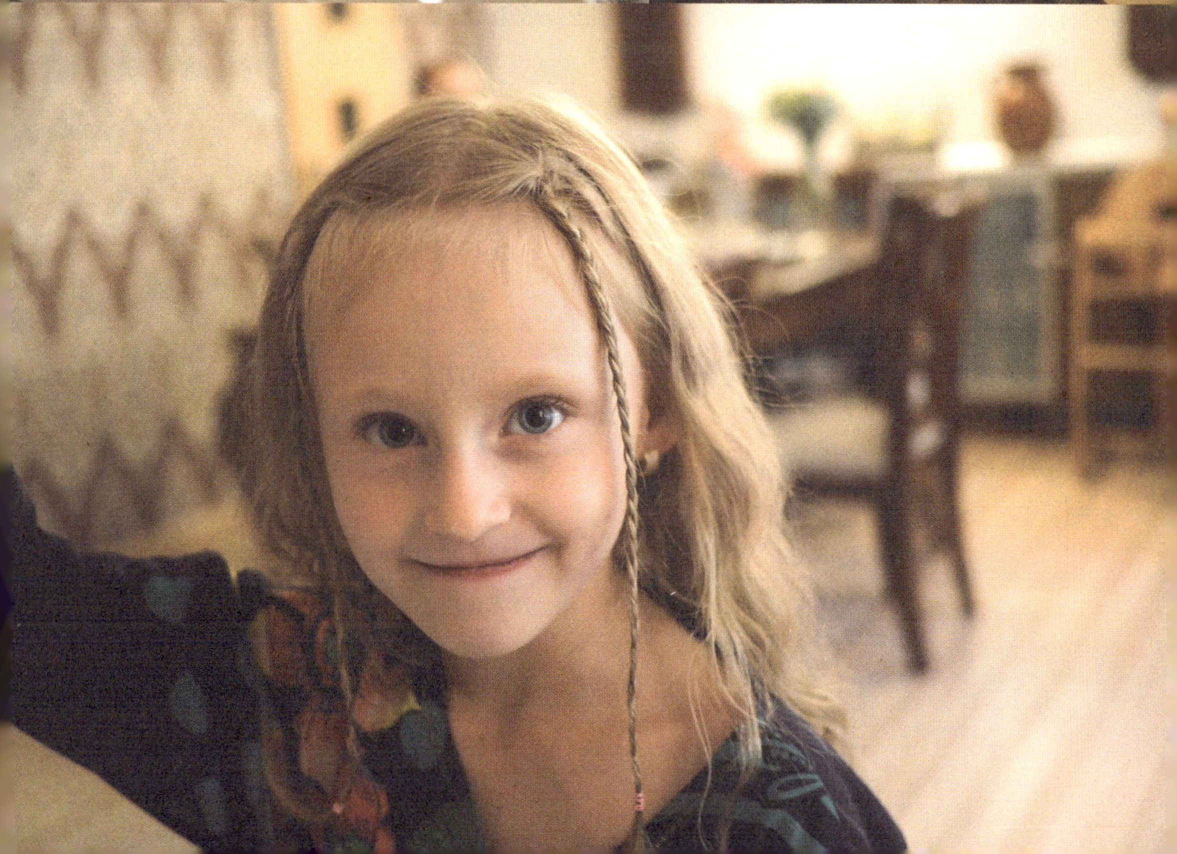

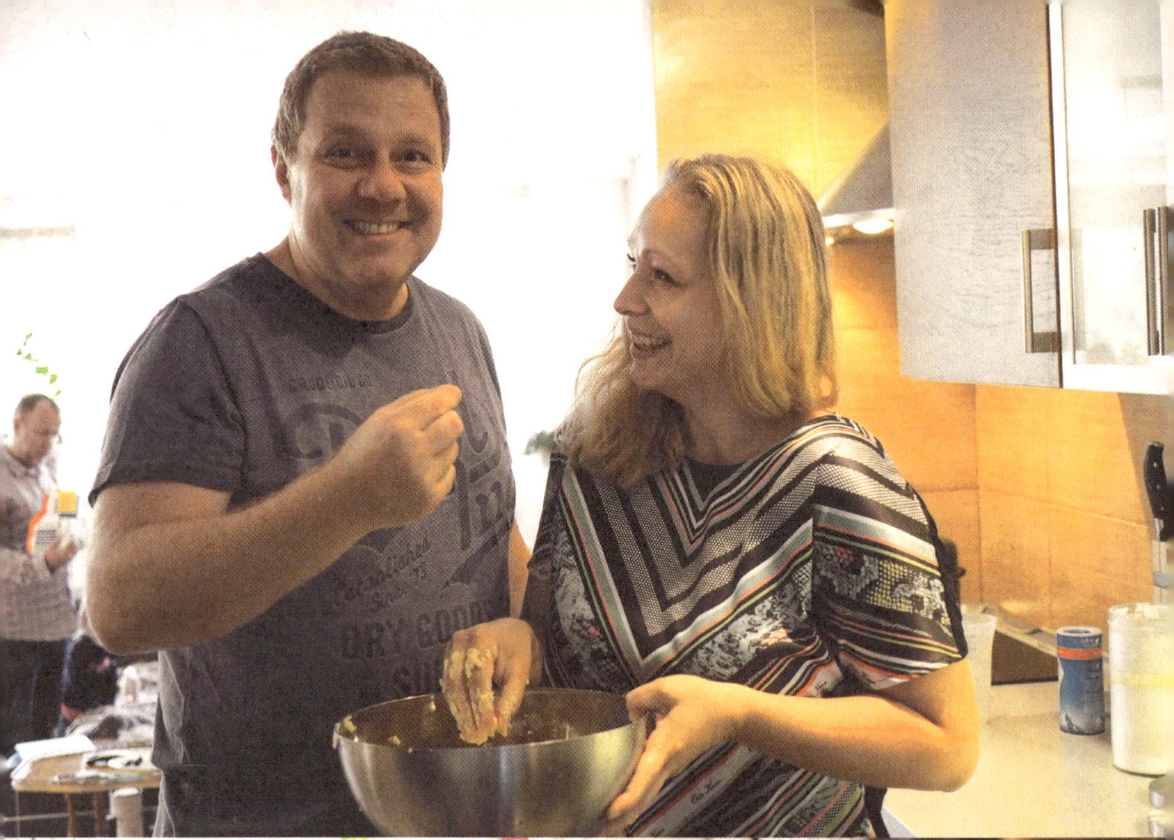
DRY GOODS

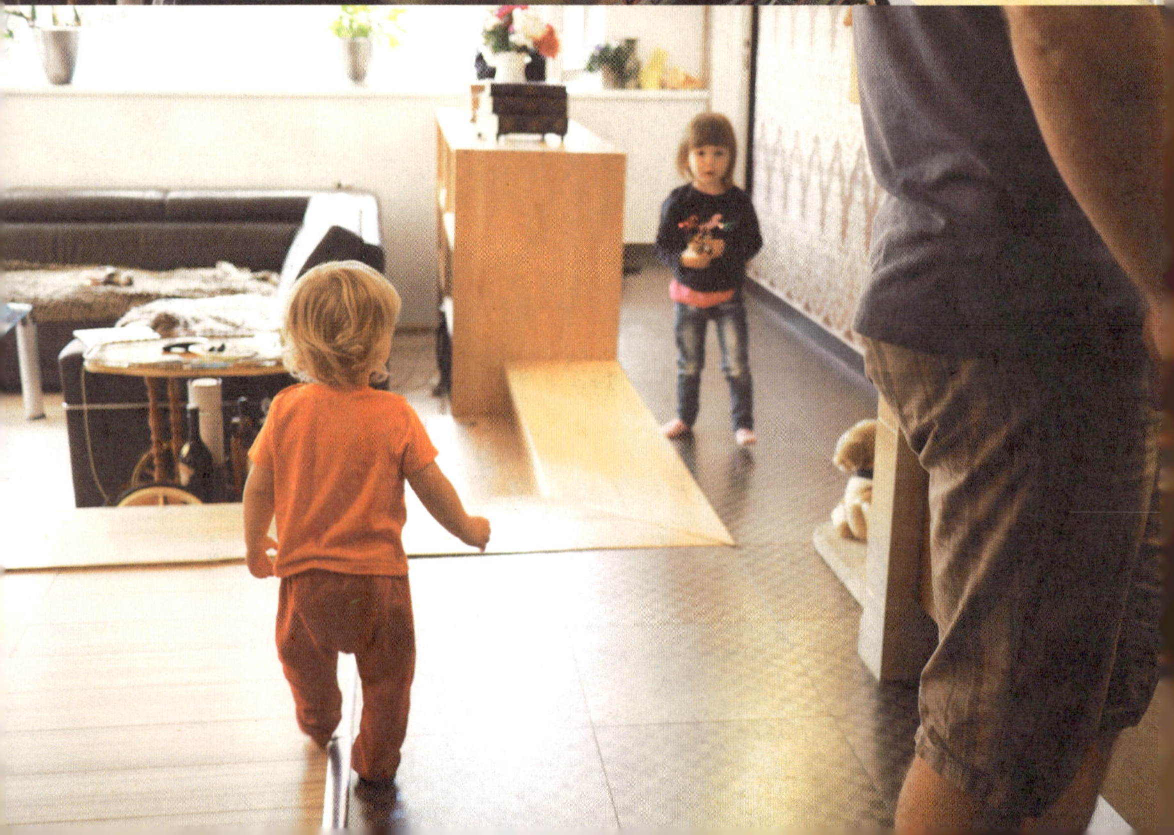

酒馆帮爸妈买啤酒。我想每个捷克人小时候都做过这件事。"

在这个充满孩子、猫狗与生活感的家，他们对于孩子的教养态度如何呢？"这问题好难！"Zuzana 想了想说她从来没有仔细思考过，曾和先生谈论过，却没有明确方向，但他们对孩子的共同期望就是成为"很好的人"。

给予安全感，自在飞翔

Aleš 说："应该要给孩子根和翅膀。"根，就是父母要让孩子知道家及家人永远在这里，当他们疲累受伤了，有可以依靠的后盾，此外，还要让他们受教育，拥有必要的学历和高贵的品格，这样才能长出强壮的根。至于翅膀，指的是父母要够大胆，学习放手，让孩子独立，做自己想做的事，这样孩子才能长出翅膀，飞向远方。"他们现在还太小了！"Zuzana 笑说现在常常需要处理的反而是孩子间的争吵问题，要他们不要吵架。

目前他们正在做的事是确立界限，让他们从生活中理解什么是他们应该或不应该做的，为孩子建立属于自己的空间，一个安全的空间，让他们在其中自信成长。所以，他们现在试着每天让他们八点去睡觉，上床前则有一些固定仪式，洗澡、按摩、讲故事等。早餐、晚餐全家一起吃，虽然不是每天，但试着从建立一般的日常常规，给予孩子安定与安全感，让孩子真实地感受到父母会一直陪伴着他们。

面对问题，不要放弃

访问过程总是有些意外插曲，尤其是家里有比较小的孩子，父母总是需要随时应对孩子多变的情绪。两个小女孩结伴一起玩，落单的 Jan 一直想要妈妈抱，Zuzana 不时哄他，唤他"Honza"。原来 Honza 是捷克经典童话故事里的英雄，捷克人用其来昵称小男孩。

Honza 在语法中也可以翻译为 Jack。Vgta 说在童话故事里，Honza 一开始看似很懒、很无能，最后却克服困难，带回名声、财富，并娶公主为妻。

Aleš 送给孩子的一句话便是"不要放弃"，遇到问题，要正视它，努力去克服。就像他年轻时天资聪颖，被送进特殊学校（资优生学校），但对待学习太懒散，成绩没能到达申请大学的标准，不得不去读三年制技术学院，毕业后到汽车工厂工作一年，发现自己不喜欢这样的工作与生活方式。于是他再去夜校进修两年，然后通过大学考试，主修计算机工程系，最后成为工程师。他的改变，在于看见问题，努力去解决，如今才能拥有满意的生活和家庭。他直言，我们一定要有不害怕面对问题的勇气，并努力去解决它。

对生活感到满足，你就会快乐

人一生总是会受人、事、物影响而成为现在的自己。Zuzana 求学过程一路平顺，也很轻松通过大学考试。因为母亲对她耳提面命："你现在做的事，全是为了你自己。"当她考试成绩不理想时，母亲不会处罚她，只会说"你读书，也是为了你自己"。这句话成为她认真学习的动力。所以，她从小就知道，自己做的每件事都是为了自己，不是别人，所以能够持续做下去。另外对她影响最大的人是高中英文老师，她不只在学业上给了她很大帮助，她的为人和教学态度也深深吸引了她。

这位老师教他们时，已经确定罹患渐冻症，全班都知道老师很年轻就会死去，她却非常乐观，活力十足，对学生非常好，一直鼓励他们。她觉得老师就像一个警钟，敲醒自己，让她知道必须乐观面对人生，做自己想做的事，对生活感到满意，因为唯有对生活满意，你才会快乐。所以她希望孩子能了解自己，做自己，满足于自己的生活，这样就会快乐。

孩子的童年，应该和父母在一起

在捷克，女性怀孕有三年的育婴假，你可以自己选择时间长短（以年计算），而且有薪水，但是是一笔固定金额，在一至三年内平均给付。Zuzana 表示，通常家长会选三年，主要是因为捷克没有任何私立幼儿园或组织，而公立幼儿园孩子 3 岁才能就读。除非家里有亲人（爷爷奶奶等），不然很难找到地方照顾孩子。Zuzana 和先生目前的工作可以部分时间待在家，亲人又住在走路几分钟就到的地方，可以帮忙照顾孩子，这让他们可以在工作和家庭之间游刃有余，得以好好陪伴孩子度过童年。

现在儿子 1 岁半，大多时候都待在家里，也需要夫妻俩较多的关注和照顾，而上了幼儿园的女儿，下课后都直接回家，一星期只有一次额外的芭蕾课。其实女儿学校也有课程可上，今年就有足球或芭蕾可选择，所以她在学校上舞蹈课，然后每周一次上额外的芭蕾课，Zuzana 觉得以这年纪孩子来说已足够。至于在捷克，有些家长想让孩子成为专业运动员，而送孩子去上专业运动课程，期待孩子有一天能参加奥运会，但她觉得应该等孩子大一点再说。"这年纪，她就应该和我们在一起。"

> 家庭食谱

天堂西红柿酱佐捷克面包

捷克的面包翻译成 dumpling，我们一听以为是饺子。结果是用水蒸煮而成的面食，口感像比较软的蒸馒头，跟我们想的饺子一点关系也没有。

天堂西红柿酱和甜椒镶肉材料

面包粉 适量
绞肉 500 克
西红柿 12 个
液体鲜奶油（甜） 500 毫升
甜椒（白） 6 个
鸡蛋 1 个
五香粉 1 小匙
月桂叶 4 片
牛油 100 克
面粉 8 大匙
姜饼 100 克
糖 10 小匙
胡椒 少许
盐 少许

做法

1. 绞肉、胡椒、盐、蛋和面包粉混合。
2. 白甜椒切除蒂头，清除里面的籽，然后用步骤 1 的肉馅填满。
3. 西红柿对切，切半的西红柿、填满肉馅的甜椒、五香粉、月桂叶一起放入大锅中，加入 300 毫升水，盖上锅盖，放入 200℃烤箱烤 1.5 个小时。
4. 拿掉锅盖，再烤半个小时。
5. 锅子从烤箱取出，放在炉子上，取出锅内的甜椒、月桂叶，将锅内剩下的西红柿汤汁和材料倒入电动搅拌机，充分搅拌混合成为酱汁 A。
6. 取一新锅加热，放入牛油、面粉，充分搅拌到没有颗粒后，慢慢加入鲜奶油和酱汁 A，不要停止搅拌，渐渐收汁（如果太过浓稠，可加点水），成为酱汁 B。
7. 把姜饼碎成小块，越小越好，加入酱汁 B，再加入糖、盐和胡椒，小火滚煮约 10 分钟，最后就成为天堂西红柿酱。

捷克面包材料

粗粒面粉 500 克
面包丁 适量
蛋黄 1 个
酵母 适量
牛奶 250 毫升
盐 少许
糖 10 克

做法

1. 牛奶加热至约 37℃，加入糖和酵母，放置约 10 分钟，让牛奶发酵。
2. 一个大碗，加入粗粒面粉、盐、蛋黄，和步骤 1 的发酵牛奶，充分混和后，再添加独家秘方"面包丁"揉搓成面团，用布盖住面团，放在温暖的地方约 20 分钟。
3. 膨胀的面团分成两个，并揉成长卷，再放置 5 分钟。
4. 两卷长面团放入热水里烹煮约 20 分钟，在烹煮的过程中，10 分钟要帮面团翻身一次。
5. 起锅的面团用牙线切割成片状，就可以上桌了。

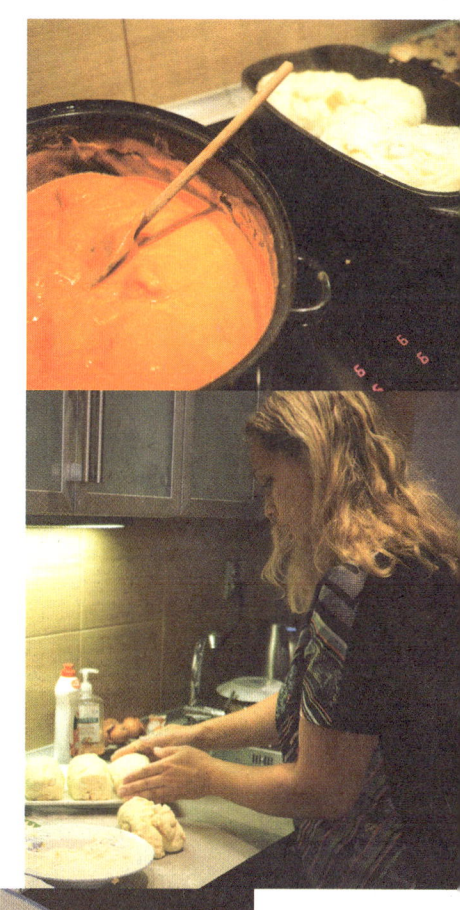

家庭食谱

炸肉排

材料

猪里脊 500 克
盐 少许
大蒜 4～5 瓣
鸡蛋 2 个
面粉 适量
面包粉 适量
牛奶 30 毫升

做法

1. 猪里脊加点盐稍微腌 5 分钟，再加入牛奶和大蒜，稍微拌匀后，包上保鲜膜，放进冰箱一晚。
2. 隔天把腌渍一晚的猪肉片拿出来，用餐巾纸把肉片上的酱汁吸干。
3. 吸干酱汁的猪肉片先裹一层面粉，再裹上蛋汁，最后沾一层面包粉。
4. 起油锅，当锅内温度够热，转小火，将裹好粉的猪肉片放进去煎炸，两面分别煎 2～3 分钟，表面呈焦黄色，便可起锅。

○ 家庭食谱

外婆的蓝莓蛋糕

面团材料

面粉 250 克
糖粉 125 克
牛油 125 克
鸡蛋 1 个

蛋糕其他食材

全脂奶油奶酪 500 克
糖 100 克
蛋黄 1 个
野生蓝莓 700 克

蛋糕装饰

牛油 125 克
糖粉 100 克
面粉 100 克

做法

1. 糖粉、面粉、鸡蛋和软化的牛油一起放入大碗里，用双手将材料充分混合搓揉，做出柔软的面团。
2. 将揉好的面团做成像派皮一样的面皮，放入派盘里，要确认面皮是薄的，且服帖在派盘里。
3. 全脂奶油奶酪、糖、蛋黄，充分搅拌混合，倒在覆盖面皮的派盘里。
4. 加入蓝莓。
5. 拿一个大砵，将牛油 125 克、糖粉 100 克、面粉 100 克充分混合后，均匀倒入加了蓝莓的派盘里，尽量覆盖住蓝莓。
6. 放入预热好的 180℃烤箱烤 30 分钟。吃的时候可以加点鲜奶油。

一直快樂、健康、自信.
有愛、坦然的成長～
　　　　　　　蔡宇涵
不管如何,要喜樂!!
　　　　　　　嘉源

22

分享爱与勇气的五人行

Country —— City
英国 —— 萨顿

Richard 产品设计师
Monica Tsai 家庭主妇
丹澈 6岁　睦淇 5岁　栩淳 2岁

> 小孩给了我勇气，没有孩子时我活得心存侥幸。当我们伤心难过时，如果我的小孩遇到同样的问题，他们会如何面对？如果我希望小孩正面积极，那我就要先成为那样的人。
>
> —— Monica Tsai

我们坐地铁离开伦敦市中心，到了南部小城镇萨顿（Sutton），在咖啡厅一边喝着咖啡，一边等着 Richard 开车来载我们到他和太太 Monica 的家。到了两人的窝，来迎接我们的是和爸爸长得很像的哥哥，与像妈妈却有点怕生的妹妹，老三年纪太小，还乖乖地躺在婴儿床上。

新手妈妈在异乡

这年代，育有三个年纪相近小孩的年轻家庭实在少见，何况还是移民家庭，担子实在不轻。"我们本来住在靠近伦敦市中心的位置，怀了老二之后，租金太贵了，刚好有朋友搬到这个区域，觉得这里的环境、小学的状态还不错，租金也比较低，我们就搬过来了。"Monica 说起话来语气温柔而坚定。Richard 和 Monica 是一对港台联姻的夫妻，Richard 曾经在中国台湾和迪拜工作，后来到伦敦从事 3C 产品设计，香港媳妇也就"嫁鸡随鸡"，在伦敦当起全职家庭主妇及新手妈妈。

在异乡当三个小孩的妈妈实在很不容易，幸而英国人还蛮尊重妈妈的育儿方式，"如果小孩在超市哭闹，大家可能会关注，但看到有妈妈在，就不会过多干涉。"这里鲜少"正义魔人"，对当时是新手妈妈的 Monica 来说，环境压力相对没那么大。而在资源上，不管是政府或教会办的 playgroup（学龄前幼儿游戏组）都很多，每星期两个小时的 playgroup，有免费的也有收费的，但收费的也很便宜（约一镑），这是妈妈们彼此交流的好机会。

OK 就好，别给自己和小孩太大压力

我们聊天时，老大丹澈偶尔会帮爸爸妈妈进行"补充说明"，这位小小"BBC（英国广播公司，BBC 为 British Broadcasting Corporation 的缩写）"讲起中文来还十分有条理，像个小大人。Monica 说他们没有刻意教小孩讲中文，但哥哥在语言和文字方面比较有天分。哥哥的学校每星期会有两本课外读物，希望家长陪小孩念，现在他已经能够看六七十页的小说类读物，而且还不用妈妈陪读。"我不太喜欢多做什么，只要小孩在学校表现还不错，学校也没有要求我们做什么，这样就可以了！"当地有些学校上阅读课时会按照小孩的能力用颜色把他们分组，有些家长就很在乎。Monica 就没那么在意："我不需要知道那是什么意思，其实你大概知道小孩在班上的成绩就好了。"和中国的情况差不多，英国有些家长会把小孩送到较贵的私立学校，老师学生比例比较低，可以让家长深入了解小孩的学习情况，而一般公立学校一个老师要顾 30 个小孩，除非小孩特别捣蛋或是成绩特别好，不然不会受到特别关注，学校也不希望造成小孩之间互相比较的情况。

哥哥喜欢阅读，也爱科学，还是个火车迷、计算机迷，喜欢把机

器拆解再组装，这点也许遗传自爸爸吧！哥哥会去图书馆借书，从书本中找出他本来不懂的问题的许多答案。Monica 笑着说："他会问我什么是周期表、电解水的实验……我虽然是念理科的，但所学的知识基本上都还给老师啦，所以他的很多提问，我也只能大概回答。"夫妻都认为，当小孩可以自由学习时，他就会有动力去学习，这胜过填鸭式的考试制度，填进去考完都忘记了。在没有压力的环境下学习，小孩吸收的东西其实是很快的，所有知识都会牢记在脑袋瓜里。

每天给小孩一段空白时间

有些父母不太喜欢让小孩太早使用计算机上网，担心他们沉迷于网络游戏。对此他们却有不同看法，一方面是因为当地幼儿园在小孩 4 岁多时就让他们使用 iPad，他们认为重要的是使用多少量和多少时间，父母应该要去拿捏。给小朋友看计算机还有个好处，像 YouTube 上的影片播完就没了，电视节目反而会让小孩一直看。谈到小孩的日常规律，Monica 是这样安排的：下午三点放学回家先吃点心，吃完点心是 20 分钟的阅读时间，再来是 25 分钟玩计算机的时间。玩完电脑到看卡通片中间会有 30～45 分钟的空闲时间，Monica 会让小孩去做他们想做的事。"有时小孩会跟我说：'妈妈好无聊喔。'我就会跟他们说'人生有时候就会那么无聊的呀！'我希望他们能留有空白时间，这样也很好。"

不论夫妻还是小孩，都要互相沟通

Richard 和 Monica 都是基督徒，初到英国还没生小孩时参加了当地华人基督教团体举办的夫妻营，学习夫妻如何维持关系。"有些理论说不要在孩子面前吵架，但我觉得是可以的，重要的是吵完后要在他们面前和好。"他们认为小孩这辈子不可能不跟别人吵架，在家里

一直快樂、健康、自信
有愛、坦然的成長。
　　　　　　　　—奉余地

不管如何,要活樂!!
　　　　　　　—嘉源

安全环境下见识到什么是意见冲突，爸爸妈妈为什么争执，又是怎么和好的，反而是种学习。"我们不是说要做一对完美夫妻，但我们不要对孩子情绪化。"回想自己小时候，Monica 的父母感情并不好，也有经济压力，父母根本没什么时间来管自己。"忘记带课本上课，妈妈是不会帮我带到学校的。那时会觉得妈妈太冷血无情了，现在回头去看，这对我其实是一种锻炼。"老大曾经愁眉苦脸地跟她说不想上体育课，Monica 便跟儿子说："妈妈很能体会，因为妈妈也不喜欢。上学就是会有一些你觉得很有趣的事，也有你不感兴趣的事，不管人生或工作都是这样。"群体生活就是会有些无奈的事、压抑的事，要看你怎么去突破和调适。

　　Richard 的成长环境比较优渥，但也有 Monica 类似的成长经验，那个年代的爸爸大都不善于向子女表达自己的情感。他总觉得父亲很严厉，高高在上，和他有距离感，所以他当了爸爸就不想用同样的方式面对自己的小孩，"改变很困难，我就慢慢学习"。夫妻营不只帮助夫妻相处，也帮助他们与小孩沟通。"我们希望小孩能通过说话来表达感受，所以我们会教他们用一些表达感受的词，比如'开心、不开心'及'失落、失望'。通过自我表达，父母可以知道怎么去帮小孩解决问题。"有一次，因为 Richard 在家工作，平日十分节制的哥哥看到爸爸的计算机后，宁可失信于同学，也坚持留在家里玩计算机不去参加学校活动。事后儿子懊悔不已，夫妻俩便跟儿子一起讨论问题在哪里，以及双方都可以接受的"方案"，最后皆大欢喜。

认清自己的路，勇于做出抉择

　　当 Monica 跟我们提起 Richard 这个科技界设计师曾经跳过 15 年的芭蕾舞时，我们下巴都掉下来了，怪不得他的身材那么好！Richard 有个热爱跳芭蕾舞的双胞胎弟弟，所以他自然也跟着一起跳，但18岁时他认清自己实际上不适合跳舞,更爱画画的他便选择念工业设计专业。Monica在求学期也有过人生的重要转折,幸好在高中时遇上"奇怪"的物理老师。Monica了解自己可能力有不逮,但因为喜欢,所以高二时在妈妈的反对下,还是硬着头皮选读理科。"上第一堂课时,我们班上有个留级的学长,那位物理老师问他'你爸爸对你留级怎么想',学长说'当然不开心'。老师又问,'如果你今年再留级,你觉得会怎么样?'学长说'应该会想死吧'。那个老师就说,'再留级就代表你不适合念书,你就不要再念就好啦'。"老师的话让本来不安的她顿时释然,想通了不会因为你留级天就塌下来,"人生这么长,你不去试怎么会知道?试过失败了也没关系,去走另外一条路就好了"。到了现在,影响她的人就是自己的小孩,"当面对很不堪的事情时,是小孩让我有勇气"。

谈到希望小孩拥有什么样的品格,Richard表示,希望他们成为信守承诺的人,"所以我们自己对小孩也同样要说到做到"。Monica则希望小孩"要有爱心,要懂礼貌,还要勇敢——勇敢说'不',勇于去做没尝试过的事"。刚来英国时,不管是语言或文化,她都需要适应,"这里的人很友善,愿意分享他们的资源给我们。所以虽然小孩子能力有限,但我还是希望他们能全力以赴,温暖身边需要帮助的人"。

英国的幼童教育

英国的学前教育大致分为学前班(preschool)、幼儿园(nursery)、小学幼班(reception,相当于中国台湾的大班)。英国小孩很早就接受学校教育,小孩3岁时政府就提供每周15个小时的免费教育,目的是鼓励母亲就业,如果双亲都有工作,小孩就能享有每周30个小时的免费教育,相当于五整天免费课程。

小孩上一个半月课会有一个星期的休息时间，比较长的假期如复活节、圣诞节也会有两三个星期，而暑假的时间相对比较短，只有六个星期。小孩的休假时间比较多，因此英国的保姆也比较多地协助双薪家庭照顾小孩。英国还有所谓的 Breakfast club（早餐俱乐部）和 Afterschool club（课后俱乐部）来帮助家长，例如：家长早上 7:30 到 8:30 可以先把小孩送去 Breakfast club 吃早餐再送他们去上学。

有了小孩后，Richard 和 Monica 也曾有过回到香港的念头，但从小就在填鸭式教育环境中长大的 Richard 觉得留在英国，小孩的童年一定会很不一样，"香港小孩从幼儿园开始就要学习英文，孩子的压力会很大。英国人则认为最重要的就是让小孩玩耍，玩也是一种学习"。入学前小孩大部分时间都是在玩，真正的学习是在小学幼班开始认字母。"像6岁的老大，每个星期就只有一天做功课，半小时就可以写完。我觉得这里教育的成功在于重视引起小孩的兴趣，他们感兴趣，自然就会想去学习。"当然也有些学校是走亚洲教育模式，每星期都会给孩子英文单词的考试，这类学校给家长的压力则比较大。对 Monica 来说比较困扰她的，却是在儿子念小学幼班时学校举办得比较频繁的主题变装活动，她得替儿子缝制各种服饰，但看到儿子在共同设计造型的过程中很开心很投入，她觉得这些麻烦也值得了。

这个年纪的幼童没有音乐课、美劳课等专门科目，以大儿子的学校为例，教学方法是从主题来切入知识。比如这个星期的主题是"城堡"，老师会请父母捐赠一些废弃纸盒让小孩做一个立体的城堡；又或者在夏天，学校会以"植物"等为主题来切入知识。每个年级都有自己的 blog（博客），老师会每周更新学习内容以便家长了解。

家庭食谱

港台炒饭

材料（6人份）

白饭 约5碗
胡萝卜 1根
结球莴苣 0.5～1颗
鸡蛋 2个
港式腊肠 1根
煮熟猪肉 适量
黑胡椒粉 适量
白胡椒粉 适量
大蒜粉 适量
美极酱油 适量
绍兴酒 适量

小孩比较喜欢吃重口味的食物，比如糖醋、咖喱口味的菜。老三刚出生时，Monica还会做包子、饺子、葱油饼等，但现在要照顾三个成长中的小孩就做得比较少了。

做法

1. 胡萝卜洗干净，削皮，然后刨成细丝。
2. 结球莴苣洗干净切成丝。
3. 鸡蛋搅拌匀，煎熟后备用。
4. 煮熟的肉切成小片，备用。
5. 港式腊肠先蒸熟，切成小块，下锅炒一下增加香味。
6. 加入胡萝卜丝、莴苣丝、肉片一起炒香，再加入适量黑胡椒粉、白胡椒粉、大蒜粉、绍兴酒等。
7. 加入白饭、鸡蛋、酱油，与其他材料和调味料一起搅拌均匀炒香。

一切都是最好的安排。
Live well, Love lots,
and laugh often.

Bianca

MAREIKE
小婦人

㉓ 一切都是最好的安排

Country — 奥地利　　City — 山区

- 玛丽爸　项目经理　45岁
- 小妇人　部落客　39岁
- 10岁　5岁

> 或许两个女儿也遗传到我独立的个性，尤其是小女儿，完全就是我的翻版，3岁就能自己刷牙、洗脸、穿衣服，甚至到4岁，举凡洗澡、吹头发、准备早餐、学校点心，样样都自己来，不仅如此，还很会察言观色，平常更是我的好帮手，比如我洗碗的时候，她已拿着擦拭巾在一旁等着擦碗盘，我煮饭的时候，她就会先帮忙备餐具。相较下姐姐虽然没有妹妹这么会察言观色，但姐姐的独立表现是她从小就是个不吵不闹，也不太需要我们过多关注的温顺小孩。
>
> ——小妇人

在开往奥地利的火车上，脸书信息通知响起，是小妇人邀约我们到当地的酒吧喝酒聊天，但旅行多日的疲累，许多采访资料待整理，隔天一早要采访，诸多考虑便婉拒邀约。信息传过去没多久，手机又传来小妇人的信息："煮了牛肉面，你们要不要吃？"看到"牛肉面"三个字，胃袋取代脑袋，什么疲累，什么待整理资料，那些有的没的顾虑，马上丢到九霄云外，因为"台湾魂""台湾胃"正叫嚣着。

于是，在采访前一天晚上七点多，小妇人以高超的开车技术载着我们飞也似的抵达位于半山腰的家，整个晚上空气里飘着熟悉的香气，抚慰两个台湾胃；亲切的闽南语对话，唤醒三个台湾魂。其实和小妇人并不仅是采访与被采访的关系，一年半前《奥地利小妇人日记》里的一篇文章，也是促成 Twosome Kids 网站诞生的原因之一。当本书开始策划时，要寻找世界各地的家庭，走进每一家的私领域，在厨房、餐桌、客厅和他们聊聊对孩子的教养态度，我们第一个想到的就是小妇人。

隔天早上十点钟，我们坐在小妇人亲手搭建的阳台，被各种花草植物围绕，享受欧洲八月的阳光，眼底尽收绿意盎然、雄伟山川之美，兴奋之情跃于脸上。从小就独立自主，是家中长女，也是家里唯一的女孩子，小妇人的成长过程对她教养孩子有何影响？为什么她送给孩子未来一句祝福的话是"一切都是最好的安排"呢？

不要再叫孩子"卡紧ㄟ"（快点）

小妇人说回台湾很不能忍受的，就是母亲常挂在嘴上说的一句闽南语"紧ㄟ！卡紧ㄟ（快一点）！"连不会讲闽南语的玛丽爸，耳熟能详到现在也能很标准地说好这句闽南话。没错，身为中国台湾的父母的我们是否发现自己也常把这字眼挂在嘴边，尤其从孩子一早起床不自觉地讲到孩子上床睡觉！到底为什么要"紧ㄟ"？

中国台湾的家长在孩子学习任何事物时，似乎都急着想看到实质的成果、成绩，但其实孩子的学习是无形的，他们小脑袋每天不停地在吸收、组织、成长，那是大人看不到的，更无法用度量衡来衡量。小妇人认为多给孩子时间，他们才能有机会一步一个脚印地扎实地完成每次的学习,我们要培养孩子享受学习的过程而不是培养学习速度。

对待孩子像大人或朋友

小时候的小妇人喜欢跟在母亲身边，看着母亲忙进忙出，耳濡目

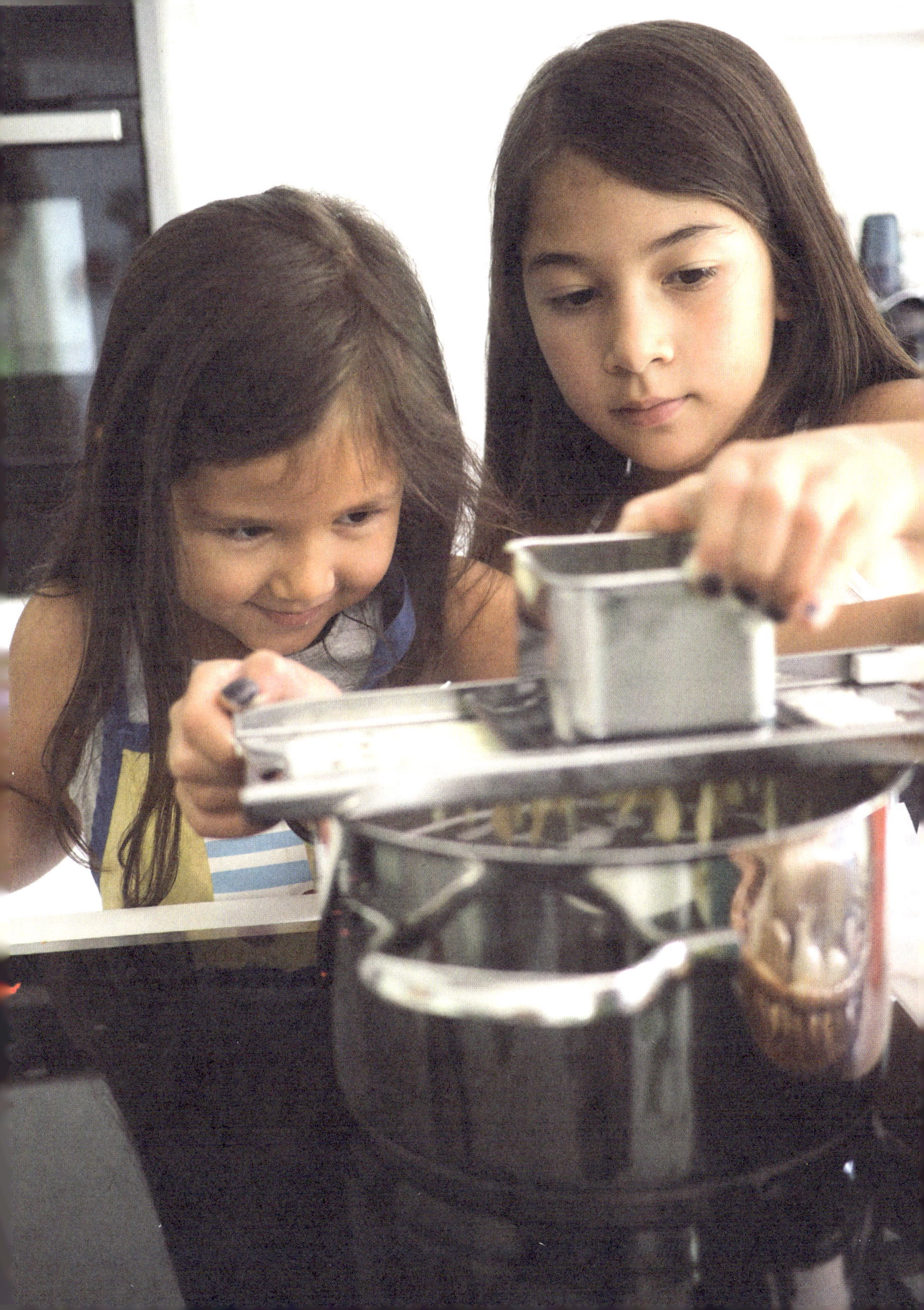

染学会很多事情，但小学六年级那年，母亲因故无法继续就近陪伴一旁，虽然尚有父亲照护，但男人总是没有女人细心，于是小妇人自然而然地接下母亲角色的工作，下课后去市场买菜、煮饭、洗衣，帮忙照顾弟弟，分担爸爸在家务上的工作。也由于她从小就需要独当一面，长期下来造就她比较强硬的个性，不过强势外衣下其实藏着善解人意的体贴，她是一位标准的外表冷硬但内心柔软的女性。

酷酷的个性与外表让小妇人说自己其实也不太有孩子缘，年轻时更不喜欢亲近小孩。缺乏和小孩相处的经验，让她初为人母时不知如何和自己的小孩互动对话，见有些父母会用撒娇语气，童言童语地和孩子沟通她又做不来，于是她最本能又直接的想法就是不把孩子当孩子，一切就是很自然地、不刻意地对"人"说话、与"人"相处，所以从两个女儿小时候起她就不和她们说叠字，洗屁股而不是洗屁屁，吃饭而不是吃饭饭，餐桌上不喂饭就让小孩自己动手，连餐具都尽量跟大人一样，少有小孩专用。对待孩子完全就像对待大人或朋友一般。

为孩子开门，但别忘将心比心

大女儿学小提琴已数年，但她从不过问学习进度和学习情况，平日也不会盯着练习，她认为音乐是陶冶性情，学习乐器就只是培养兴趣，既然是兴趣，那么只希望女儿开心学习就够了，能学多少就算多少。相较许多让孩子学习乐器的家长，紧盯孩子练习，陪孩子去上课，小妇人则认为学琴是女儿自身的事，一切由她自己负责，她只负责给孩子提供机会，替孩子开扇窗。

她尽量让孩子多尝试，让两个孩子找到自己喜欢的事物，而学得精不精、好不好就轻松看待。怎么会有如此豁达的想法？其实小妇人是以"将心比心"的态度去对待孩子，以"我自己"为出发点去思考孩子的学习。要求孩子做到某件事时，先问自己："我自己做得到吗？我自己会开心去做吗？"如果答案是否定的，小妇人就不会要求孩子去做。连自己都不喜欢，也做不到，为什么要求孩子做到，这不是强人所难吗？

放下妈妈包袱，当自己就好

小妇人在新手妈妈阶段也怀抱过当个慈母的梦想，但在没经验的情况下，面对达不到要求的孩子，她很快就变成容易情绪失控的妈妈，历经教养挫折，也不停地修正与检讨后，最后她发现原来是自己把"妈妈"的包袱背重了，其实只要当回自己就好。

"妈妈"这两个字隐藏了太多的责任和压力，其常常多到无法负荷与消化。"当你逼孩子时，你已不是原来的自己！"是的，许多妈妈在母亲生涯中很不开心，易怒、压力很大，就是因为失去自我，沉重的妈妈包袱又压着自己喘不过气来，所以适时抛开妈妈这个角色任性地做自己，给自己喘息放松的空间吧！有了自我才会快乐，而快乐的妈妈才能教出快乐的小孩。

她不是动物，你干吗打她

问到夫妻俩的教养态度是否不同时，答案是："可以说一样，也可以说不一样！"玛丽爸会让小妇人主导，偶尔也会在一旁提醒她。玛丽爸曾对小妇人说过一句非常有意思的教养金句："She is not an animal.（她不是动物。）"原来是小妇人在大女儿还很小时，求好心切，努力当个好妈妈的小妇人也曾体罚过孩子。

当然，玛丽爸的意思不是说动物就可以打，这只是个比喻，意思是："女儿是人，而人是可以相互沟通的，你为什么要动手打她！"从此小妇人不再体罚女儿，而是讲道理，分析给女儿听。我们教育孩子时，常说打人就是不对的，动手不能解决问题，但大人却常因孩子

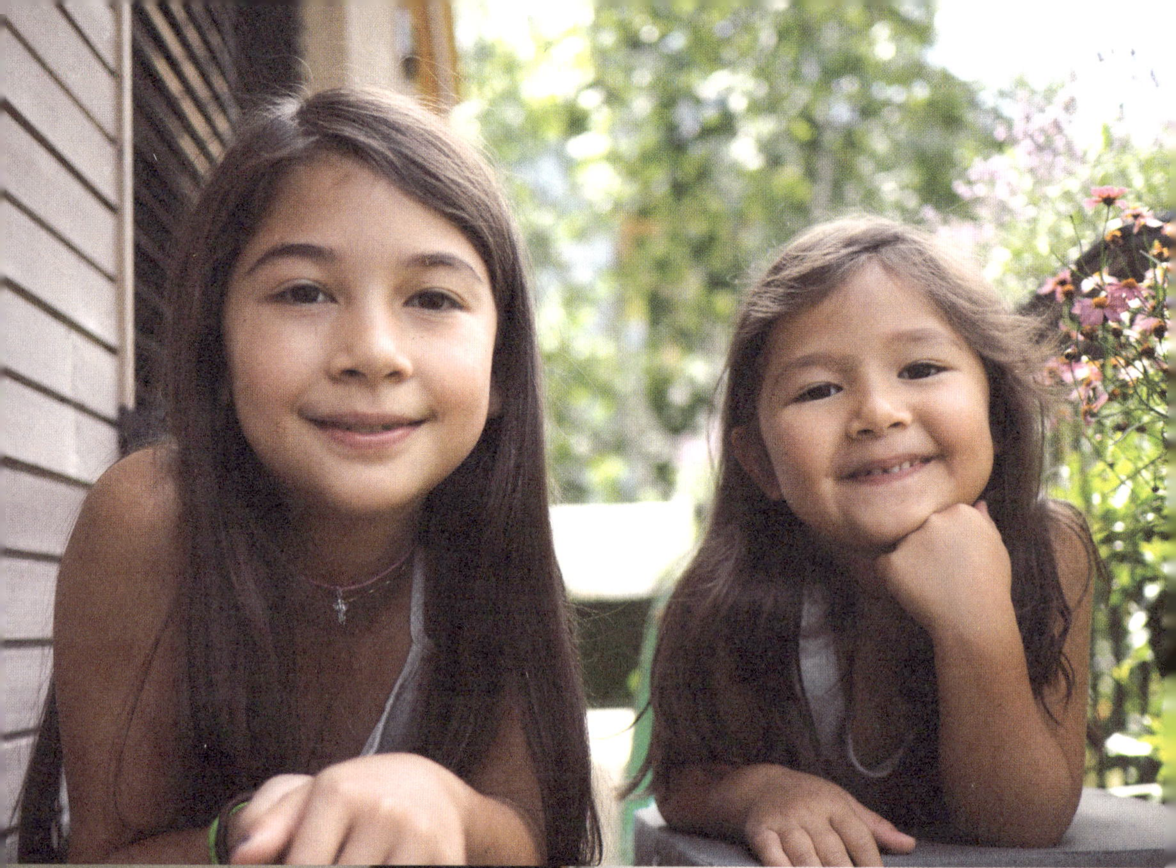

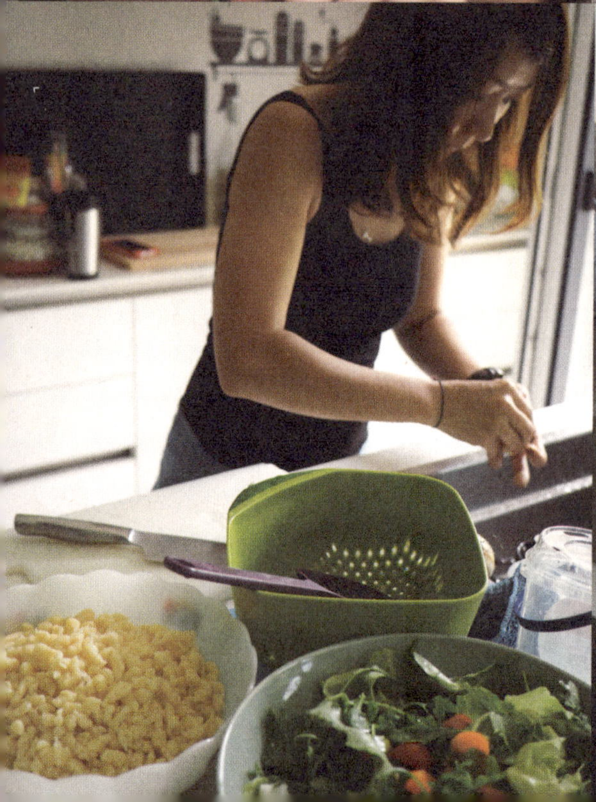

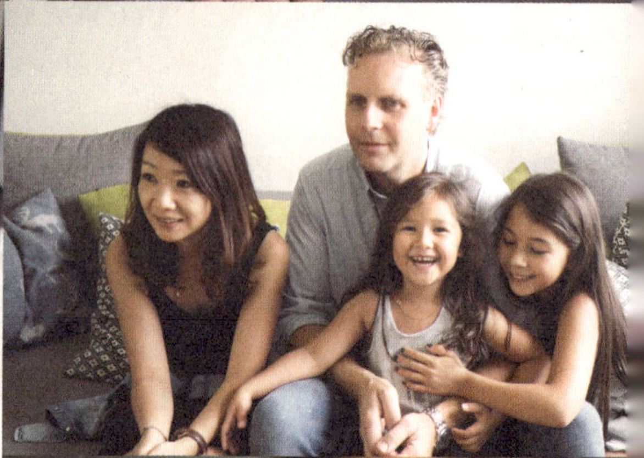

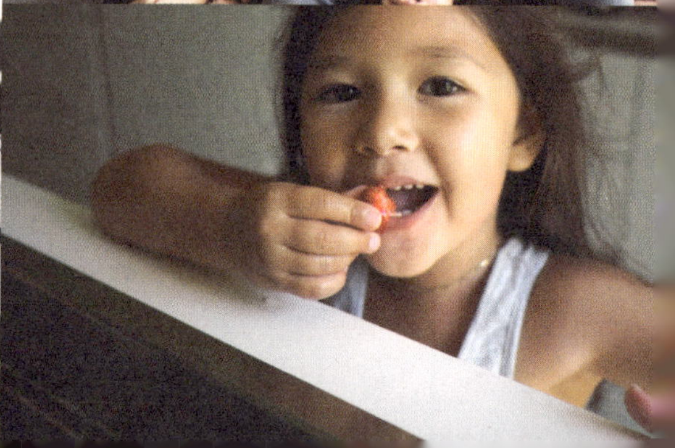

达不到要求就体罚他们，这样如何让孩子理解打人是不对的，是不能解决问题的呢？应该换个方式，将孩子当成能够独立思考的人，和他讲道理，用沟通代替体罚。

圈养，有条件地放养

"大家羡慕西方的教养理念，但西方的教养理念却有不少方面让我不认同，比如西方过度偏颇的放养，往往尺度拿捏不好到最后真的就是放牛吃草，所以在欧洲，许多孩子到了青春期，为所欲为，目中无人，顶撞父母，没礼貌，这是我无法接受的！"

看过不少失败的西式教育，小妇人对孩子的教养方式最终采取东西中庸之道，就是一边圈养，一边放养。放养就是给孩子足够的自由空间，不剥夺孩子独立、冒险的机会，学习避免用否定与权威式的回应，而采取鼓励、讨论的方式。圈养就是在这个自由空间里，依然有基本规定需要遵守，例如公民道德与自身安全。小妇人说："只要不逾越最基本的规定，其他方面有很大的弹性空间可以被允许接受。"

人生无法预料，就像孩子的人生也不是当父母的能去掌控的，所以不管孩子是输在起跑点还是赢在起跑点，都是孩子的人生过程之一，或许过程不尽如人意，甚至让人悲伤气馁，但仍要相信每件事情都有其意义，就如同小妇人自己所说的："虽然很苦，但如果没有那一段自己长大的时光，就没有现在独立自主的我，那么我也无法适应异乡生活跟婚姻，甚至明白教导孩子独立的重要性。"

最后小妇人最想送给孩子的一句话就是：人生无论顺逆，都要乐观地告诉自己"一切都是最好的安排"。

家庭食谱

干酪面疙瘩佐炸洋葱圈

材料

中筋面粉 500 克
蛋 2～3 个
盐 少许
水 300 毫升
奶油 1 小匙
Bergkäse 干酪 80 克
Limburger 干酪 80 克
Käse 干酪 80 克
洋葱 1～2 个
虾夷葱 少许

做法

1. 中筋面粉、蛋、盐、水、油混合成稠面糊状。
2. 洋葱横切成圆圈状，利用中火油炸洋葱，需要点耐心。洋葱呈现焦黄色就可以起锅备用了。
3. 烧一锅热开水并加入一匙盐，面糊倒入面疙瘩专用器，来回磨。若无面疙瘩专用器，可以使用有洞的勺子，如捞水饺的勺子，洞大尤佳。
4. 当面糊在热水里浮起，就是熟了，时间大约 5 分钟。
5. 煮熟的面疙瘩捞起，并用冷水冲过后加点油备用。加油是为了不让面疙瘩黏在一起。
6. 在炒锅中加点奶油，倒入面疙瘩，加入 2～3 种不同的干酪拌炒均匀，再加点盐调味就完成了。
7. 上桌时在面疙瘩上放上炸洋葱，撒上虾夷葱，颜色好看，还有一股香气，没有的话可用细葱替代。这道非常传统的奥地利美食就完成了。

这道奥地利菜肴，特别之处在于加入两到三种不同的干酪，尤其是当地土产的山地奶酪（Bergkäse），也可以用做比萨的干酪，味道重一点地提味，但不要用蓝莓干酪。

沿途景点

奥地利哈尔施塔特湖滨公园

Hallstatt, Austria

访问一路从瑞士抵达奥地利，风景得天独厚，我们一起被火车包着运送到山谷。随着这极富节奏感的一出一进，我们朝窗外探探，竟有美丽的湖泊相伴。最鼎鼎大名，被列为世界文化遗产的哈尔施塔特（Hallstatt）更是美得令人陶醉。但你知道，在满满观光客小镇的另一边，还有一个世外桃源般的公园吗？

在去往山中盐矿的缆车上，居高的我们瞄到了山脚下，那个似乎无边界，与湖畔衍然而生的公园。花园里有秋千、攀岩等设施，更有小型滑梯直接伸进湖里，孩子们换上泳衣溜下去就可以和天鹅一起游泳，但小心，天鹅先生并不像表面那么友善哟！

如果你够勇敢，更可以直接走向跳板，用力往前一踏就可以帅气地跳进湖里，但在夏季，山中的湖水依然十分沁凉入骨。孩子自由玩乐的时候，我们为人父母的，就倚着树干，在草地上休息，这也是徐徐人生。

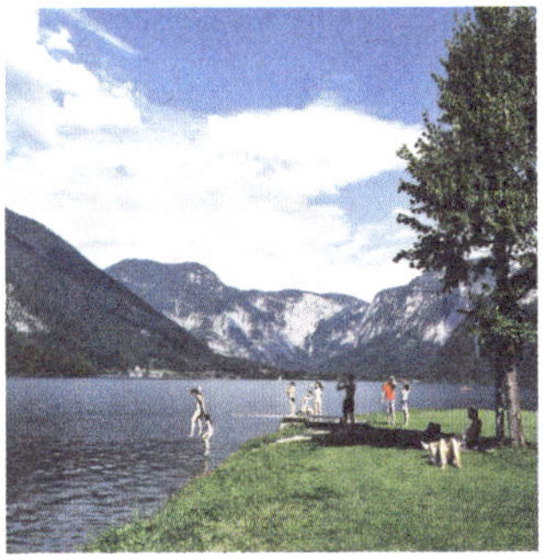
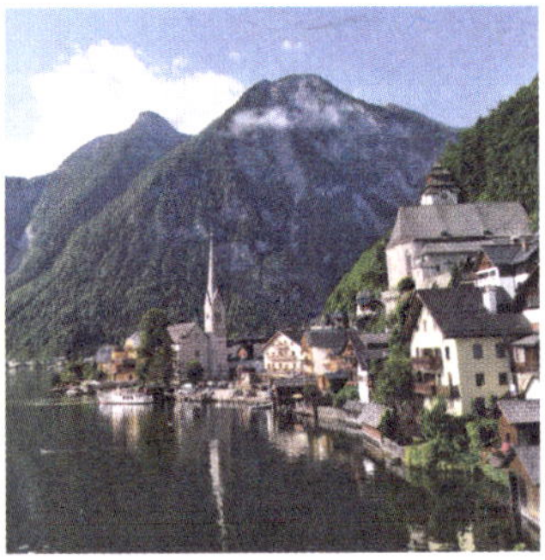
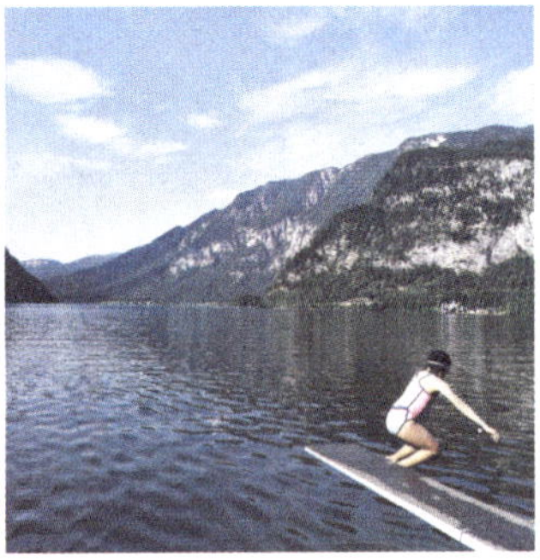
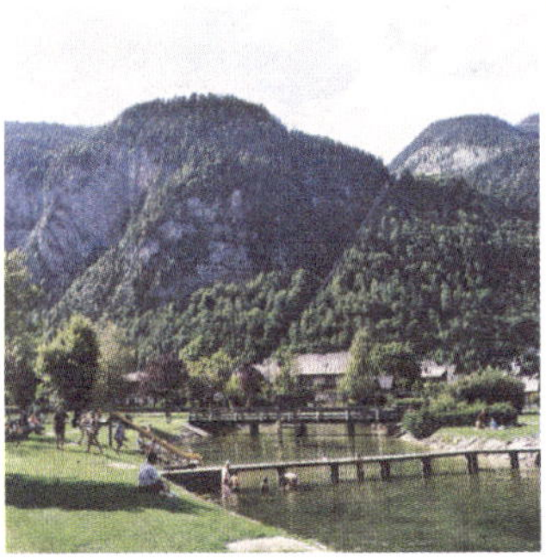
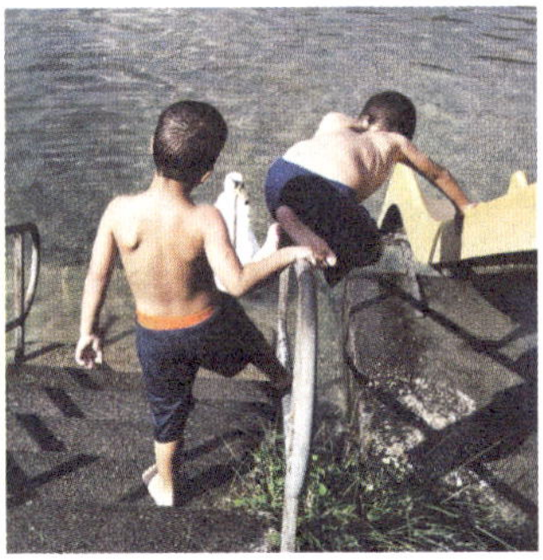
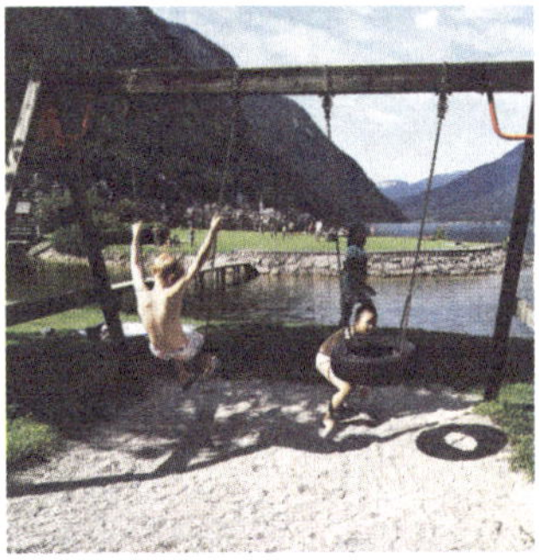
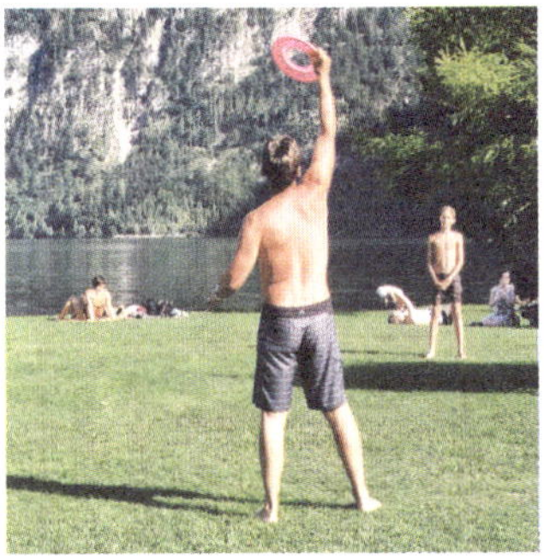
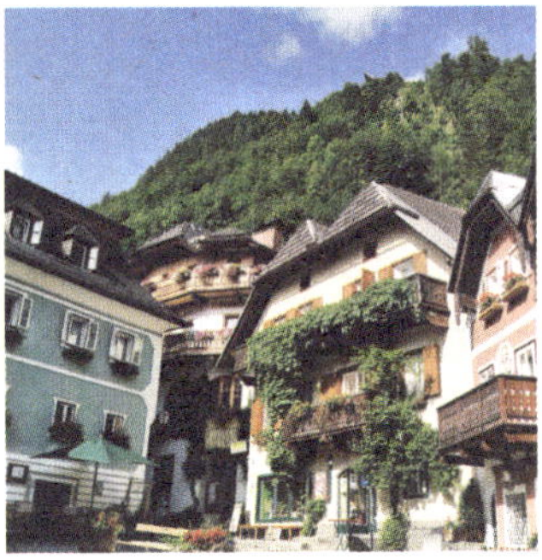
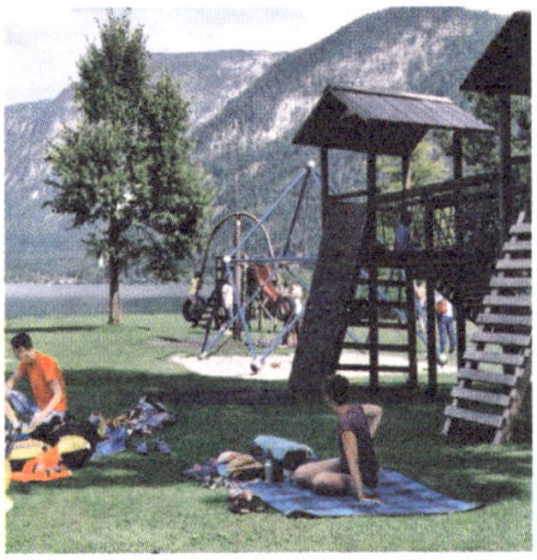

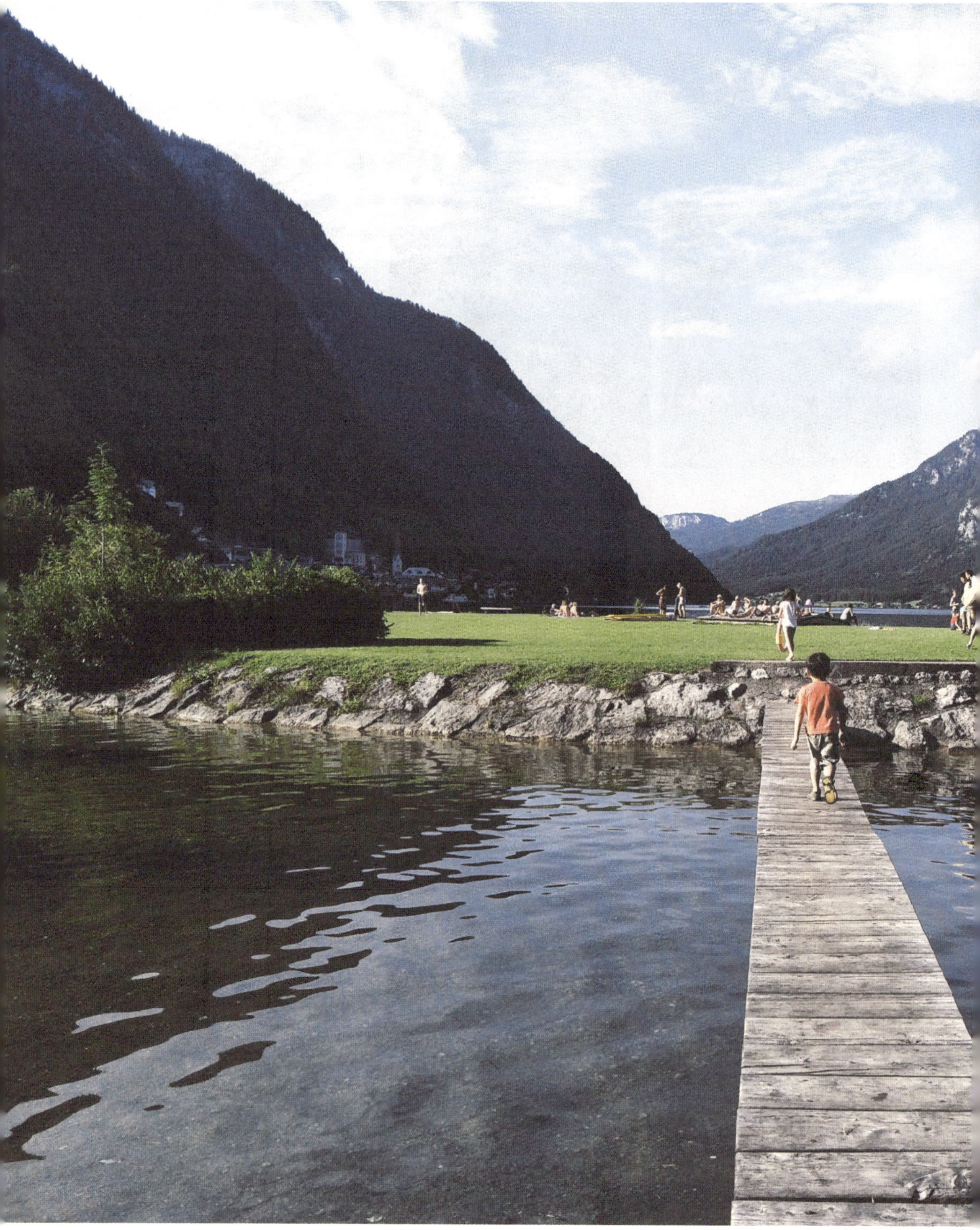

Badestrand Hallstatt / Lahn

Lahn, 4830 Hallstatt, Austria
全年无休

邮件访谈

瑞典来的信件

Country: 瑞典
City: 斯德哥尔摩

👤 Stefan 建筑师　👤 Emelie 平面设计师
🧒 6岁

文字／照片 ©Emelie

IG@smallnomads

to
Taiwan,China

from
Stockholm,Sweden

——请简单描述个人的教育背景

高中念加拿大多伦多的海福格尔女子中学（Havergal College）。大学就读麦基尔大学（McGill University），主修经济学专业。之后又进入埃米莉卡艺术及设计大学（Emily Carr University），主修传播与平面设计专业。

——瑞典的教育理念是什么？

瑞典的孩子从7岁开始享有平等、免费受教育的权利，而且是强制性的。我的女儿今年6岁，要进入"学前教育"就读一年，学前教育是介于幼儿园衔接小学前的重要阶段，这一年孩子会有条理地学习关于小学一年级学业方面的知识。但是学前教育大多还是以游戏为基础的学习，他们会花很多时间待在户外接触大自然，这一点对瑞典文化来说是非常重要的。瑞典还强调创造性和基本价值观，譬如性别平等、尊重和关心环境。在瑞典，读到大学都是免费的，这一点我非常感激，除了经济上不必担心，更重要的是这反映瑞典政府把受教育当作人民的基本权利。

本访谈所有照片由Emelie拍摄、提供

——有什么特别的人、事、物影响你，让你成为现在的你呢？

在我成长的过程中，父亲经常前往发展中国家工作，所以在幼年时期我就常常跟着他到处旅行。我们常去一些不寻常的地方，我认为这对我今天的成就有很大影响。旅行一直是我最热爱的事情之一，现在有了自己的家庭，我和丈夫带着女儿尽可能地去探索不同国家的文化习俗。提升女儿的眼界，构建她的世界观，这对我而言是很重要的事。

——请问双亲对你的教养态度是如何的？

我在加拿大出生长大，双亲是第一代移民加拿大的中国人，他们的教养方式大都还是传统华人的方式，譬如很重视学习成绩，希望我们认真工作学习、生活有规律、敬老尊贤，当然一定要学弹钢琴。虽然如此，但是他们依旧敞开心胸接受加拿大文化，夏天我们都会去露营、远足、登山、划独木舟和钓鱼，冬天则滑冰、滑雪。这些活动已成为我瑞典生活的一部分，也常让回我忆起童年在加拿大的生活。双亲总是鼓励我们去旅行、学会独立和学习不同语言，所以可以说，某方面，双亲在教养孩子上是非常传统的亚洲态度，但另一方面，他们也很积极和开放。

——成为母亲后，你有什么改变呢？

我想最大的改变是学会放慢速度，不要为小事操心，像是屋内乱七八糟，事情做到一半被打断无法完成等。我理解到最重要的是把每一天都当作是唯一的，然后活在当下。虽然这不容易做到，但这是首要任务，因为时间过得很快，小孩的成长转变也很快，甚至是天天都在变。生理上，就是感觉从来没有好好休息过。我们却很惊讶地发现，成为父母后即使极度睡眠不足，也能完成许多事情。

——你对孩子的教养态度是怎样的？另一半呢？

我觉得我们对孩子有点保护过度，毕竟我们只有一个孩子，所以她得到我们百分之百的关注与照顾。我很努力地试着成为懂得放手的家长，让孩子能无所畏惧地探索世界，并在犯错时能自我修正。要做到放手从来不是简单的事，但我认为这对孩子发展坚不可摧的自信心是很重要的。

——在教养孩子上遇到过什么困难吗？怎么解决呢？

我女儿拥有非常坚强的意志，当然在教养她时并不容易。但我们常常提醒自己，拥有强烈的意志，也是良好的特质，也应予以尊重。当和女儿发生矛盾或冲突时，我们会给她时间和空间，让她去沉淀自己，即使只有几分钟，接着我们会多给她拥抱和爱，不管发生什么事。只有当大家的情绪都平静下来时，我们才会讨论到底发生了什么事情。

——希望孩子拥有什么性格？

诚实，善良，拥有同理心、自信心，无偏见，对世界充满好奇心。

——怎么安排孩子的空闲时间？

在家里，空闲时我女儿经常画画、创作或烘焙，这些都是创造性的活动。平日，一周上一次游泳课或其他运动课，如舞蹈课。周末我们经常与朋友见面，或者去公园、博物馆、剧院或电影院等，进行短程旅行。有时候我们会走出城市，到树林里散步，或者参观斯德哥尔摩周围的城堡等历史景点。

——孩子下课后都在做什么呢？

在瑞典，孩子的课后活动通常取决于季节和天气。在夏天和天气好的时候，我

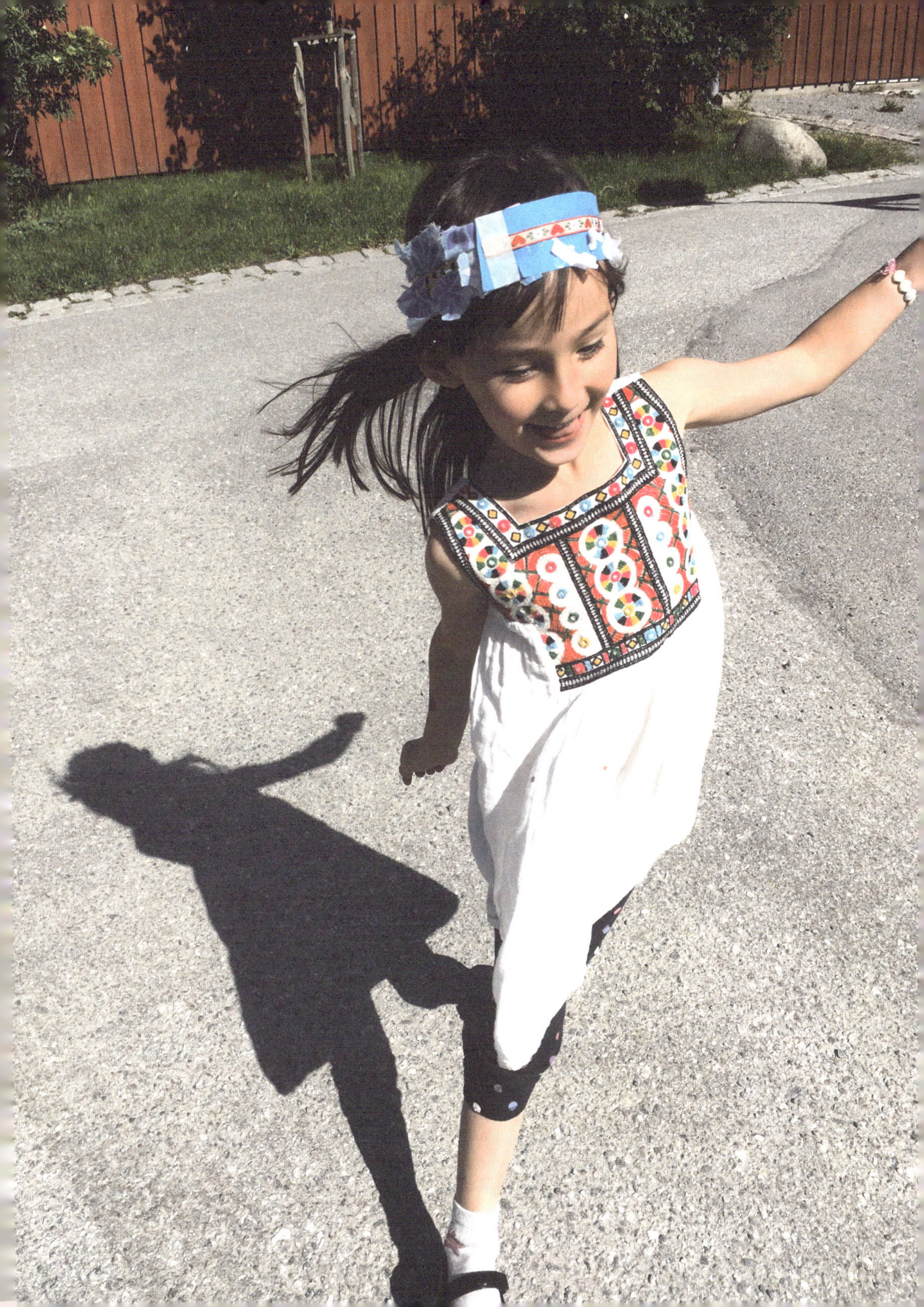

们经常去公园或游乐场；冬天，我们有时会滑雪橇。有时候是和学校同学做游戏，偶尔我们也会去咖啡馆吃点心或喝热巧克力。

——可以推荐几个适合家长带孩子出游的斯德哥尔摩的景点吗？

斯德哥尔摩有许多很棒、适合孩子造访的地方，我最喜欢的两个是：

1. 斯堪森露天博物馆（Skansen），是世界上第一座露天博物馆，也是瑞典文化中心和北欧动物园。

2. Rosendals Tradgard 公园，有机栽培的公园和咖啡馆，可以在那里买到当地种植的花卉、蔬果，在夏天可以挑选自己喜欢的花卉，在优美的自然景观中野餐。这两个地方都位于城市中心的动物园岛（Djurgården），这个岛上有公园、森林、博物馆和其他文化景点。

——在家多久下厨一次？你和丈夫谁的厨艺比较好？

我们周间每晚都下厨，除了星期五晚上，我们会到餐厅外带食物回家。因为在一周辛苦工作后，我们都需要休息。周末则经常出游或拜访朋友。我们也喜欢外出吃早午餐或喝下午茶（"Fika"，瑞典文是"休息时间"的意思）。丈夫和我都喜欢烹饪，我们的厨艺不相上下。

——女儿最喜欢你做的哪道菜肴？

女儿喜欢的菜肴常常在变，但最近喜欢的是西红柿意大利面、瑞典肉丸和马铃薯佐肉汁、荞麦面佐花生酱。

——为什么选择这道菜和孩子一起做呢？

选择这道菜有很多理由，做起来很简单，每个步骤孩子都可以参与，即使过程中材料分量不准确，成果还是会很好。分量都小小的，小孩都很喜爱，也不会花太多时间，而且材料就是家里常用的。苹果是少数在瑞典当地栽种，一年四季都买得到的水果，更好的是，可以在秋天选择我们想吃的水果。这道菜使用健康的材料，譬如全麦面粉和水果，最重要的是，我女儿认为它真的很好吃。

——请推荐适合孩子使用的厨房工具。

一件漂亮围裙、一把木头搅拌汤匙，以及好握的蔬菜削皮器。我们喜欢奥秀好把手（Oxo Good Grips）系列的削皮器，因为它有质量很好的橡胶手柄，孩子拿着不会滑落。

送给女儿的一句话

我喜爱美国知名厨师茱莉娅·查尔德（Julia Child）说的："爱吃的人总是最好的人！"（People who love to eat are always the best people.）

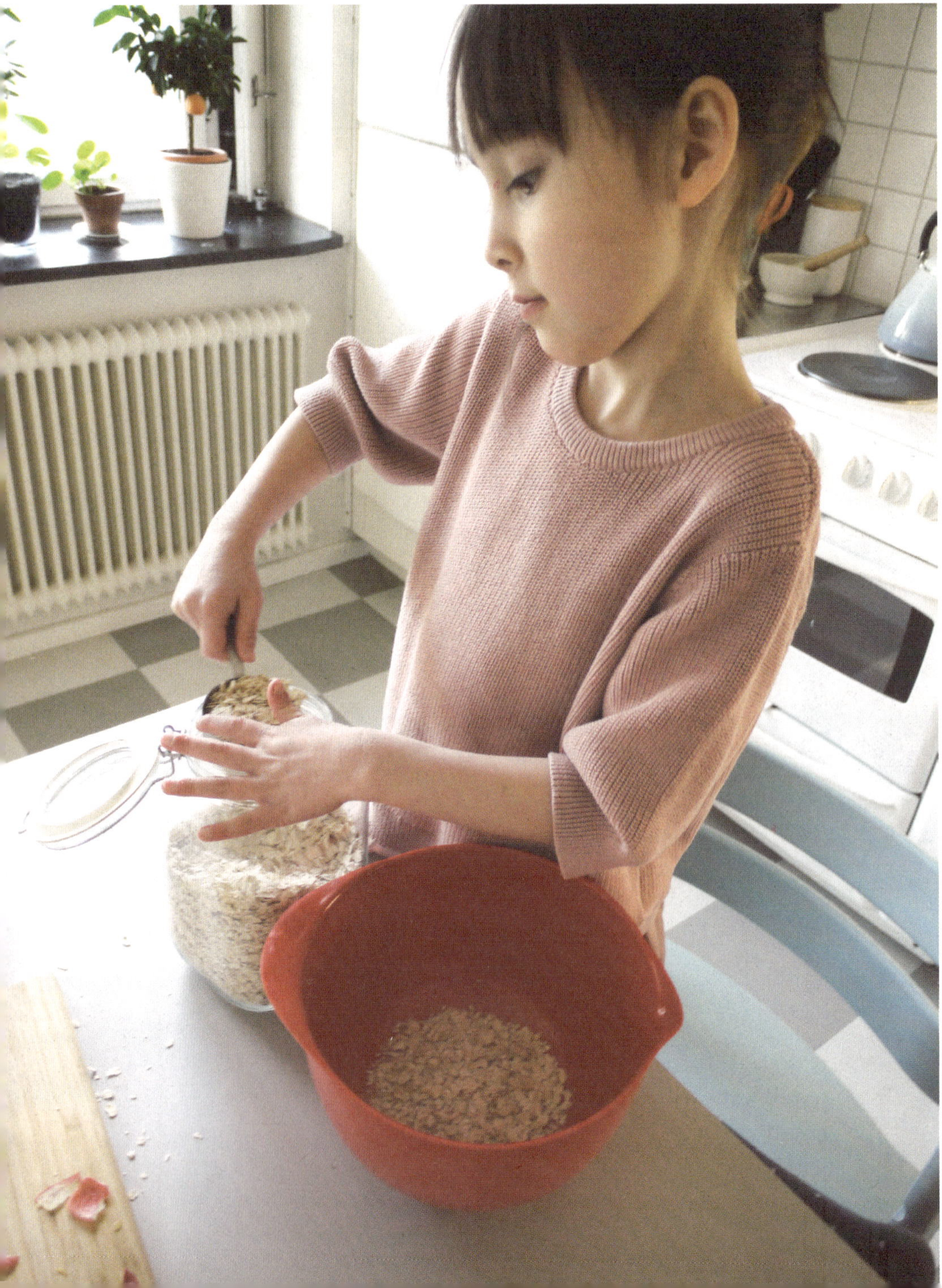

迷你杂粮苹果酥

材料

苹果 4~5个
玉米粉 1大匙
黑糖 3大匙、1/4杯
燕麦片 1杯
榛子粉或杏仁粉 1/4杯
全麦面粉 1/4杯
红糖 1/4杯
肉桂粉 1/4小匙
海盐 2撮
发酵粉 1/2小匙
无盐牛油 2大匙
橄榄油 1/4杯

做法

1. 烤箱预热到175℃。在烤盘上放上8个6盎司的小烤模。
2. 苹果削皮、去核，切成小块。
3. 切小块的苹果放入大盆里，加入1大匙玉米粉、3大匙黑糖均匀搅拌，直到苹果块均匀裹上黑糖与玉米粉，然后将裹好粉的苹果块平均分配在8个小烤模里。
4. 1/4杯燕麦片放在食物调理机中打成粉末，然后与榛子粉或杏仁粉混合。如果没有坚果粉，可以使用切片坚果，然后用食物处理机研磨成粉。如果对坚果过敏或不喜欢，也可以不加，可另外增加1/4杯燕麦来替代。
5. 在调理盆里将步骤4的粉末与3/4杯燕麦、1/4杯全麦面粉、1/4杯黑糖，以及红糖、肉桂粉、海盐、发酵粉搅拌混合。
6. 在一个小锅或微波炉中融化牛油，然后加入橄榄油搅拌均匀。
7. 将步骤6的油倒入步骤5的食材中，搅拌至材料松软，接着将搅拌混合好的材料平均分配放入已铺上苹果块的小烤模上。
8. 将步骤7中的烤模放入烤箱烤40分钟，看到苹果开始冒泡，面包屑周边渗出果汁代表苹果酥已经烤好。如果苹果酥顶部很快变成棕色，请在整个烤盘上放一片铝箔纸，以确保烘烤时间足够。
9. 烤好的苹果酥放在架子上冷却并在室温下食用。搭配原味优格和新鲜莓果，特别美味。将苹果酥放冰箱也可以保存好几天。

图书在版编目（CIP）数据

餐桌上聊教养 / 宋明琪，蔡怡欣著. -- 北京：北京时代华文书局，2023.8
ISBN 978-7-5699-4774-8

Ⅰ. ①餐… Ⅱ. ①宋… ②蔡… Ⅲ. ①家庭教育 Ⅳ. ①G78

中国国家版本馆CIP数据核字(2023)第023799号

北京市版权局著作权合同登记号　图字：01-2019-0144

中文简体版通过成都天鸢文化传播有限公司代理，经远足文化事业股份有限公司（奇光出版）授权中国大陆独家出版发行，非经书面同意，不得以任何形式，任意重置转载。本著作限于中国大陆地区发行。

拼音书名 | CANZHUO SHANG LIAO JIAOYANG

出 版 人 | 陈　涛
策划编辑 | 周海燕
责任编辑 | 周海燕
责任校对 | 初海龙
封面设计 | 天行健设计
版式设计 | 孙丽莉
责任印制 | 刘　银　訾　敬

出版发行 | 北京时代华文书局 http://www.bjsdsj.com.cn
　　　　　北京市东城区安定门外大街138号皇城国际大厦A座8层
　　　　　邮编：100011　电话：010-64263661　64261528
印　　刷 | 三河市嘉科万达彩色印刷有限公司　电话：0316-3156777
　　　　　（如发现印装质量问题，请与印刷厂联系调换）
开　　本 | 710 mm×1000 mm　1/16　印　张 | 18　字　数 | 242千字
版　　次 | 2023年11月第1版　　　　印　次 | 2023年11月第1次印刷
成品尺寸 | 170 mm×220 mm
定　　价 | 78.00元

版权所有，侵权必究